kochen & genießen

Das neue große Buch vom Wein

kochen & genießen

Das neue große Buch vom Wein

MOEWIG

Text und Konzept: Holger Vornholt
Redaktion und Herstellung: SCRITO Medienproduktion, Köln
Kartographie: Karsten Tschierschke, Frankfurt
Satz und Layout: Marion Haimel, Köln

Printed in Germany
ISBN 3-8118-1547-4

Vorwort

Seit mehr als 4.000 Jahren beherrschen die Menschen die Kunst der Weinbereitung. Heute bilden Weinerzeugung und -handel einen Wirtschaftsfaktor, der weltweit Tausenden die Existenzgrundlage bietet. Doch noch um ein Vielfaches größer ist die Anzahl derjenigen, für die der Wein Bestandteil ihrer persönlichen Lebenskultur geworden ist.

Dieses Buch führt Sie in die Geschichte des edlen Rebensaftes ein, der – in Maßen genossen – relativ gesund ist.

Es bringt Ihnen die Arbeit des Winzers näher und macht deutlich, warum manche Weine eben immer ein bißchen besser sind als andere. Darüber hinaus werden die für die Weinerzeugung wichtigsten Rebsorten in Wort und Bild vorgestellt.

Damit Sie die ganze Vielfalt des Weins kennenlernen, nimmt dieses Buch Sie mit auf eine Reise um die Welt. Dabei werden die bekanntesten Weinbaugebiete der Erde, ihre Besonderheiten, die dort verwendeten Rebsorten und die daraus erzeugten Weine vorgestellt.

Die Reise beginnt vor unserer Haustür, in den weltberühmten deutschen Anbaugebieten. Sie führt durch die großen Weinbauländer Frankreich, Italien und Spanien, aber auch durch weniger bekannte Weinbauregionen in Süd-, Mittel- und Osteuropa. Dann geht es über den „großen Teich" nach Kalifornien. Die hier produzierten Weine wurden ihren europäischen Vorbildern bei großen internationalen Weinvergleichen schon häufig zur gefährlichen Konkurrenz. Von dort wenden wir uns nach Argentinien und Chile, die immer mehr gute Weine auch in unsere Handelsregale bringen. Schließlich führt uns unsere Wein-Weltreise nach Südafrika, das bereits eine lange Weinbau-Tradition besitzt, sowie nach Australien und Neuseeland. Alle diese Weinbaugebiete der „Neuen Welt" orientieren sich mit eindrucksvollen Resultaten an den europäischen Spitzenweinen.

Jeder gute Wein steigert den Genuß eines schmackhaften Essens. Doch: Welcher Wein harmoniert mit welcher Speise? Die starren Regeln der Vergangenheit werden immer mehr durchbrochen, und erlaubt ist, was schmeckt. Allerdings gibt es nach wie vor einige grundlegende Zusammenhänge zwischen Weinen und Speisen, die ihre Gültigkeit bis heute bewahrt haben. Dieses Buch bietet Ihnen Tips für die Auswahl des passenden Weins zum Essen, wie Sie sie auch in der Zeitschrift „Kochen & Genießen" erhalten.

Für die Alterungsfähigkeit und Haltbarkeit eines Weines spielt die richtige Lagerung die wichtigste Rolle. Heute hat kaum noch jemand einen kühlen, feuchten Keller. Das muß jedoch kein Hindernis sein, wenn einige praktische Tips für die Weinlagerung befolgt werden. Die meisten lagerfähigen Weine sind heute durch den hohen Standard der Produktionstechnik viel unempfindlicher gegen Umwelteinflüsse als noch vor zwei Jahrzehnten.

„Abgang", „Zukunft", „Ausbau" und „körperreich" – so oder ähnlich sprechen Wein-Profis, wenn sie bei Verkostungen die von ihnen probierten Weine beurteilen. Die Kenner haben eine eigene Sprache entwickelt, die für den interessierten Laien zunächst unverständlich ist. Dieses Buch nennt und erklärt die wichtigsten Fachbegriffe rund um den Wein, so daß auch Sie Ihre Geschmackserlebnisse fachkundig beschreiben können.

All diese Informationen werden durch weit über 550 farbige Abbildungen und Karten illustriert. Darüber hinaus sind sie durch ein umfangreiches Register leicht zugänglich. Damit wird dieses übersichtliche und leicht verständliche Weinbuch zum unentbehrlichen Begleiter auf dem Weg vom interessierten Weinfreund zum Kenner und bewußten Genießer.

Inhalt

Ein jahrtausendealtes Kulturgut

Seit mehr als 4.000 Jahren beherrschen die Menschen die Kunst der Weinbereitung. Im antiken Griechenland wurde der Wein vor mehr als 2.500 Jahren zum festen Bestandteil des täglichen Lebens und sogar religiöser Kulte. Dionysos hieß der Gott des Weines, dem große Verehrung entgegengebracht wurde. Mehrmals im Jahr wurden ihm zu Ehren Feste veranstaltet, die Dionysien. Dabei hielten die Griechen auch sportliche Wettkämpfe ab und führten Theaterstücke auf. Zu dieser Zeit trat die Weinrebe ihren Siegeszug entlang der Mittelmeerküsten an. Die Phönizier, ein Handel treibendes Seefahrervolk, verbreiteten die Rebpflanze bis nach Westspanien. Die damaligen Weine waren überwiegend schwere, süße und alkoholreiche Tropfen, die vor dem Trinken mit Wasser verdünnt wurden.

Jahrhundertelang war die alte Weinbautradition Griechenlands unterbrochen. Erst seit der Unabhängigkeit von den Türken wurde sie im 19. Jahrhundert wiederbelebt

Der Einfluß der Römer

Im dritten Jahrhundert vor Christus begannen die Römer, ihr Weltreich aufzubauen. Die Griechen hatten die römische Kultur nachhaltig beeinflußt. Aus dem griechischen Weingott Dionysos war bei den Römern Bacchus geworden. Die Kunst der Weinbereitung spielte auch bei ihnen eine große Rolle. Die berühmtesten Weine der römischen Antike waren der von den Dichtern Plinius und Horaz gelobte Falerno und der sagenhafte Cirò, der die römischen Athleten bei den olympischen Spielen stärken sollte.

In den eroberten Ländern betrieben die Römer intensiv Weinbau und kultivierten dabei die hier vorkommenden Wildreben. Dabei erkannten bereits sie die besondere Eignung bestimmter Gebiete an Rhein, Mosel, Donau sowie in Bordeaux und im Burgund für den Anbau der Reben. Der Erfolg in diesen Regionen war so groß, daß Rom zum Schutz des heimischen Weinbaus zwischenzeitlich ein Importverbot für Wein aus den Provinzen ins Mutterland erließ. So begründeten bereits die Römer einige der wichtigsten Weinbaugebiete Europas, die auch heute noch bestehen.

Der Weinbau erobert die Welt

Mit der Entdeckung Amerikas durch Spanier und Portugiesen Ende des 15. Jahrhunderts setzte auch der Siegeszug der Weinrebe rund um die Welt ein. Die Europäer wollten in der Neuen Welt nicht auf den Rebensaft verzichten. Doch die damaligen Weine besaßen nicht die Haltbarkeit, eine mehrmonatige Seereise unbeschadet zu überstehen. So kamen die meisten Weine in verdorbenem Zustand in den Kolonien an. Aus diesem Grund bestellten die Kolonisten im Mutterland Weinreben und gingen bald dazu über, ihren Wein in der neuen Heimat produzieren zu lassen. Auf diese Weise gelangten die ersten Weinstöcke bereits in der Mitte des 16. Jahrhunderts nach Chile, Argentinien und Mexiko.
Seit dem 17. Jahrhundert führten europäische Siedler den Weinbau auf allen Kontinenten ein: um 1650 in Südafrika, 1750 in Nordamerika, 1800 in Australien und 1850 in Neuseeland.

Auch der spanische Weinbau hat römische Wurzeln

Ein wichtiger Wirtschaftsfaktor

Heute bilden Weinbau und -handel einen wichtigen Wirtschaftsfaktor. Im Durchschnitt exportiert Deutschland jährlich Wein im Wert von knapp 650 Millionen DM in alle Welt. Gleichzeitig wird Wein für über drei Milliarden DM importiert.
Die Weinwirtschaft bietet weltweit Tausenden von Menschen die Existenzgrundlage, und das in den verschiedensten Bereichen. So stellen Spezialbetriebe aus besonderem,

Oppenheimer
Riesling
11,5% vol

jahrelang gelagertem Eichenholz in kunstvoller Handarbeit Weinfässer her. Die millionenfach verbreiteten berühmten Barrique-Fässer aus Bordeaux, in denen heute überall in der Welt die besten Weine gelagert werden, kosten pro Stück immerhin 1.000 US-Dollar. Andere Spezialbetriebe wiederum produzieren hochwertige Kellertechnik. Ohne Edelstahl-Gärtanks, Druckpressen und automatische Abfüllanlagen kommt heute kein moderner Winzer mehr aus.

Die Anschaffung und ständige Erneuerung der teuren Barrique-Fässer ist ein erheblicher Kostenfaktor bei der Weinproduktion

Herstellung und Verkauf des Weines sichern ebenfalls viele Arbeitsplätze. Allerdings sind in Deutschland viele Betriebe so klein, daß sie ihre Besitzer nicht ernähren können. Sie bieten den Winzern nur einen Nebenerwerb und werden „nach Feierabend" und am Wochenende bewirtschaftet.

Muß besserer Wein auch teurer sein?

Der Aufwand für die Kultivierung der Reben, die Produktion des Rebensafts und den Handel drückt sich direkt auch im Ladenpreis für eine Flasche Wein aus. Die Spannbreite der Preise für verschiedene Weine ist sehr groß. Der einfache Landwein findet ebenso seine Käufer wie die Spitzenweine aus Bordeaux.

Der Preis für eine Flasche Wein kommt nicht zufällig zustande. Ein Winzer, der beispielsweise aufgrund der steilen Lagen seines Weinberges keine Maschinen einsetzen kann, hat eine sehr beschwerliche und zeitraubende Arbeit. Dieser Umstand schlägt sich im Preis des Weines nieder. Der Maschineneinsatz in flachem Gelände ist dagegen wesentlich kostengünstiger als die Handarbeit in Steillagen.

Viele Winzer reduzieren zur Verbesserung der Weinqualität den Ertrag der Reben beträchtlich. Am Ende des Jahres haben sie dann wesentlich weniger Wein zum Verkauf, aus dem sie ihren Lebensunterhalt bestreiten müssen.

Auch der Aufwand, den der Winzer im Weinkeller betreibt, bestimmt den Preis des Weines. Moderne Kellertechnik und die regelmäßige Erneuerung der teuren Holzfässer zum Ausbau der Weine bedeuten einen hohen Kapitaleinsatz. Dieser kann sich wiederum nur durch einen höheren Verkaufspreis des Weines rentieren.

Kaum ein Geschenk ist stilvoller als eine gepflegte Flasche Wein

Neben dem Arbeitsaufwand im Weinberg, dem Verzicht auf Massenproduktion durch Ertragsbegrenzung und der Kellertechnik ist aber auch der Markt ein Faktor, der den Preis eines Weines beträchtlich in die Höhe treiben kann. Besonders seltene oder begehrte Tropfen aus Bordeaux, dem Burgund, aus Norditalien und anderen Regionen sind auch deshalb so teuer, weil einem begrenzten Angebot eine sehr große Nachfrage gegenübersteht.

Wieviel darf Wein kosten?

Grundsätzlich kann gesagt werden. Je mehr ein Wein kostet, desto besser ist er. Ein Wein zu 10 DM ist besser als einer zu 5 DM. Er wird aber noch übertroffen vom Wein zu 20 DM, der wiederum einem Gewächs zu 40 DM unterlegen ist usw. Es gibt jedoch sicherlich eine Grenze, jenseits deren die geschmackliche Qualität den Flaschenpreis nur noch schwerlich rechtfertigen kann. So muß jeder Weintrinker für sich selbst festlegen, wieviel er für einen Wein ausgeben will. Der Reiz liegt oftmals vor allem in dem Bestreben, für eine bestimmte Summe den besten Wein ausfindig zu machen, denn in jeder Preisklasse gibt es gewaltige qualitative Unterschiede.

Wein und Lebenskultur

Noch um ein Vielfaches größer als die Zahl der vom Weinbau abhängigen Arbeitsplätze ist die Zahl der Menschen, für die der Wein Bestandteil ihrer persönlichen Lebenskultur geworden ist. Insbesondere bei Tisch ziehen sie ihn jedem anderen Getränk vor. Denn nichts begleitet ein sorgfältig zubereitetes Essen so perfekt wie eine gute Flasche Wein. Umgekehrt ist es oftmals ein anspruchsvolles Menü, das die Qualitäten eines edlen Tropfens noch unterstreicht oder überhaupt erst richtig zur Geltung bringt. Dabei gab es in der Vergangenheit starre Regeln dafür, welcher Wein zu welchen Speisen paßte. Heute werden diese Regeln immer mehr durchbrochen, und erlaubt ist, was schmeckt.

Der Weinbau verschafft ganzen Regionen Wohlstand. Hier die Ortsmitte von Ihringen am Kaiserstuhl

Auf dem Weg zum Weinliebhaber

Immer mehr Weinfreunde wollen mehr wissen über die Weine der Welt, ihre Produktionsbedingungen und Eigenheiten. Sie wollen diese Tropfen auch besitzen und in ihrem eigenen Weinkeller zur höchsten Reife bringen. Der Wein ist ein lebendiges Produkt, das sich über die Jahre ständig verändert und nach einer gewissen Alterungsdauer schließlich „müde" wird und „stirbt". Die Kunst des Weinliebhabers besteht darin, zu entscheiden, wann seine „Schätzchen" reif genug sind, stolz präsentiert und in einem angemessenen Rahmen genossen zu werden. So ist die Pflege eines eigenen Weinkellers, die jeden Wein auf den Höhepunkt seiner Entwicklung zu bringen versucht, ein Zeichen höchster Weinkultur.

Die edlen Gewächse aus Bordeaux sind trotz der hohen Preise meist schnell ausverkauft. Die finanzielle „Schmerzgrenze" für eine Flasche Wein muß jeder Weinfreund für sich selbst festlegen

Wissenswertes über den Winzeralltag

Wein wird überall dort produziert, wo die klimatischen Bedingungen ein gutes Wachstum der Weinrebe sowie das Ausreifen der Weintrauben im Herbst ermöglichen. Doch auch innerhalb dieser Gebiete konzentriert sich die Weinerzeugung auf relativ kleine, geographisch wie klimatisch besonders bevorzugte Regionen. Hier müssen zudem die Böden in der Lage sein, die Pflanze ausreichend mit Wasser und Nährstoffen zu versorgen. Außerdem müssen sie dem Weinstock ermöglichen, seine Wurzeln bis zu 15 Meter tief in das Erdreich zu treiben, um ihm optimalen Halt zu geben. Diese Bedingungen sind entweder gegeben oder nicht – der Mensch kann sie nicht beeinflussen.

Das Arbeitsjahr im Weinberg

Die Abhängigkeit des Weinbaus von bestimmten, nicht beeinflußbaren Faktoren bedeutet jedoch nicht, daß der Winzer im Weinberg nichts zu tun hätte. Der Erfolg jedes Weinguts hängt in großem Maße von der Arbeit im Weinberg ab. So muß der Winzer hier die Bedingungen für den Einsatz spezieller Maschinen schaffen, ohne die der moderne Weinbau undenkbar wäre. Dazu ist es notwendig, das freie Wachstum der Weinreben zu beschränken, denn sonst würden sie sich schnell zu wild wuchernden Schlingpflanzen entwickeln, die sie ja von Natur aus auch sind.
Heute werden in den meisten Anbaugebieten die Weinberge mit Drähten und Pfählen verspannt, an denen sich die Rebe während der Vegetationsperiode entlangranken kann. So entstehen schnurgerade Rebzeilen, die leicht zu bearbeiten sind und gleichmäßige Erträge bringen.

Der Rebschnitt ist auch heute noch Handarbeit, während bei den Bodenarbeiten Maschinen zum Einsatz kommen

Der Rebschnitt

Das Arbeitsjahr eines Winzers beginnt im **Januar** mit dem Rebschnitt. Dabei schneidet er mit der Rebschere das im vergangenen Sommer gewachsene Rebholz zurück. So bringt er den Rebstock wieder in die entsprechende Form für die kommende Saison. Mit dem Rebschnitt nimmt der Winzer auch bereits großen Einfluß auf Weinmenge und -qualität des kommenden Jahres. Läßt

er dabei viele Fruchtansätze stehen, wird die Pflanze zahlreiche Fruchttriebe entwickeln und einen hohen Ertrag hervorbringen. Schneidet der Winzer das einjährige Holz weiter zurück, reduziert er damit den Ertrag, da sich nun weniger Fruchttriebe ausbilden werden. Die Pflanze erhält die Möglichkeit, ihre gesamte Kraft auf die wenigen Trauben, die sie trägt, zu konzentrieren. Dieser „Ertragsschnitt“ dauert oftmals bis in den **Februar** hinein. Wenn diese Arbeiten beendet sind, naht mit dem **März** bereits die richtige Zeit, um an den notwendigen Stellen neue Weinreben zu pflanzen. Zudem müssen die Weinberge nun gründlich renoviert werden. Neue Umzäunungen und schützende Gitter sollen verhindern, daß Wild an den Rebstöcken seinen Hunger stillt. Außerdem müssen Wege, Mauern, Treppen, Drähte und Pfähle sowie die Kanalisation des Weinbergs kontrolliert und gegebenenfalls ausgebessert werden. Im **April** beginnt der Winzer mit den Arbeiten am Weinbergsboden. Er lockert ihn zunächst mit dem Pflug oder mit Fräsen und düngt ihn zumeist nun auch. Zudem beseitigt er das ebenfalls aus dem „Winterschlaf“ erwachte Unkraut. Die austreibenden Reben werden neu an die Drähte und Pfähle angebunden und mit Spritzmitteln zum ersten Mal gegen verschiedene Schädlinge und Krankheiten geschützt.

Die gefährlichsten Krankheiten und Schädlinge

Sobald eine neue Vegetationsperiode beginnt und der Weinstock ausgetrieben hat, erwachen auch die Pflanzenschädlinge und die Krankheitskeime. Wenn sich das erste Grün zeigt, sind sofort die *Spinnmilbe* und die *Kräuselmilbe* auf der Pflanze. Sie befallen die Blätter und Wachstumstriebe, später auch die Blüten der Pflanzen. Der Rebstock kann ohne Hilfe und bei schwerem Befall ernsthaften Schaden nehmen. Die *Pockenmilbe* befällt nur die Blätter der Pflanze. Diese fallen frühzeitig ab, womit der Rebstock seine Vegetationsperiode wieder einstellt. Ebenfalls im Frühjahr wird der *Springwurm* aktiv, der alle neu gewachsenen Teile der Pflanze schädigt. Auch *Engerlinge, Käfer* und *Läuse* können jetzt die Rebe befallen, was sich in einem kümmerlichen Wuchs der Pflanze äußert. Ab der zweiten Maihälfte droht den Blütenständen und später auch den Früchten Gefahr vom *Heuwurm*. Er verletzt die Beerenhaut und macht sie anfällig für Pilzerkrankungen.

Hohe Luftfeuchtigkeit, die oftmals in guten Lagen auftritt, begünstigt den Befall der Rebe mit Pilzerkrankungen. Bereits vom ersten Blättchen der neuen Vegetationsperiode an besteht die Gefahr der *Schwarzfleckenkrankheit*. Sie äußert sich in schwarz-gelben Pünktchen auf den Blättern und führt schließlich zu deren Absterben. Nach der Entfaltung ihres dritten Blättchens ist die Rebe vom *Roten Brenner* bedroht. Ihre Blätter bekommen rote Flecken und fallen schließlich ab. Gefürchtet ist der *Echte Mehltau* (Oidium), der als weißgrauer, mehliger Belag sowohl die Blattoberseiten als auch die Trauben befällt. Die Beeren werden schwarz und platzen schließlich. Äußerst gefährlich ist auch der *Falsche Mehltau* (Peronospora). Er setzt sich als weißer Belag an den Unterseiten der Blätter, an Trieben,

Edle Weine wie der Amarone aus dem italienischen Valpolicella-Gebiet oder der Monthélie aus dem französischen Burgund entstehen nur bei strikter Qualitätsorientierung des Winzers

Ohne das sommerliche Zurückschneiden der Triebe würde die Weinrebe schnell zur Schlingpflanze

Blüten und Beeren fest und führt zum Abfallen von Blüten und Blättern und zum Einschrumpfen der Beeren. Zwei gänzlich verschiedene Seiten hat der *Grauschimmel* (Botrytis cinerea). Befällt er unreife Beeren oder rote Rebsorten, so führt er zur berüchtigten Sauerfäule. Diese Erkrankung kann den totalen Ernteausfall verursachen. Auf vollreifen weißen Trauben löst er hingegen zur Lesezeit die erwünschte Edelfäule aus, die Voraussetzung für die Erzeugung edelsüßer Weine.

Schutz gegen Frost, Krankheiten und Schädlinge

Der **Mai** steht ganz im Zeichen des Schutzes der Rebe gegen die gefürchteten Spätfröste, die bereits bei minus drei Grad die gesamte Hoffnung auf eine gute Ernte vernichten können. Man bekämpft die Folgen heute durch die Beriesellung der Reben mit Wasser, das eine schützende Eisschicht über den Blütenknospen bildet. Im **Juni** düngt der Winzer den Boden zum zweiten Mal. Die stark wachsenden Triebe werden gekürzt, damit die Pflanze ihre Kraft konzentriert. Daneben geht – wie schon im Vormonat – der Kampf gegen drohende Schädigungen der Rebe durch Insekten oder Pilzerkrankungen weiter. Immer mehr qualitätsbewußte Winzer schränken dabei den Einsatz von Pestiziden ein oder benutzen biologische Pflanzenschutzmittel. Die Arbeiten im **Juli** unterscheiden sich von denen des Vormonats kaum. Es wird nun bereits zum dritten Mal gedüngt, und auch die Arbeiten am Weinstock werden fortgesetzt. Im **August** wird das Wachstum der Rebe schließlich durch Abschneiden aller Triebspitzen völlig gestoppt. Alle Aufmerksamkeit des Winzers gilt nun der Gesundheit des Traubengutes. Dabei schneiden immer mehr Winzer auch überflüssiges gesundes Traubengut weg, um den Ertrag zu reduzieren. Dadurch fördern sie die Qualität des Weines beträchtlich, denn eine alte Faustregel sagt: Je geringer die Menge der Trauben, desto höher ist ihre Güte. Ab Ende August ist das Betreten der Weinberge zum Schutze des Leseguts nur noch den Weinbergsaufsehern gestattet. Nun dürfen auch keine Pflanzenschutzmittel mehr verspritzt werden, damit die oftmals gesundheitsschädlichen Stoffe nicht in den Wein gelangen.

In flachen Lagen hilft die Technik dem Menschen bei der Lese

An steileren und unwegsamen Hängen hingegen ist die Weinlese noch vielfach harte körperliche Arbeit

Die Weinlese

Im **September** ist es dann soweit: Nun wird täglich die Zuckerkonzentration in den Beeren („Mostgewicht") kontrolliert. Mit Hilfe eines optischen Gerätes oder einer speziellen Mostwaage kann der Zuckergehalt in der Beere genau bestimmt werden. Er wird nach dem Erfinder der Mostwaage in Öchsle-Graden angegeben. Wenn die Beeren ein bestimmtes, gesetzlich festgelegtes Mostgewicht erreicht haben, beginnt die ersehnte Weinlese. Jetzt muß der Winzerbetrieb alle Kräfte mobilisieren und eventuell Erntehelfer einstellen, um die große Aufgabe zu bewältigen.

Wichtig ist vor allem das Wetter, denn eine Regenperiode während der Lese kann die Qualität der Weine schnell verwässern. In einer kurzen Vorlese wird von Überreife bedrohtes oder krankes Traubengut geerntet. Gegen Ende September

beginnt die Hauptlese. Sie wird im **Oktober** fortgesetzt und erbringt Weine bis zur Prädikatsstufe Kabinett. Sind Reifegrad und Zuckergehalt der Trauben hoch genug, werden im Oktober auch bereits die ersten Weine der Spätlese- und Auslesequalität gelesen. Bei neblig-feuchtem Wetter befällt der Pilz Botrytis cinerea die Beeren und verursacht die begehrte Edelfäule. Nun werden die rosinenartig eingeschrumpften, zuckersüßen Trauben für die hochwertigen edelsüßen Weine in die Keller gebracht. Diese Arbeiten können bis weit in den **November** hinein dauern. Danach ist die Lese normalerweise beendet, und die ersten Arbeiten der Bodenlockerung beginnen. Im **Dezember** werden bei Frost von mindestens minus sieben Grad die aus gefrorenen Weintrauben erzeugten berühmten „Eisweine" gelesen und gekeltert. Als Raritäten gelten vor allem die „Christweine" vom 24. Dezember. Schließlich wird der Boden noch einmal organisch gedüngt, bevor sich mit dem Beginn des Rebschnitts der Kreislauf schließt.

Das Arbeitsjahr im Weinkeller

Neben dem Weinberg hat der Winzer mit seinem Weinkeller noch einen zweiten wichtigen Arbeitsplatz. Hier werden die Trauben in Wein „verwandelt". Nach der Schließung des Weinbergs im Spätsommer kann sich der Winzer ab **September** auf die Weiterverarbeitung des Leseguts vorbereiten, das bald in seinen Keller kommen wird. Die Presse, der Kelter, die Gärbehälter und die Fässer müssen überprüft, gesäubert und desinfiziert werden. Pumpen, Leitungen und Schläuche sind zu reinigen. Der Winzer prüft die Druckbehälter auf ihre Dichtheit und die Kühlvorrichtungen auf ihre Funktionstüchtigkeit. Der **Oktober** steht ganz im Zeichen der Vorbereitung und Gärung des Mostes. Wenn das Lesegut in den Keller des Winzers geliefert wird, muß er entscheiden, aus welchen Mosten er einfachere Weine herstellen will. Diese werden aufgrund ihrer niedrigen Mostgewichte durchweg mit Alkohol angereichert. Dazu wird ihnen vor der Gärung Traubenzucker oder ein sehr süßes Mostkonzentrat beigemischt, das dann bei der Gärung zusätzlichen Alkohol in den Wein bringt. Bei Qualitätsweinen mit Prädikat, deren Moste eine wesentlich höhere Zuckerkonzentration aufweisen müssen, ist die Anreicherung mit Alkohol in Deutschland gesetzlich verboten. In den meisten anderen Weinbauländern ist sie jedoch bis in die höchsten Qualitätsstufen hinein erlaubt.

Bei strengem winterlichem Frost werden die gefrorenen Trauben für die Produktion von Eiswein gelesen

Die Erzeugung von Weißwein

Die Methoden zur Weiß-, Rosé- und Rotweinerzeugung unterscheiden sich erheblich.

Weißwein wird zumeist aus weißen Rebsorten erzeugt, kann jedoch auch aus roten Trauben bereitet werden. Die angelieferten Trauben werden zunächst von den gerbstoffreichen Stielen abgelöst. Dann werden sie in einer speziellen Maschine ausgepreßt, dem Kelter. Den Preßsaft bezeichnet man auch als Most. Falls erwünscht, können nun verschiedene Moste verschnitten werden. Danach wird der Most in Gärbehälter aus Edelstahl gefüllt. Die Schalen und die tanninreichen Kerne der Beeren bleiben im Kelter zurück. Nach der Zugabe spezieller Hefekulturen setzt die Gärung ein, die den Zucker des Mostes zu Alkohol und Kohlensäure sowie die Apfelsäure zu Milchsäure und Kohlensäure umwandelt. Die dabei entstehende Wärme kann der Frische des Weines schaden und wird des-

halb ständig kontrolliert und über Kühlvorrichtungen reguliert. Die Gärung endet normalerweise damit, daß sämtlicher Zucker umgewandelt worden ist. Der Wein ist jetzt völlig durchgegoren, „trocken". Der Gärungsprozeß kann durch großen Druck in den Gärbehältern auch künstlich zum Stillstand gebracht werden, wenn der Wein eine natürliche Restsüße behalten soll.

Die Erzeugung von Roséwein

Roséwein besteht nicht aus einer Mischung von Rot- und Weißwein, sondern aus roten Rebsorten. Die roten Trauben werden wie bei der Erzeugung von Weißwein zunächst von den Stielen befreit und gepreßt. Im Unterschied zum Weißwein läßt man den Most jedoch für kurze Zeit zusammen mit den farbstoffreichen Traubenschalen stehen, damit er etwas Farbe aus diesen herauslösen kann. Dann wird er ganz nach der Art der Weißweinbereitung abgepreßt und unter Temperaturkontrolle vergoren. Dabei entsteht ein frischer, fruchtiger Wein, der je nach Weinbaugebiet eine kräftig hellrote bis zart blaßrosa Färbung besitzt.

Die Erzeugung von Rotwein

Rotwein muß in erster Linie die Farb- und Bukettstoffe der Beeren erhalten. Dazu werden diese einige Zeit lang mit ihren Schalen vergoren. Bei diesem Prozeß gelangen Farbstoffe, Tannine und Bukettstoffe in den Most. An der Oberfläche bildet sich bei diesem stürmisch verlaufenden Prozeß ein „Hut" aus Beerenschalen, der Trester. Dieser muß ständig gerührt werden, damit die Farbstoffe in den Most gelangen. Beste Weinqualität verspricht auch hier wieder eine kontrollierte Gärung bei gleichzeitiger Temperaturkontrolle. Ist die Gärung fast abgeschlossen, wird der Rotwein abgepreßt. Zunächst gewinnt man den Wein, der ohne Druck von selbst frei aus dem Gärbehälter abläuft. Aus diesem „Vorlauf" entstehen fruchtige, bukettreiche Rotweine, die sich sehr gut zum baldigen Verbrauch eignen. Durch leichten Druck auf das Traubenschalen-Most-Gemisch („Maische") wird der „Preßwein" gewonnen. Dabei handelt es sich um einen farbintensiven, tannin- und bukettreichen Wein. Der Preßwein ist meistens das beste Produkt der Gärung. Der bei einer zweiten, stärkeren Pressung gewonnene Wein ist sehr konzentriert und bitter, so daß er sich gut für den Verschnitt mit leichteren Weinen eignet. Der zurückbleibende Trester wird häufig zu Tresterbranntwein destilliert.

Pflege und Ausbau des Jungweines

Bereits im **Oktober** kommen die ersten Weine des Jahres als Federweißer in den Handel. Dabei handelt es sich um trübe, noch in Gärung befindliche Moste, die köstlich zu trinken sind. In aller Regel sind es allerdings nicht die besten Weine, die „unfertig" als Federweißer auf den Markt kommen.

Im **November** wird der vergorene Jungwein geschwefelt, aus dem Gärbehälter entfernt und in Holzfässer oder Stahltanks umgefüllt. Dabei wird er von den Resten der Hefegärung getrennt. In vielen Weinbauregionen ist es üblich, bestimmte Weine nach einer besonders kurzen Gärung bereits im November abzufüllen. In Frankreich werden sie als Primeur, in Österreich als Heuriger und in Italien

Edelstahl-Gärtanks mit Temperaturkontrolle wirken unromantisch, sind aber aus der modernen Weinerzeugung nicht mehr wegzudenken

Qualität und Reifegrad der Weine müssen vom Kellermeister regelmäßig durch Faßproben kontrolliert werden

als Vino Novello bezeichnet. Auch in Spanien und in Deutschland werden immer mehr solche Tropfen erzeugt. Sie schmecken sehr frisch und fruchtig, sollten allerdings innerhalb von zwei bis drei Monaten verbraucht werden, da sie sich in der Flasche nicht mehr verbessern und ihren Reiz schnell verlieren. Am bekanntesten ist der Beaujolais Primeur, dessen Anteil an diesen Weinen bei über 50 Prozent liegt.

Im **Dezember** werden die meisten Weine „geschönt". In oftmals sehr unterschiedlichen Verfahren entzieht der Winzer ihnen dabei winzige Schwebeteilchen, die durch die Gärung entstanden sind. Danach werden die Weine zum zweiten Male umgefüllt. Bestimmte Verbesserungsmaßnahmen wie die Reduzierung zu hoher Säurespiegel und der Verschnitt verschiedener Jungweine ziehen sich bis in den **Januar** hinein. Zumeist im **Februar** werden die Weine ein weiteres Mal geschönt. Nach dem Filtrieren sind viele einfache Tropfen im **März** dann endgültig klar und können auf Flaschen gefüllt und etikettiert werden. Bessere Weiß- und vor allem Rotweine benötigen zumeist eine wesentlich längere Faßreife, bevor sie abgefüllt werden können. Bei längerer Faßlagerung muß der natürliche Schwund regelmäßig aufgefüllt werden, damit der Wein nicht mit Sauerstoff in Kontakt kommt, was zu seinem vorzeitigen Altern führen würde. Bei der gesamten Kellerarbeit ist außerdem höchste Hygiene notwendig, da bereits wenige schädliche Essigbakterien den Inhalt eines ganzen Tanks oder Fasses verderben können.

Die Erzeugung von Schaumwein

Bestimmte Stillweine werden nach der Gärung zu Schaumwein weiterverarbeitet. Dazu gibt man ihnen eine Infusion aus Zucker und Hefe, woraufhin eine zweite Gärung einsetzt. Bei dieser entsteht jedoch im Gegensatz zur ersten Gärung des Weines kein zusätzlicher Alkohol, sondern Kohlensäure, die sich im Wein löst und dem Schaumwein seinen feinperligen, prickelnden Charakter verleiht. Die besten Schaumweine wie Champagner, Cava, Spumanti und sehr gute deutsche Sekte entstehen nach der traditionellen Methode der Flaschengärung, während billigere Schaumweine in großen Stahltanks vergoren werden. In Deutschland gelten strenge gesetzliche Bestimmungen: Wenn der Grundwein vor der zweiten Gärung als Qualitätswein eingestuft wurde, darf der Schaumwein als Sekt verkauft werden. Stammt der Grundwein zu 100 Prozent aus einem bestimmten deutschen Anbaugebiet, darf der Erzeuger den Schaumwein als Sekt b. A. (Sekt bestimmter Anbaugebiete) etikettieren.

Durch die Lagerung in Holzfässern bekommen viele hochwertige Weine erst den richtigen Schliff. Die zusätzlich aufgenommenen Gerbstoffe aus dem Holz des Fasses ermöglichen diesen Tropfen eine jahrelange Reifung und Qualitätsverbesserung

Kleine Rebenkunde: Die wichtigsten Rebsorten der Welt

Die Pflanze, der wir den Wein verdanken, gehört botanisch zur Gattung *Vitis* aus der Familie der Rebengewächse. Weltweit kommt sie in 35 Arten vor, die allesamt in gemäßigten Klimazonen zu finden sind. Eine davon ist unsere Weinrebe, die den lateinischen Namen „Vitis vinifera" (*vinifera* = lat. „die Weinbringende") trägt. Sie tritt in 8.000 verschiedenen Rebsorten auf, die durch Mutationen entstanden sind. Für die Erzeugung von Qualitätsweinen kommen jedoch höchstens 50 Rebsorten in Frage. Die wichtigsten und bekanntesten sollen hier kurz vorgestellt werden.

Aus dem Blauen Spätburgunder entstehen die besten deutschen Rotweine

Blauer Spätburgunder In Frankreich als **Pinot noir** bezeichnet, werden aus dieser edlen Rebe ausnahmslos alle Rotweine des Burgunds erzeugt. An der Loire bringt er den roten und roséfarbenen Sancerre hervor. Im Elsaß wird sie zumeist zu Rosé verarbeitet, einem fruchtigen und säurebetonten Wein. Zudem ist ein Anteil Pinot noir in den meisten Champagnern enthalten. In Deutschland ist der Spätburgunder für die besten Rotweine verantwortlich. Die wuchtigsten Spätburgunder werden in Baden erzeugt. Sie sind körperreich und alkoholstark. Die Spätburgunder aus Assmannshausen im Rheingau sind leichter als die badischen und besitzen eine typische Würze. Noch feiner sind die Spätburgunder von der Ahr. In Italien heißt die Rebsorte **Pinot nero**. Vor allem aus Südtirol stammen einige vorzügliche Rotweine. Die besten Spätburgunder-Weine aus Übersee kommen derzeit aus Neuseeland und Kalifornien.

Cabernet franc Hervorragende französische rote Rebsorte. Der Cabernet franc ist eng verwandt mit dem Cabernet Sauvignon, liefert jedoch höhere Erträge als dieser. In den Bordeaux-Gebieten Saint-Émilion und Pomerol werden die besten Weine mit Anteilen von bis zu 60 Prozent Cabernet franc produziert. Die Loire ist sein zweites großes französisches Verbreitungsgebiet. Hier entstehen aus ihm so bekannte und vorzügliche Rotweine wie Bourgueil, Chinon oder Saint-Nicolas-de-Bourgueil. Außerhalb Frankreichs wird der Cabernet franc vor allem in Norditalien mit Erfolg angebaut.

Cabernet Sauvignon Die kleinbeerige rote Rebsorte bringt nur niedrige Erträge. Cabernet-Sauvignon-Weine sind sehr dunkel, moderat im Alkohol (ca. 12,5 % vol.), körper- sowie tanninreich und reifen nur langsam. Höchstleistungen erzielt der Cabernet Sauvignon vor allem in Bordeaux. Überall, wo die Weine aus der Bordeaux-Region Médoc als Maßstab gelten, wird heute Cabernet Sauvignon angebaut. Das gilt für Südfrankreich ebenso wie für die spanischen Gebiete Ribera del Duero, Navarra und Penedès. In Italien ist die Rebsorte vor allem in der Toskana verbreitet. Außerhalb Europas ist der Cabernet Sauvi-

gnon mittlerweile zur roten Rebsorte Nummer eins geworden. Diese Weine sind gegenüber den europäischen körper- und alkoholreicher (bis 13,5 % vol.). Aus Kalifornien, Chile, Argentinien, Südafrika und Australien stammen viele exzellente Weine, deren Spitzen den Weinen aus Bordeaux qualitativ kaum nachstehen.

Chardonnay Edle französische weiße Rebsorte, deren Weine in ihrer Jugend blaßgelb, körperreich und fruchtig sind. Reife Tropfen entwickeln ein üppiges Bukett und eine typische Geschmacksnote. Der bekannteste Chardonnay-Wein ist der Chablis. Höchstleistungen erzielt die Rebe an der burgundischen Côte d'Or. Hier werden mit dem Meursault und dem Montrachet Maßstäbe gesetzt, an denen sich überall in der Welt die besten Weine messen. Auch am Zustandekommen der edlen Champagner ist der Chardonnay maßgeblich beteiligt. Große Rebflächen sind in Südfrankreich, Norditalien und Nordspanien mit ihm bepflanzt. Auch aus Rheinhessen und der Pfalz kommen mittlerweile erste vielversprechende Chardonnay-Weine. In Kalifornien, Chile, Argentinien, Südafrika, Australien und Neuseeland ist der Chardonnay zur wichtigsten weißen Rebsorte geworden.

Chenin blanc Weiße Rebsorte von der Loire, die säurebetonte, fruchtige Weine hervorbringt. Die besten Chenin-blanc-Weine sind der Vouvray und der Coulée-de-Serrant. Auch in Kalifornien wird Chenin blanc angebaut, während die Traube in Südafrika unter dem Namen **Steen** bekannt ist.

Cinsaut Bedeutende rote Rebsorte aus Südfrankreich, die einen dunkelroten, vollmundigen und erstklassigen Rotwein liefert. Im Verschnitt mit anderen Rebsorten gibt sie einigen der bedeutendsten Weine Südfrankreichs Farbe und Charakter. Dazu gehören Châteauneuf-du-Pape und Tavel von der Rhone ebenso wie viele andere Rot- und Roséweine Südfrankreichs. Aus der Kreuzung des Cinsaut mit dem Spätburgunder ist der **Pinotage** hervorgegangen, eine der wichtigsten südafrikanischen Rotweinreben.

Dornfelder Erfolgreiche rote Neuzüchtung der Staatlichen Lehr- und Versuchsanstalt für Wein- und Obstbau in Weinsberg/Württemberg. Zentren seines Anbaus sind die Pfalz und Rheinhessen. Der Dornfelder ist sehr farbintensiv und liefert dunkle Rotweine, deren Qualitätspotential mit zunehmendem Alter des Rebbestandes stetig wächst. In besonders guten Jahren werden heute bereits erstklassige, gerbstoffreiche Rotweine erzeugt.

Der Chardonnay bringt neuerdings auch in Deutschland gute Ergebnisse

Der Züchtung des Dornfelders geht auf den Trollinger, den Portugieser, den Lemberger und den äußerst seltenen Frühburgunder zurück

Die besten Weine bringt der Graue Burgunder am badischen Kaiserstuhl hervor

Gamay Französische Rotweinrebe, die im Beaujolais-Gebiet einen Flächenanteil von fast 90 Prozent erreicht. Die einfachen Beaujolais- und Beaujolais-Villages-Weine sind für den baldigen Verbrauch bestimmt. Doch auf besonders guten Böden werden hier auch die berühmten Crus de Beaujolais erzeugt. Weine wie der Moulin-à-Vent, der Morgon oder der Juliénas sind haltbar und ähneln eher einem Burgunder.

Gewürztraminer Hochwertige weiße Rebsorte, die in Deutschland inzwischen selten geworden ist. Der Gewürztraminer ist ertragsarm, seine rosafarbenen Beeren liefern einen typisch würzigen und körperreichen Wein. Die besten Gewürztraminer außerhalb Deutschlands werden wohl im Elsaß erzeugt, wo regelmäßig hervorragende Weine entstehen. Auch in Österreich und Norditalien wird die Rebsorte mit guten Ergebnissen angebaut.

Weine aus dem relativ seltenen Gewürztraminer stellen immer etwas Besonderes dar

Grauer Burgunder Weiße Rebsorte, die ihren Namen von der zarten Rosa- bis Graufärbung der ausgereiften Trauben erhält. In Deutschland wurden aus dem Grauen Burgunder früher unter der Bezeichnung Ruländer alkoholreiche und säurearme Weine erzeugt. Dank verbesserter Kellertechnik wirken diese Tropfen heute viel eleganter als früher. In Frankreich wird der Graue Burgunder ausschließlich im Elsaß angebaut, wo er als **Tokay d'Alsace-Pinot gris** einen körperreichen, trockenen Weißwein ergibt. Als **Pinot grigio** ist der Graue Burgunder in den norditalienischen Regionen Südtirol, Trentino und Friuli-Venezia Giulia verbreitet. Im Aosta-Tal ist er als **Malvoisie** bekannt.

Grenache In Südfrankreich ist die rote Rebsorte weit verbreitet. Sie findet sich in so berühmten Weinen wie dem Châteauneuf-du-Pape, dem Gigondas und dem Tavel sowie in fast allen Côtes du Rhône- und Côtes du Rhône-Villages-Weinen. Der Grenache verleiht ihnen Kraft und alkoholische Stärke. Auf Sardinien ist die Traubensorte unter dem Namen **Cannonau** bekannt. Der Ursprung der Rebsorte liegt wahrscheinlich in Spanien, wo sie als **Garnacha** in den meisten spanischen Rotweinen enthalten ist.

Grüner Veltliner Häufigste Rebsorte Österreichs. In erster Linie ist der Grüne Veltliner für den Heurigen zuständig, den berühmten österreichischen „neuen" Wein. Daneben entstehen jedoch auch viele exzellente Weißweine, die zu den besten Europas zählen. Die besten Grünen Veltliner stammen in der Regel aus dem Weinviertel, dem Kamptal-Donauland und der qualitativ überragenden Wachau.

Kerner Erfolgreiche Weinsberger Neuzüchtung aus Trollinger und Riesling. Der Kerner liefert einen guten Weißwein, der den Riesling an Würze übertrifft. Insgesamt erreicht der Kerner jedoch nicht die Qualität des Rieslings. Gelungene Kerner-Weine sind körperreich, charaktervoll und sehr angenehm zu trinken.

Lemberger Die rote Rebsorte wird in der Bundesrepublik ausschließlich in Württemberg angebaut. Der Lemberger erbringt in guten Jahren fruchtige Rotweine mit mittlerem Körper. Mit ihrer intensiven Farbe und einem hohen Tanningehalt zählen sie zu den besten deutschen Rotweinen.

Das Hauptverbreitungsgebiet des Lembergers ist hingegen Österreich, wo er als **Blaufränkisch** viele gute Rotweine hervorbringt.

Merlot Eine der drei großen Rotweinsorten aus Bordeaux. Reine Merlot-Weine sind fruchtig, weich und nicht allzu tanninreich. Daher reifen sie auch durchweg früher als Cabernet-Sauvignon-Weine. In den Bordeaux-Gebieten Saint-Émilion und Pomerol ist der Merlot gemeinsam mit dem Cabernet franc für einige der größten Rotweine der Welt verantwortlich. Außerhalb des Bordeaux-Gebietes findet sich der Merlot in Frankreich hauptsächlich im Süden, wo er angenehme, leichte Landweine liefert. Auch in Norditalien wird Merlot angebaut. Außerdem kommen immer mehr Merlot-Weine aus Chile, Argentinien, Südafrika und Neuseeland.

Müller-Thurgau Die Müller-Thurgau-Rebe wurde 1882 in Geisenheim im Rheingau von Prof. Hermann Müller aus dem schweizerischen Thurgau gezüchtet. Dazu verwendete er die Rebsorten

Riesling und Silvaner. Müller-Thurgau-Weine sind meist frisch, süffig und weich. Unter optimalen Bedingungen und bei rigoroser Ertragsbegrenzung kann die Rebe jedoch auch elegante und charaktervolle Weine hervorbringen. Neuerdings wird die Rebsorte immer öfter als **Rivaner** etikettiert. Außerhalb Deutschlands wird die Müller-Thurgau-Rebe in Österreich, der Schweiz sowie in Neuseeland angebaut.

Nebbiolo Die große Rotweinrebe Norditaliens, benannt nach ihrer Vorliebe für frühmorgendlichen Nebel (ital. nebbia). Der Nebbiolo ist ertragsschwach und gedeiht am besten auf ausgeprägten Steillagen. Seine Weine sind kraftvoll, wuchtig und säurereich. Sie reifen sehr langsam und erreichen

große geschmackliche Komplexität. Im Piemont sind es vor allem der Barolo, der Barbaresco sowie die Nebbiolo d'Alba-Weine, die den Ruf der Nebbiolo-Traube begründet haben. In der Lombardei bringt der Nebbiolo im Anbaugebiet Valtellina mit dem Grumello, dem Inferno, dem Valgella und dem Sassella noch einmal vier außerordentliche Rotweine hervor. Außerhalb dieser Weinbauregionen wird der Nebbiolo nirgendwo angepflanzt.

Riesling Der Riesling gilt bei vielen Weinfreunden als edelste weiße Rebsorte. Er zeichnet sich vor allem dadurch aus, daß er auch unter den kühleren Bedingungen der nördlicheren Weinbaugebiete noch voll ausreift. Stammt er dann noch von steilen Lagen mit Schiefer- oder Granitböden, bringt er unvergleichliche Weine hervor. Junge Riesling-Weine sind meist blaßfarben mit leicht grünlichen Nuancen und geben sich fruchtig und säurebetont. Im Alter entwickeln sich die

Nach über 25 Jahren hat der Riesling (unten) den Müller-Thurgau (links) wieder als häufigste deutsche Rebsorte verdrängt

besseren von ihnen dann zu edlen goldfarbenen Tropfen mit dem typischen Pfirsichbukett. Die besten ausländischen Riesling-Weine stammen aus dem Elsaß und aus Österreich. Die elsässischen Weine sind stets trocken und lassen sich bereits früh mit Genuß trinken. Die besten Riesling-Weine Österreichs kommen aus der Wachau.

Sangiovese Hochwertige Rotweinrebe, die in vielen lokalen Variationen über nahezu ganz Italien verbreitet ist. Seine besten Ergebnisse erzielt der Sangiovese jedoch in der Toskana. Hier ist er an der Entstehung des Chianti, des Vino Nobile di Montepulciano, des langsam reifenden Sangioveto sowie des edlen und teuren Brunello di Montalcino beteiligt. Schließlich bestehen auch einige der besten „neuen“ Tafelweine aus dem Sangiovese, beispielsweise der berühmte Le Pergole torte, der Fontalloro und der Vigorello.

Sauvignon blanc Exzellente weiße französische Rebsorte. Der Sauvignon blanc vollbringt im Bordeaux-Gebiet Spitzenleistungen bei den weißen Graves. Sie sind körperreich und konzentriert und zählen zu den größten Weißweinen der Welt. Hervorragend sind auch der Sancerre und der Pouilly-Fumé, die an der Loire aus der hier als **Blanc-Fumé** bekannten Rebe erzeugt werden. Die Weine sind mit ihrer säurebetonten Art außerordentlich köstlich. Spitzenergebnisse erzielt der Sauvignon blanc auch im nordspanischen Rueda. Auf der südlichen Halbkugel fallen die Weine alkohol- und körperreicher aus. Am besten sind wohl die Sauvignon-blanc-Weine aus Neuseeland.

Schwarzriesling Auch als **Müllerrebe** bezeichnete Rotweinrebe, die nicht mit dem Riesling verwandt, sondern eine Vertreterin der Pinot-Familie ist. Sie wird in Deutschland fast ausschließlich in Württemberg angebaut. Hier liefert sie samtige, gehaltvolle Rotweine. Sein zweites großes Verbreitungsgebiet hat der Schwarzriesling in der Champagne. Als **Pinot meunier** erreicht er hier einen Flächenanteil von über 40 Prozent. Weißgekeltert findet er sich vor allem in den einfacheren, körperreichen Champagnern.

In Deutschland bringt der Schwarzriesling samtige Rotweine hervor, in Frankreich wird er zu Champagner verarbeitet

Silvaner Alte deutsche Weißweinrebe, die einfache, leichte und unkomplizierte Alltagsweine liefert. Bei rigorosem Rebschnitt und auf erstklassigen Lagen sind die Weine in besseren Jahren fruchtig und charaktervoll. Das gilt vor allem für die besten Lagen des rheinhessischen Hügellandes sowie für Franken und Baden, von wo einige erstklassige Silvaner-Weine aller Prädikatsstufen stammen.

Syrah Hervorragende rote Rebsorte aus Frankreich, wo sie in erster Linie an der Rhône verbreitet ist. Hier liefert der Syrah den Côte Rôtie und den Hermitage, die zu den besten Rotweinen der Welt zählen. Auch in den aus mehreren Rebsorten bereiteten Rotweinen der Rhône nimmt der Syrah eine herausgehobene Stellung ein, so beispielsweise im Châteauneuf-du-Pape. Sein zweites großes Verbreitungsgebiet findet der Syrah in Australien, wo er als **Shiraz** bekannt ist. Er wird oftmals sortenrein ausgebaut, so beim überragenden Grange, dem größten australischen Rotwein. Aber auch im Verschnitt mit Cabernet Sauvignon entstehen hervorragende Rotweine.

Tempranillo Hochwertige spanische Rotweinrebe. Der Name bedeutet übersetzt „Frühchen", womit auf den frühen Reifezeitpunkt der Beeren Ende September angespielt wird. Der Tempranillo ist die Hauptsorte in der Rioja, wo er den Weinen Säure, Feinheit und Langlebigkeit verleiht. In Navarra und im Penedès werden hervorragende Rotweine durch Verschnitt von Tempranillo und Cabernet Sauvignon erzeugt. Spitzenleistungen vollbringt der Tempranillo auch als **Tinto fino** in Ribera del Duero.

Trollinger Rote Rebsorte, die in der Bundesrepublik nahezu ausschließlich in Württemberg angepflanzt ist. Hier stellt der Trollinger die wichtigste Rotweinsorte. Häufig wird er mit Limberger oder Schwarzriesling verschnitten. Reinsortig bringt er leichte und süffige Weine hervor, die zum großen Teil in Gastwirtschaften ausgeschenkt werden. Bei strenger Ertragsbegrenzung entstehen in guten Jahren jedoch auch bessere, fruchtige und säurebetonte Rotweine.

Die Rebfläche der ehemals wichtigsten deutschen Rebsorte Silvaner ist in den vergangenen 35 Jahren um zwei Drittel geschrumpft

Weißer Burgunder Hervorragende Weißweinrebe, die in Baden einen wuchtigen und tiefgründigen Weißwein hervorbringt. In der Pfalz und in Rheinhessen sind die Weine insgesamt leichter, feiner und säurebetonter. Sie können zu den herausragenden Weinen dieser Anbaugebiete zählen. Im französischen Burgund wird die Rebsorte als **Pinot blanc** nur „nebenbei" angebaut. Die großen Weißweine des Burgunds werden hingegen allesamt aus dem Chardonnay erzeugt. Größere Bedeutung hat der Pinot blanc in Frankreich lediglich im Elsaß, wo er ausgezeichnete Weine hervorbringt. In Norditalien heißt die Rebsorte **Pinot bianco** und wird vor allem in Südtirol, Venetien und Friuli-Venezia Giulia angepflanzt.

Zinfandel Der Zinfandel ist heute die verbreitetste rote Rebsorte Kaliforniens. Die Rebe liefert von fruchtigen Roséweinen über feine Rotweine bis zu wuchtigen, körper- und alkoholreichen Tropfen die ganze Palette des Rosé- und Rotweins. Deshalb erzeugen die größeren kalifornischen „Wineries" oftmals gleich mehrere verschiedene Typen von Zinfandel-Weinen. Die qualitativen Spitzen dieser Weine sind hervorragend, bei uns jedoch noch kaum bekannt.

Eine Reise um die Welt

Deutschland
Frankreich
Österreich
Schweiz
Ungarn
Rumänien
Kroatien
Bulgarien
Spanien
Portugal
Italien
Griechenland
0° Äquator
Australien
Südafrika
Neuseeland

Christophe

Cousiño-Macul
Finis Terrae
TOSO
Cabernet Sauvignon
Product of Argentina

Penfolds
BIN 128
Shiraz
Cloudy Bay

Vielfalt und Qualität: DEUTSCHLAND

Rechts: Der fränkische Weinbauort Escherndorf am Main

Seinen Weltruf verdankt unser uraltes Weinbauland vor allem der Riesling-Rebe. Ihre Kultivierung geht wahrscheinlich schon auf die Germanen zurück. Noch vor der Eroberung Germaniens

durch die Römer stellten sie aus der im Rheintal und an seinen Nebenflüssen überall wild wachsenden Riesling-Rebe Wein her. In der Tat bringt der Riesling in guten Jahren in allen deutschen Anbaugebieten einzigartige Weine hervor. Dabei sind die Unterschiede zwischen den einzelnen Anbaugebieten beträchtlich. Leicht, würzig und sehr fein sind die Rieslinge von Mosel, Saar und Ruwer. Sie haben höchstens 10,5 – 11 Prozent Alkoholgehalt. Ebenfalls würzig, aber viel kraftvoller sind die Weine aus dem Rheingau. Eine trockene Riesling-Spätlese kann hier leicht Prozent Alkohol erreichen. Das gilt auch für die körperreichen und kräftigen Rieslinge von der rheinhessischen Rheinfront um Nierstein und aus der Pfalz. In den weiter südlichen Anbaugebieten Deutschlands kommen noch einige hervorragende Rebsorten aus der Burgunder-Familie hinzu, die ebenfalls Weine von internationalem Format erbringen. Dabei können wuchtige Tropfen von bis zu 14,5 Prozent Alkohol entstehen. Diese Gewächse sind es in erster Linie, denen der deutsche Wein sein internationales Ansehen zu verdanken hat.

Der nördlichste Weinbau der Welt

Nur wenige Flächen eignen sich in Deutschland für den Weinbau, der hier an seine nördliche Klimagrenze stößt. Es besteht ständig die Gefahr, daß das Wetter den Reifeprozeß der Weintrauben in irgendeiner Form behindert. Spätfröste im Mai können die gesamte Ernte beeinträchtigen. Sommerlicher Hagel kann die Beeren beschädigen, so daß sie eine leichte Beute für Schädlinge und Pilze werden. Ein früher Herbsteinbruch kann dazu führen, daß die Trauben nicht ausreifen. Schließlich können die Weinreben in extrem kalten Wintern bei Temperaturen von minus 30 Grad schlichtweg erfrieren. Aus all diesen Gründen konzentriert sich der Weinbau in Deutschland auf klimatisch besonders bevorzugte Flächen. Es sind dies vor allem die geschützten Täler von Rhein, Mosel, Main und Neckar. Nur kleine Inseln bildet der Weinbau an Saale, Unstrut und Elbe. Gute Bedingungen findet die Rebpflanze außerdem an vorgelagerten, den genannten Flußtälern zugewandten Abhängen des Odenwalds, des Pfälzer Walds, des Schwarzwalds sowie des fränkischen Steigerwalds. Am Bodensee ist es die riesige Wasserfläche, die das Sonnenlicht wie ein Spiegel reflektiert und die Weinreben prächtig gedeihen läßt.

Die Verbreitung der deutschen Rebsorten

Seit der Wiedervereinigung gibt es in der Bundesrepublik Deutschland 13 Weinbaugebiete. Die meisten davon sind aufgrund ihrer Vielfältigkeit in mehrere Bereiche unterteilt. Insgesamt sind in Deutschland 106.000 Hektar mit Wein bepflanzt. Zu 80 Prozent wird darauf Weißwein erzeugt, während die roten Rebsorten bisher nur 20 Prozent der Fläche erobern konnten. Der Trend geht allerdings schon seit einiger Zeit zu einer Ausweitung der Rotweinerzeugung. So hat sich die mit roten Sorten bepflanzte Rebfläche in den letzten 20 Jahren verdoppelt.

Erstmals seit über 35 Jahren ist der Riesling seit 1996 auch von der Anbaufläche her wieder die Rebsorte Nummer eins. Ihm sind 23.000 Hektar der besten, steilsten Lagen mit den besten Böden vorbehalten. Der Müller-Thurgau bringt es auf knapp 22.800 Hektar, von denen einfache Alltagsweine kommen. An dritter Stelle des Sortenspiegels liegen mit jeweils 7.400 Hektar drei Rebsorten. Da ist einmal der Blaue Spätburgunder, aus dem immer mehr erstklassige und international konkurrenzfähige Rotweine erzeugt werden. Damit hat er die Verbreitung des Silvaners erreicht, der einstmals die häufigste deutsche Rebsorte war. Dritter ist der Kerner, die qualitativ beste der vielen weißen Neuzüchtungen. Weniger verbreitet sind die hervorragenden Rebsorten Grauer Burgunder (2.500 Hektar), Weißer Burgunder (1.900 Hektar) und Gewürztraminer (850 Hektar). Schließlich wird in zunehmendem Maße mit den klassischen französischen Rebsorten Chardonnay und Sauvignon blanc experimentiert. Die bisherigen Ergebnisse wecken große Erwartungen an die Zukunft.

Sanft ansteigende Weinberge prägen die Landschaft in weiten Teilen des Rheingaus

Terrassierte Steillagen am Mittelrhein

Die Neuzüchtungen

Lange Zeit glaubte man in Deutschland, die klimatischen Risiken des Weinbaus durch die Züchtung neuer, speziell an diese Bedingungen angepaßter Rebsorten ausgleichen zu können. Doch außer dem Kerner und dem roten Dornfelder (2.100 Hektar) haben sich die früh reifenden und ertragsstarken Neuzüchtungen nicht durchgesetzt. Trotz ihres hohen Zuckergehaltes und des frühen Reifezeitpunktes konnten die Weine qualitativ nicht an die aus den klassischen Rebsorten bereiteten Tropfen heranreichen, so daß die Euphorie verflogen ist. 13.000 Hektar sind heute noch mit Bacchus, Scheurebe, Faberrebe, Ortega, Huxelrebe, Morio-Muskat und anderen Neuzüchtungen bepflanzt. Doch die meisten dieser Rebsorten haben ihren Zenit bereits überschritten und werden voraussichtlich wieder den klassischen Rebsorten weichen.

Die Pfälzer Großlage Schloß Ludwigshöhe bei Edenkoben an der Südlichen Weinstraße wird überragt vom gleichnamigen Schloß

Qualitätsstufen des deutschen Weines

Voraussetzung für die Erzeugung qualitativ hochwertiger Weine ist ein optimal ausgereiftes Lesegut. Ein warmes Altweibersommer-Wetter während der Lese ist ideal, starke Regenfälle hingegen können die Qualität der Trauben schnell beeinträchtigen. Gerade zur Lesezeit nimmt der Zuckergehalt in den Beeren stark zu, während der Säuregehalt ständig sinkt. Dadurch erhöht sich die Qualität des Weines, und Alkohol, Säure, Körper und Bukett harmonieren miteinander. Das deutsche Weinrecht bewertet die Qualität eines Weines ausschließlich nach der Konzentration des Zuckers in den Trauben zum Lesezeitpunkt. Je höher der Zuckergehalt der Trauben, desto höher liegt der natürliche Alkoholgehalt des Weines. Jahr für Jahr muß sich daher jeder Winzer für den richtigen Lesetermin entscheiden. Liest er bei beginnendem Regen im späten September oder frühen Oktober die gesamte Ernte, bevor sie verwässert ist, hat er zwar das Traubengut gerettet, kann damit aber nur Weine der unteren Qualitätsstufen erzeugen. Will er jedoch Weine höherer Prädikatsstufen produzieren, muß er hoffen, daß der Regen wieder aufhört und vielleicht noch eine Schönwetterperiode kommt, die die Trauben weiter reifen läßt. Nicht immer wird dieses Risiko belohnt, so daß daraus schnell ein wirtschaftliches Fiasko entstehen kann. Hat der Winzer jedoch Glück, kann er nun Spätlese- oder Ausleseweine oder sogar noch edlere Tropfen erzeugen. Das deutsche Weinrecht sieht insgesamt neun verschiedene Qualitätsstufen vor, die durch amtliche Prüfungen festgestellt werden:

Tafelwein

Tafelweine gehören zur untersten Weinkategorie. Ihr natürlicher Mindestalkoholgehalt muß nur 5 Prozent betragen. Die Weine werden durchweg mit Alkohol angereichert. Sie dürfen keine Lagen

Idyllische Weinberge bei Windesheim am Guldenbach, einem Nebenfluß der unteren Nahe

namen tragen, sondern werden nur grob nach den Flüssen Rhein, Mosel, Main, Neckar und Oberrhein bezeichnet. Tafelweine sind Massenprodukte und geschmacklich eher unbedeutend. Mit einem Anteil von 0,1 Prozent an der gesamten Weinerzeugung fallen sie in Deutschland auch quantitativ nicht ins Gewicht.

Landwein

Landweine sind besser als Tafelweine. Sie müssen 6 Prozent natürlichen Alkohol aufweisen, werden in aller Regel jedoch mit Alkohol angereichert. In Deutschland gibt es 15 verschiedene Landweine, von denen allerdings nur geringe Mengen erzeugt werden. Deutsche Landweine dürfen nur als

In den Weinbergen von Neipperg in Württemberg wachsen hervorragende Lemberger-Rotweine

trockene und halbtrockene Abfüllungen auf den Markt gebracht werden. Sie können sich allerdings nicht mit den französischen Vins de Pays messen, die oftmals ein erstaunliches Qualitätsniveau erreichen und auf diesem wegen ihrer Leichtigkeit und Frische unschlagbar sind.

Qualitätswein bestimmter Anbaugebiete (QbA)

Die Weine dieser niedrigsten Stufe der Qualitätsweine müssen sich im Gegensatz zu Tafel- und Landweinen einer amtlichen Prüfung unterziehen, bei der sie auf qualitative Fehler hin überprüft werden. Sie müssen je nach Anbaugebiet zwischen 6 und 7,5 Prozent natürlichen Alkohol enthalten. QbA-Weine bilden die einzige Kategorie von Qualitätsweinen, bei der die Anreicherung des Alkoholgehaltes erlaubt ist. Auf dem Etikett eines QbA-Weines muß das Anbaugebiet genannt sein. Die Angabe der Erzeugergemeinde und einer Groß- oder Einzellage ist freiwillig. QbA-Weine entstehen in großer Menge vor allem in mittleren Jahrgängen, wenn schlechte Witterungsverhältnisse zu einer frühzeitigen Traubenernte zwingen. Aber auch in guten Jahren werden QbA-Weine hergestellt, wenn auch in geringerem Umfang. Je nach Jahrgang, Herkunft, Rebsorte und Geschmacksrichtung können sie von exzellenter Qualität sein.

Das Tal des Mittelrheins bei Burg Katz und Sankt Goarshausen zählt zu den landschaftlich schönsten deutschen Anbaugebieten

Qualitätsweine mit Prädikat (QmP)

Die „Creme" der deutschen Weine bilden die Qualitätsweine mit Prädikat. Die jeweilige Prädikatsstufe Kabinett, Spätlese, Auslese, Beerenauslese, Trockenbeerenauslese oder Eiswein wird amtlicherseits bei der Weinprüfung festgelegt und muß auf dem Etikett erscheinen.

Kabinett

Der Kabinett-Wein ist die niedrigste Stufe der Qualitätsweine mit Prädikat. Auch bei ihm werden bestimmte Anforderungen an das Lesegut gestellt. Es wird während der Hauptlese geerntet und muß einen Zuckergehalt besitzen, der je nach Anbaugebiet und Rebsorte bei voller Vergärung einem natürlichen Alkoholgehalt von mindestens 9 – 10,5 Prozent entspricht. Kabinett-Weine dürfen wie alle Qualitätsweine mit Prädikat nicht zur Erhöhung des Alkoholgehaltes vor der Gärung mit Mostkonzentrat oder Traubenzucker angereichert werden. Gute Kabinett-Weine sind leicht, harmonisch und ausdrucksvoll.

Spätlese

Der Prädikatswein der nächsten Stufe ist die Spätlese. Die Trauben werden später gelesen als die für den Kabinettwein verwendeten, wodurch sie einen höheren Zuckergehalt besitzen. Spätlesen müssen je nach Anbaugebiet und Rebsorte einen natürlichen Alkoholgehalt von mindestens 10 – 12,5 Prozent aufweisen. Sie dürfen nicht angereichert werden. Wenn viele Spätlesen tatsächlich aber weniger alkoholstark sind, ist ein Teil des Zuckers nicht zu Alkohol vergoren und noch als Restsüße im Wein enthalten. Spätlese-Weine können von herausragender Qualität sein.

Auslese

Auslesen werden aus vollreifen oder von Edelfäule befallenen Trauben unter Aussonderung unreifer oder kranker Trauben hergestellt. Sie weisen je nach Anbaugebiet und Rebsorte einen potentiellen Alkoholgehalt von 11 – 14 Prozent auf. Trockene Ausleseweine sind jedoch relativ selten, so daß Auslesen zumeist nur 9 – 11 Prozent Alkohol besitzen. Der restliche Zucker verbleibt unvergoren als Natursüße im Wein. Dabei entstehen edle Weine, die zum Weltruf des deutschen Weines maßgeblich beigetragen haben.

Beerenauslese

Bei Beerenauslesen werden die einzelnen von Edelfäule befallenen oder überreifen Weinbeeren von Hand gesondert gelesen. Sie zeichnen sich durch einen extrem hohen Zuckergehalt aus, der bei völlig durchgegorenen Weinen theoretische Alkoholgehalte von bis zu 17,5 Prozent ergeben würde. Da Beerenauslesen jedoch nie trocken sind, besitzen sie in der Regel lediglich ca. 8 – 10 Prozent Alkohol. Sie sind sehr süß, weltberühmt und teuer. Beerenauslesen behalten ihre Qualität über Jahrzehnte.

Trockenbeerenauslese

Noch teurer als die Beerenauslesen sind die Trockenbeerenauslesen, die ausschließlich aus edelfaulen Beeren hergestellt werden. Sie stellen die höchste Qualitätsstufe des deutschen Weines dar. Die Beeren werden so lange am Rebstock belassen, bis sie rosinenartig eingeschrumpft sind. Dabei erreichen sie noch höhere Zuckerkonzentrationen als die Trauben der Beerenauslesen. Der gesamte Zucker kann gar nicht zu Alkohol vergoren werden, denn bei ca. 16 Prozent Alkoholgehalt würde die alkoholische Gärung selbsttätig stoppen. Trockenbeerenauslesen sind eher alkoholarm, oft besitzen sie nur 7,5 Prozent Alkohol. Sie sind von einer unbeschreiblich cremigen Süße und gehören zum Besten, was aus Weinbeeren überhaupt erzeugt werden kann. Ihre Lebensdauer ist nahezu unbegrenzt.

Das Ahrtal unter einer Schneedecke. Bei einem frühen Wintereinbruch entstehen oftmals gute Bedingungen für die Erzeugung teurer Eisweine

Eiswein

Die Erzeugung von Eiswein ist für viele Winzer eine Frage des Prestiges. Trauben von der Qualitätsstufe der Beerenauslese werden so lange am Rebstock belassen, bis sie bei Dauerfrost von minus sieben Grad gefroren sind. Da der Frost das Wasser bindet, entsteht beim Auspressen der gefrorenen Beeren ein Most mit hoher Konzentration an Zucker, Säure und Bukettstoffen. Eisweine sind alkoholarm und sehr süß, jedoch zumeist nicht edelsüß, da sie nicht aus edelfaulen Trauben erzeugt werden. Daher sind sie den großen Beeren- und Trockenbeerenauslesen in der Regel qualitativ unterlegen. Beliebte Luxusweine sind Eisweine, die an bestimmten Tagen gelesen wurden, so beispielsweise am Nikolaustag oder am Heiligabend („Christwein"). Eine Rarität entsteht, wenn der Eiswein erst im Januar gelesen wird, denn dann trägt der Wein den Jahrgang des Vorjahres, obwohl er erst im Folgejahr hergestellt wurde.

Zwischen Bodensee und Bergstraße: Baden

Das drittgrößte Weinbaugebiet Deutschlands umfaßt 15.850 Hektar Rebfläche. Es erstreckt sich von den nordwestlichen Ufern des Bodensees den Oberrhein entlang bis zu den westlichen Abhängen des Odenwaldes. Hier ist das Klima für den Weinbau ideal. Im März, wenn andere Regionen Deutschlands noch winterlich kahl daliegen, wird der Reisende am Oberrhein bereits vom intensiven Duft der Obstblüten empfangen.

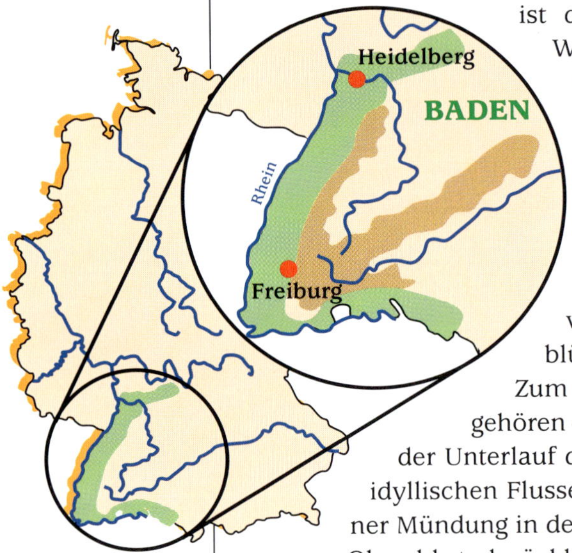

Zum Anbaugebiet Baden gehören darüber hinaus auch der Unterlauf des Neckars und des idyllischen Flusses Tauber bis zu seiner Mündung in den Main.

Obwohl stark rückläufig, ist der Müller-Thurgau in Baden immer noch die häufigste Rebsorte. Der große Aufsteiger ist jedoch der Spätburgunder, dessen Bedeutung ständig steigt. Fast zwei Drittel aller Flächen sind mit Müller-Thurgau oder Spätburgunder bepflanzt. Das restliche Drittel verteilt sich auf Grauen Burgunder, Riesling und die badische Spezialität Gutedel, die in Frankreich als Chasselas und in der Schweiz als Fendant bekannt ist. Im Vormarsch ist der Weiße Burgunder, auch wenn seine Rebflächen noch sehr klein sind. Der Anteil des traditionsreichen Silvaners sinkt hingegen ständig: Nur einer von 400 Rebstöcken ist in Baden eine Silvaner-Rebe. Die in vielen anderen deutschen Anbaugebieten weitverbreiteten Neuzüchtungen spielen in Baden kaum eine Rolle. Das abwechlungsreiche Anbaugebiet ist in neun einzelne Bereiche aufgeteilt. Die Weine aus den verschiedenen Bereichen unterscheiden sich dabei so sehr wie die Landschaften, aus denen sie stammen.

Blick auf den Weinbauort Oberrotweil am Kaiserstuhl. Bei der großen Flurbereinigung in den siebziger Jahren wurden hier mächtige Terrassen angelegt

Weinbau am Bodensee

Die südlichsten Weinberge Badens liegen auf Schotterböden am nordwestlichen Ufer des Bodensees. Die Wasserfläche des Sees reflektiert wie ein Spiegel das Sonnenlicht auf die umliegenden Weinberge. Zudem dienen die Wassermassen des Sees als Wärmespeicher, der die Reben vor Frosteinbrüchen schützt.

Die Weinbauzentren im badischen Teil des Bodensees sind die Gemeinde Meersburg und die Halbinsel Reichenau. Von hier kommen leichte Weißweine aus Gutedel und Müller-Thurgau, die in den Gaststätten rund um den See als Schoppenweine ausgeschenkt werden. Vor allem die milden und säurearmen Weine aus dem Spätburgunder sind zum Inbegriff des „Seeweins" geworden, der von den vielen Bodensee-Touristen sehr geschätzt wird.

Von Basel nach Freiburg durchs Markgräflerland

Die Rebflächen des Markgräflerlandes erstrecken sich von der Grenze zur Schweiz bis vor die Tore Freiburgs. Hier ist das Reich des Gutedels, der auch

als Markgräfler bezeichnet wird. Er bringt es auf einen Flächenanteil von über 50 Prozent. Seine Weine sind frisch, fruchtig und süffig und passen bestens zur regionalen Küche. Qualitatives Zentrum ist die Gegend um die Orte Schliengen, Mauchen und Auggen. Die besten Weine kommen von den Spitzenlagen Schliengener Sonnenstück, Mauchener Sonnenstück und Auggener Letten sowie Schäf. Auf steilen Hängen reifen hier Graue Burgunder, Spätburgunder und Gewürztraminer, die zu den besten des gesamten Anbaugebietes zählen. Wenige Kilometer weiter nördlich schließt der Ort Laufen nahtlos an diese Qualität an. Die bedeutendste Einzellage des Ortes ist der Altenberg.

Der Bereich Tuniberg

Der Bereich Tuniberg ist aus der Aufteilung des ehemaligen Bereichs Kaiserstuhl/Tuniberg hervorgegangen. Er besteht aus einem 1.000 Hektar großen Kalksockel, der ähnlich wie der Kaiserstuhl von einer meterdicken Lößschicht bedeckt ist. Seit der großen Flurbereinigung in den 70er Jahren sind die Rebflächen terrassiert. Am Tuniberg ist der Spätburgunder die häufigste Rebsorte, gefolgt von Grauem und Weißem Burgunder sowie Müller-Thurgau. Die besten Spätburgunder-Weine des Bereichs entstehen in Merdingen. Vor allem die Weine aus der berühmten Spitzenlage Merdinger Bühl sind körperreich und bestechen durch ihr ausdrucksvolles Bukett. Attilafelsen ist der Großlagenname für den gesamten Tuniberg.

Die Weine aus den Steillagen von Ihringen gehören zur Elite des Kaiserstuhls

Wuchtige Weine vom Kaiserstuhl

Der Kaiserstuhl erhebt sich majestätisch aus der oberrheinischen Tiefebene. Seine Rebflächen sind in eindrucksvollen Terrassen angelegt. Die Winzer des Kaiserstuhls pflanzen Spätburgunder, Grauen und Weißen Burgunder, Gewürztraminer, Riesling und Silvaner an.

Der Kaiserstuhl ist klimatisch besonders begünstigt. Der Südrand des Massivs um die Orte Achkarren und Ihringen gilt als die heißeste Gegend Deutschlands. An heißen Sommertagen werden die Reben über dem vulkanischen Boden bei Temperaturen bis zu 70 Grad von der Sonne beinahe geröstet. So entstehen mächtige Weine: Körperreiche Spätburgunder erreichen hier einen Alkoholgehalt von bis zu 14 Prozent, Graue Burgunder sogar bis zu 14,5 Prozent.

Ihringen am Südrand des Kaiserstuhls gilt mit seinen herausragenden Spätburgundern von der Spitzenlage Winklerberg als eine der besten Adressen des Bereichs. Etwas weiter nördlich

Über den steilen Rebhängen des Ortes Staufen im Markgräflerland erhebt sich die Burgruine Staufen

liegt Achkarren, das auf seinem Schloßberg beeindruckende Graue Burgunder hervorbringt. Doch auch in den Spitzenlagen Bickensohler Steinfelsen, Oberrotweiler Henkenberg und Oberbergener Baßgeige sowie in zahlreichen weiteren sehr guten Lagen entsteht eine ganze Reihe von exzellenten Weinen. Die Großlage für den gesamten Kaiserstuhl ist der Vulkanfelsen.

Der „vergessene" Breisgau

Der Bereich Breisgau beginnt in Freiburg und erstreckt sich nach Norden entlang der Abhänge des Schwarzwaldes. Die Rebflächen sind vor allem mit Müller-Thurgau, Spätburgunder und Grauem Burgunder bepflanzt. Auf den steilen Lagen werden leichtere, für den baldigen Konsum geeignete Weine erzeugt. Daher ist der Breisgau gegenüber den anderen Bereichen Badens auch etwas in Vergessenheit geraten. Süffiger Müller-Thurgau und Badisch Rotgold, ein Verschnitt von Spätburgunder und Grauem Burgunder, werden hauptsächlich in der Region selbst konsumiert. Die Anstrengungen zur Qualitätsverbesserung sind jedoch nicht zu übersehen. Vor allem aus der Gegend um Köndringen und Malterdingen kommen ausgezeichnete Spätburgunder sowie Weiße und Graue Burgunder. Besonders hervorzuheben sind Köndringer Alte Burg, Malterdinger Bienenberg und Nordweiler Herrenberg.

Jahrgangsbewertung

1988	*sehr gut*
1989	*sehr gut*
1990	*außergewöhnlich*
1991	*mittel*
1992	*außergewöhnlich*
1993	*außergewöhnlich*
1994	*sehr gut*
1995	*gut*
1996	*gut*
1997	*sehr gut*
1998	*sehr gut*

In Badens „guter Stube": die Ortenau

Neben dem Kaiserstuhl gilt die Ortenau als qualitativ bester Bereich Badens. Sie beginnt zwischen Lahr und Offenburg und erstrecken sich entlang des Schwarzwaldes bis nach Baden-Baden. Auf zum Teil sehr steilen Lagen werden auf Böden aus verwittertem Granit Rieslinge erzeugt, die zu den herausragenden Weinen Deutschlands gehören. Die besten stammen aus der Gegend um Durbach, wo die Rebsorte als Klingelberger bezeichnet wird.

Sie wachsen auf einem Dutzend Einzellagen, aus dem Kochberg, Ölberg und Plauelrain besonders hervorstechen. In Bocksbeutel abgefüllt werden die Baden-Badener Rieslinge namens Umweger Stich den Buben. Auch der Spätburgunder erbringt in der Ortenau hervorragende Tropfen. Am bekanntesten sind die samtigen Rotweine aus der Kappelrodecker Lage Hex' vom Dasenstein, die oft in phantasievoll gestalteten Flaschen auf den Markt kommen.

Der Bereich Kraichgau

Der Kraichgau ist 1996 aus der Auftrennung des ehemaligen Bereichs Badische Bergstraße/Kraichgau hervorgegangen. Er schließt nördlich von Baden-Baden an die Ortenau an und grenzt südlich von Heidelberg an die Badische

Blick auf die Weinbaugemeinde Ehrenkirchen im nördlichen Markgräflerland

Bergstraße. Im Osten erstreckt sich der Bereich bis an den Neckar. Der Kraichgau zeichnet sich durch seine große Sortenvielfalt aus. In den westlichen Teilen herrschen mit Müller-Thurgau, Riesling, Weißem und Grauem Burgunder und Silvaner weiße Rebsorten vor. Nach Osten hin ist bereits deutlich der Übergang zum Anbaugebiet Württemberg zu spüren. Hier werden die württembergischen Rotweinsorten Lemberger und Trollinger angebaut. Derzeit ist vielerorts im Kraichgau das Bemühen zu verspüren, ein eigenes Profil zu entwickeln. Besonders erfolgreich ist der dynamische Weinbauort Weingarten nördlich von Baden-Baden. Neben ausgezeichneten Spätburgundern und Grauen Burgundern werden auf der Spitzenlage Katzenberg charaktervolle Weiße Burgunder und kräftige Rieslinge erzeugt.

An der reizvollen Badischen Bergstraße

1996 durch Aufteilung des Bereichs Badische Bergstraße/Kraichgau neu geschaffen, ist die Badische Bergstraße der kleinste Bereich Badens. Sie erstreckt sich von der Grenze zur Hessischen Bergstraße bis ins südliche Umland von Heidelberg. Die Böden bestehen hier aus Granitgestein. In steilen Lagen ist vor allem der Riesling gepflanzt, der hier körperreiche Weine mit mittlerer Säure hervorbringt. Außerdem werden Silvaner, Kerner und Weißer Burgunder angebaut. Das touristische Zentrum der romantischen, von zahlreichen Burgruinen gesäumten Bergstraße ist Heidelberg mit seinem berühmten riesigen Weinfaß. In den Heidelberger Lagen dominiert der Müller-Thurgau, der duftige, leichte Weine hervorbringt. Im weiter nördlich gelegenen Hemsbach werden körperreiche Silvaner, harmonische Rieslinge und feine Rot- und Roséweine aus dem Spätburgunder erzeugt. Die beste Hemsbacher Lage heißt Herrnwingert.

An der Grenze zu Franken: Tauberfranken

Der Bereich Tauberfranken war bis 1990 als Badisches Frankenland bekannt. Er umfaßt den Unterlauf der Tauber von Bad Mergentheim bis zur Mündung in den Main bei Wertheim. Jahrhundertelang gehörte dieses Gebiet zu Franken. An die fränkische Geschichte erinnert heute noch die Verwendung der fränkischen Bocksbeutel-Flaschen. Aber auch das etwas rauhere Klima markiert den Übergang zu Franken. Hier ist es wesentlich kühler als am Oberrheingraben, so daß auf den Muschelkalkböden Tauberfrankens durchweg früher reifende Traubensorten gepflanzt werden. Hauptsorte ist der Müller-Thurgau, gefolgt vom Silvaner und Schwarzriesling. Die Weine stehen denn auch stilistisch zwischen Baden und Franken. Sie sind leichter als die der anderen badischen Bereiche und besitzen in guten Jahren eine kernige, kraftvolle Art. Zentren des Weinbaus in Tauberfranken sind Tauberbischofsheim, Beckstein und Wertheim.

Baden ist mit seinen manchmal endlos erscheinenden Rebflächen das weitläufigste deutsche Anbaugebiet

Raritäten und Spezialitäten: Württemberg

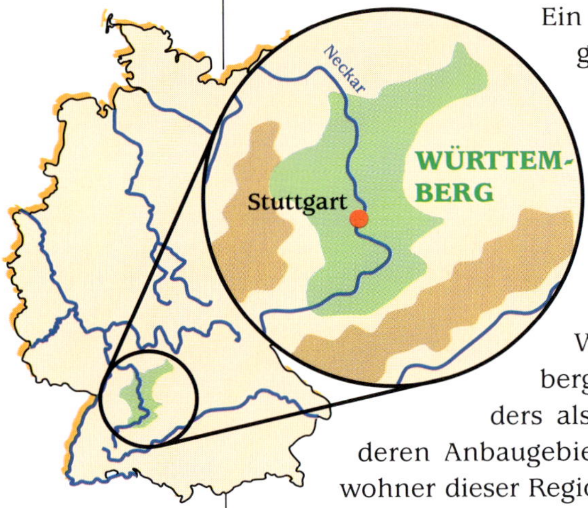

Im 11.200 Hektar großen Anbaugebiet Württemberg liegen die Rebflächen weit verstreut, zusammenhängende Flächen gibt es kaum. Sie beginnen am Bodensee und ziehen sich entlang des Neckartals bis zum Odenwald. Ein großer Teil der Weingärten, wie die Rebflächen hier heißen, befindet sich in den Tälern der Nebenflüsse Rems, Kocher und Jagst. Durch die breite Streuung der Weingärten ist der Weinbau in Württemberg allgegenwärtig – anders als in den meisten anderen Anbaugebieten. So sind die Bewohner dieser Region mit 40 Litern Wein pro Kopf und Jahr Deutschlands größte Weintrinker. Den größten Teil ihres Weines trinken die Württemberger also selbst. Dabei handelt es sich vor allem um einfache, leichte Schoppenweine, die in den Gaststätten ausgeschenkt werden. Württemberg hat aber auch Besseres zu bieten.

Der Riesling ist zwar die häufigste Rebsorte, doch insgesamt überwiegt der Anbau roter Sorten, die ansonsten in Deutschland keine Rolle spielen. Die wichtigste ist der Trollinger, der fast ausschließlich in Württemberg angebaut wird und

Auch in der Landeshauptstadt Stuttgart wird Wein angebaut. Blick auf den Stuttgarter Ortsteil Rotenberg

fruchtige, süffige Rotweine erbringt. Auch der samtige, weiche Schwarzriesling wird vor allem hier gepflegt. Der Lemberger ist ebenfalls eine württembergische Spezialität. Er bringt farbintensive, wuchtige und gerbstoffreiche Rotweine hervor, die zu den besten Deutschlands gehören. Kerner und Müller-Thurgau liefern in Württemberg einfache, leichte Weine.

Die Bereiche Württembergischer Bodensee und Bayerischer Bodensee

Östlich der Mündung des Flüßchens Argen in den Bodensee beginnen die Weingärten, die zum Anbaugebiet Württemberg gehören. Sie ziehen sich am See entlang bis zur Bodensee-Metropole Lindau. Wie im gut zehn Kilometer entfernten badischen Bereich Bodensee werden auch in den zu Württemberg gehörenden Weingärten leichte, frische „Seeweine" aus Müller-Thurgau und Spätburgunder erzeugt. Sie profitieren ebenso wie die badischen Bodensee-Weine von den günstigen Einflüssen des Bodensees, dessen spiegelnde Wasseroberfläche das Sonnenlicht auf die Weinberge reflektiert und der als riesiger Wärmespeicher die Reben vor Frosteinbrüchen schützt.

Am Oberen Neckar

Rund um die malerische Universitätsstadt Tübingen erstrecken sich die Weingärten des kleinen württembergischen Bereichs Oberer Neckar. Hier wird nur sehr wenig Wein erzeugt, und dieser wird beinahe vollständig im Anbaugebiet selbst getrunken, so daß er nur äußerst selten den Weg in die Weinhandlungen findet. Es handelt sich dabei vornehmlich um frische, süffige Schoppenweine aus Kerner, Müller-Thurgau und Trollinger.

Im Remstal und rund um Stuttgart

Zweitgrößter Bereich des Anbaugebietes Württemberg ist Remstal-Stuttgart. Seine Weingärten liegen im Stuttgarter Stadtgebiet bis hin nach Esslingen sowie im Tal des Nebenflusses Rems. Trotz der Hektik einer expandierenden Landeshauptstadt ist der Weinbau im Stadtgebiet von Stuttgart eine feste Größe. Auf Muschelkalk- und Keuperböden entstehen vor allem in den Stadtteilen Bad Cannstatt und Untertürkheim kräftige Rieslinge und körperreiche Spätburgunder. Im Remstal hingegen dominiert der Trollinger, der hier fruchtige, säurebetonte Weine liefert. Die besten Lagen, rund um den kleinen Ort Stetten, sind jedoch dem Riesling vorbehalten, der hier kraftvolle, elegante Weine hervorbringt, die zu den besten Weißweinen Deutschlands zählen. Die besten Stettener Einzellagen heißen Brotwasser und Pulvermächer.

Der Schemelsberg, eine der Spitzenlagen des württembergischen Weinbauzentrums Weinsberg

Der Bereich Württembergisch Unterland

Dieser größte Bereich Württembergs zieht sich von der Grenze zur Badischen Bergstraße den Neckar flußaufwärts bis nach Ludwigsburg. Die Weingärten liegen verstreut und teilweise bis zu 30 Kilometer vom Neckar entfernt. Am Neckar dominieren die Muschelkalkböden, während abseits des Flußtals Keuper vorherrscht. Zentrum des Weinbaus ist Heilbronn, aus dessen Umgebung feurige und wuchtige Lemberger und samtige Schwarzriesling-Weine kommen. Aus dem Trollinger werden hier leichte und fruchtige Schoppenweine erzeugt. Die herausragenden Heilbronner Lagen sind Stiftsberg und Felsengarten. Vor allem auf dem harten Muschelkalk, der den Neckar und seine Nebenflüsse Zaber, Enz und Bottwar in ihre romantischen Täler zwängt, entstehen kraftvolle Riesling-Weine. Die bekanntesten kommen vom Lauffener Katzenbeißer, Brackenheimer Wolfsauge und Kleinbottwarer Süßmund.

Weinberge vor den Toren der württembergischen Metropole Heilbronn

An Kocher, Jagst und Tauber

Im nördlichsten Bereich Württembergs ist Weinbau auf besonders begünstigte, meist exakt nach Süden ausgerichtete Lagen beschränkt. Die Weingärten liegen an der Kocher oberhalb von Neuenstadt, an der Jagst oberhalb von Herbolzheim und an der Tauber zwischen Bad Mergentheim und Oberstetten. Aufgrund des etwas rauheren Klimas sind auf den Muschelkalkböden vor allem früh reifende Weißweinsorten wie Kerner, Silvaner und Müller-Thurgau angepflanzt. Sie bringen hier säurereiche, kernige Weißweine mit ausdrucksvollem Bukett hervor. Auf der extrem steilen Ingelfinger Spitzenlage Hoher Berg am oberen Kocher wachsen zudem elegante Rieslinge.

Jahrgangsbewertung	
1988	*sehr gut*
1989	*sehr gut*
1990	*außergewöhnlich*
1991	*mittel*
1992	*außergewöhnlich*
1993	*sehr gut*
1994	*gut*
1995	*gut*
1996	*sehr gut*
1997	*sehr gut*
1998	*sehr gut*

Kernige Tropfen aus dem Bocksbeutel: Franken

Bayerns einziges Weinbaugebiet, Franken, umfaßt 6.100 Hektar Rebfläche und erstreckt sich von Aschaffenburg mainaufwärts über Würzburg bis nach Bamberg. Das Klima ist hier etwas kühler als in den weiter westlich gelegenen Anbaugebieten Deutschlands. Franken unterliegt kontinentalen Klimaeinflüssen, die für heiße und trockene Sommer und kalte Winter sorgen. In Winternächten sind bei minus 30 Grad schon ganze Weinberge erfroren. Besonders gefürchtet sind die Fröste während der Vegetationsperiode. Spätfröste im Mai haben schon oft die Hoffnung auf eine gute Ernte in einer einzigen Nacht zerstört. Aus diesen Gründen hat sich der Weinbau auf besonders geschützte Lagen im Maintal und an den Abhängen des Steigerwaldes zurückgezogen.

Die Böden bestehen in Franken aus Buntsandstein, Muschelkalk und Gipskeuper. Sie verleihen dem Frankenwein seinen unverwechselbaren Charakter, der ihn deutlich von den Weinen aus allen anderen deutschen Anbaugebieten unterscheidet. Die Reben nehmen während der Vegetationsperiode besonders viele Mineralstoffe aus dem Boden auf und konzentrieren diese in den Trauben. So kann man in den besseren Frankenweinen den Weinbergsboden förmlich schmecken. Dieser „erdige" Geschmackseindruck wird durch die körperreiche und besonders trockene Art noch zusätzlich betont. In Franken werden bei der amtlichen Qualitätsprüfung der Weine besonders strenge Maßstäbe angelegt.

Es ist das einzige Anbaugebiet Deutschlands, in dem auch an den Mineralstoffgehalt, den Körper des Weines, bestimmte Anforderungen gestellt werden. Zudem dürfen trockene Frankenweine weniger als die Hälfte an Restzucker enthalten als trockene Weine aus allen anderen Anbaugebieten. Diese als „fränkisch trocken" bekannte Geschmacksrichtung macht den fränkischen Wein zum idealen Begleiter bei Tisch.

Das Barock des weltberühmten Würzburger Hofkellers bildet den Rahmen für die festliche Präsentation fränkischer Weine

Typisch fränkisch: der Bocksbeutel

Seit der ersten Hälfte des 18. Jahrhunderts verwenden die fränkischen Winzer die flache, bauchige und kurzhalsige Bocksbeutel-Flasche, deren Name wahrscheinlich vom Hodensack des Ziegenbocks abgeleitet wurde. Nach jahrelangem Rechtsstreit vor dem Europäischen Gerichtshof ist der Bocksbeutel heute exklusiv den fränkischen Weinen vorbehalten. Lediglich die Winzer im badischen Bereich Tauberfranken, im Umland von Baden-Baden und im Norden Portugals können auf eine ebenso lange Tradition verweisen und dürfen ihre Weine ebenfalls in Bocksbeutel füllen.

Wegen der beschriebenen klimatischen Bedingungen ist Franken nicht gerade ideal für spätreife Rebsorten, denn diese würden in kühleren Jahren nicht zur Vollreife gelangen. Deshalb werden frühreife Sorten bevorzugt,

darunter viele Neuzüchtungen. Trotz rückläufiger Tendenz ist der Müller-Thurgau immer noch die wichtigste Rebsorte. Er erreicht einen Flächenanteil von über 40 Prozent. Noch vor 30 Jahren war der Silvaner die häufigste Rebsorte Frankens. Mit seiner kernigen, bodenständigen Art ist der Franken-Silvaner für die meisten Weinfreunde zum Inbegriff des Frankenweins geworden.

Einige Neuzüchtungen scheinen sich unter den fränkischen Bedingungen dauerhaft durchzusetzen. Die verbreitetsten sind der ertragsstarke Bacchus und der früh reifende Kerner. Selten ist der Riesling, mit dem in Franken nur die allerbesten Lagen bepflanzt sind: Nur etwa jeder fünfundzwanzigste Rebstock in Franken ist eine Riesling-Rebe. Wo der anspruchsvolle Riesling im Herbst zur Reife gelangt, bringt er überwältigende Ergebnisse hervor. In guten Jahren gehören fränkische Rieslinge mit zu den besten deutschen Rieslingweinen. Ebenfalls auf besonders günstige Lagen beschränkt sich der Anbau von Weißem und Grauem Burgunder sowie Gewürztraminer.

Der Bereich Steigerwald

Der östlichste Bereich Frankens erstreckt sich entlang der Westhänge des Steigerwaldes und umfaßt zudem die Weinbauorte des oberen Maintals zwischen Haßfurt und Bamberg. Die Keuperböden dieses Bereichs sind in der Lage, sowohl Wärme als auch Feuchtigkeit zu speichern. So können sie die Reben bei plötzlichen Frosteinbrüchen und bei sommerlichen Dürreperioden schützen, denn beide Wetterphänomene sind im Steigerwald nicht selten. Die Weine sind hier oftmals gehaltvoller als im restlichen Franken. In besonders heißen und trockenen Jahren wirken diese Tropfen gelegentlich sogar schwer.

Die romantische mittelalterliche Fachwerkstadt Iphofen ist der qualitativ herausragende Weinbauort des gesamten Steigerwaldes. Hier entstehen hervorragende Franken-Silvaner und einige außerordentlich kraftvolle Rieslinge. Die besten kommen von den Einzellagen Julius-Echter-Berg, Domherr und Kronsberg. Ähnlich sind die Weine aus dem direkt nördlich angrenzenden Ort Rödelsee mit seinen Spitzenlagen Schwanleite und Küchenmeister. Nur fünf Kilometer weiter westlich liegt der Ort Castell, von dessen Lagen Schloßberg, Feuerbach und Kugelspiel die vielleicht typischsten Franken-Silvaner des gesamten Bereichs kommen. Sie sind bukett- und körperreich mit kräftiger Säure und der typisch fränkischen, kernigen Art.

Direkt am Mainufer, der Würzburger Altstadt gegenüber, liegt majestätisch die Festung Marienburg

Am Maindreieck rund um Würzburg

Der größte Bereich Frankens beginnt bei Schweinfurt und folgt dem Verlauf des Mains flußabwärts bis nach Marktheidenfeld. Zum Maindreieck gehören außerdem noch die Rebflächen im Tal des Flüßchens Wern sowie die Lagen an der Fränkischen Saale bei Hammelburg, die den nördlichen Abschluß des Bereichs bilden. Die meisten Rebflächen befinden sich auf recht steilen Hängen direkt am Main. Im Maindreieck herrschen Muschelkalkböden vor, auf denen

die Weine milder ausfallen als die säurereicheren Tropfen aus dem Steigerwald. Im engen Tal des Mains reihen sich einige der berühmtesten Weinbauorte Deutschlands wie Perlen auf einer Schnur aneinander.

Ein wichtiges Weinbauzentrum des Bereichs ist der idyllisch gegenüber einer engen Schleife des Mains gelegene Ort Volkach mit seinen Ortsteilen Escherndorf, Nordheim und Sommerach. Volkacher Ratsherr, Escherndorfer Lump, Nordheimer Vögelein und Sommeracher Katzenkopf heißen die Spitzenlagen, auf denen kräftige, gebietstypische Silvaner erzeugt werden.

Die Kapelle Maria im Kirchgarten liegt malerisch in den Weinbergen bei Volkach

Südlich von Volkach liegt der Ort Kitzingen, Sitz der Fränkischen Gebietswinzergenossenschaft. Kitzinger Weine kommen zumeist von der Großlage Hofrat. Der südlichste Weinbauort des Maindreiecks ist Frickenhausen. Hier verläuft der Main fünf Kilometer lang genau in Ost-West-Richtung. Die Weinberge sind exakt nach Süden ausgerichtet, so daß auf den Lagen Fischer und Kapellenberg hervorragende harmonische Silvaner, Gewürztraminer und Rieslinge entstehen.

Westlich von Frickenhausen wendet sich der Main wieder nach Norden und erreicht nach wenigen Kilometern die mittelalterliche Fachwerkstadt Sommerhausen. Hier entstehen regelmäßig einige der besten Weine Frankens. Aus der Sortenvielfalt herauszuheben sind die ausgezeichneten Silvaner und einige hervorragende Rieslinge und Spätburgunder. Die meisten Weine kommen von der Großlage Ölspiel.

Direkt oberhalb von Würzburg liegt der romantische Weinbauort Randersacker. Seine ausgedehnten Rebflächen machen ihn zu einem der bedeutendsten Weinbauorte des Bereichs Maindreieck. Auf den Lagen Pfülben, Sonnenstuhl und Marsberg wachsen hervorragende Weine, und auch die Großlage Ewig Leben ist sehr gut.

Weinbau- und Weinhandelszentrum sowie größte Stadt des Anbaugebietes Franken ist die Mainmetropole Würzburg. Gleich hinter dem Hauptbahnhof beginnt die berühmte Einzellage Stein, die den fränkischen Wein in der ganzen Welt bekannt gemacht hat. „Steinwein" gilt heute weltweit als Synonym für Frankenwein. Die Weine

Die bedeutende fränkische Weinbaugemeinde Randersacker im Tal des Mains

vom Würzburger Stein sind körperreich, kraftvoll und sehr elegant. Aber auch von den anderen Würzburger Lagen Pfaffenberg, Innere Leiste und Abtsleite kommen hervorragende Silvaner, Rieslinge, Graue Burgunder, Gewürztraminer und Spätburgunder, die zu den besten deutschen Weinen zählen.

Etwa zehn Kilometer mainabwärts von Würzburg findet die Weinbaukunst des Maindreiecks in

Thüngersheim ihren würdigen Abschluß. Von den Thüngersheimer Lagen kommen neben einigen Neuzüchtungen sehr gute Silvaner und in geringem Umfang auch Graue Burgunder, Gewürztraminer und Rieslinge. Die besten Lagen heißen Johannisberg und Scharlachberg, die Großlage Ravensburg.

Durch das Mainviereck nach Aschaffenburg

Der kleinste Bereich des Anbaugebietes Franken grenzt bei Wertheim an den fränkischen Bereich Maindreieck und an den badischen Bereich Tauberfranken. Das Mainviereck zieht sich das liebliche Maintal flußabwärts bis kurz hinter Aschaffenburg. Auf den rötlichen Buntsandsteinböden dieses Bereichs wurden die Rebflächen in den letzten beiden Jahrzehnten stark ausgeweitet. Als Kuriosum im Weißweinland Franken wurden auf diesen neuen Flächen vorrangig rote Rebsorten angepflanzt. So wurde das Mainviereck zum Zentrum fränkischer Rotweinerzeugung. Der Mittelpunkt des Weinbaus in diesem Bereich ist die Gegend um die Orte Miltenberg und Bürgstadt. Die Silvaner fallen hier fruchtiger und weicher aus als in den beiden anderen fränkischen Bereichen. Ein großer Teil der Weinerzeugung entfällt auf feurige Rotweine aus dem Spätburgunder. Nur wenige Kilometer mainabwärts liegt der idyllische Weinbauort Klingenberg, die „Hauptstadt" des fränkischen Rotweinanbaus.

Jahrgangsbewertung

1988	*sehr gut*
1989	*sehr gut*
1990	*außergewöhnlich*
1991	*gut*
1992	*sehr gut*
1993	*außergewöhnlich*
1994	*sehr gut*
1995	*mittel*
1996	*gut*
1997	*sehr gut*
1998	*sehr gut*

Links: Die Thüngersheimer Spitzenlage Johannisberg

Unten: Das liebliche Aschaffenburg am unteren Main

Weinbau „nach Feierabend": Die Hessische Bergstraße

Mit 450 Hektar Rebfläche war die Hessische Bergstraße bis zur deutschen Wiedervereinigung das kleinste Anbaugebiet der Bundesrepublik. So mancher Weinbauort in der Pfalz oder in Rheinhessen besitzt allein schon mehr Rebflächen als die gesamte Hessische Bergstraße. Das landschaftlich sehr reizvolle Anbaugebiet grenzt im Süden an die Badische Bergstraße. Die Hessische Bergstraße folgt dann genau jener Straße in nördlicher Richtung, die bereits von den Römern erbaut und als Bergstraße bezeichnet worden ist. Im Norden enden die Weinberge schließlich bei Seeheim. Die Rebflächen liegen auf den steilen Abhängen des westlichen Odenwalds zur Rheinebene hin. Ebenfalls zum Anbaugebiet Hessische Bergstraße gehört die östlich von Darmstadt am Nordrand des Odenwalds gelegene Weininsel von Groß-Umstadt.

In den sechziger Jahren gab es Überlegungen, dieses kleine Gebiet aus Gründen der Übersichtlichkeit der deutschen Weinlandschaft mit einem größeren Anbaugebiet zusammenzuschließen. Vom Stil der Weine her wäre ein Zusammenschluß mit der Badischen Bergstraße zu einem neuen Anbaugebiet Bergstraße durchaus sinnvoll gewesen. Doch die Landesgrenze zwischen Hessen und Baden-Württemberg, die die badischen und die hessischen Rebflächen trennt, erwies sich für diese Pläne als unüberwindliche Hürde. Als Alternative wurde dann die Angliederung der Hessischen Bergstraße an den ebenfalls hessischen Rheingau in Erwägung gezogen. In diesem Fall sprachen jedoch die großen Unterschiede der Weine aus den beiden Anbaugebieten gegen einen Zusammenschluß. Nach langwierigen Verhandlungen wurde dann 1971 per Gesetz das Anbaugebiet Hessische Bergstraße geschaffen.

Jahrgangsbewertung	
1988	*sehr gut*
1989	*sehr gut*
1990	*außergewöhnlich*
1991	*mittel*
1992	*gut*
1993	*sehr gut*
1994	*sehr gut*
1995	*sehr gut*
1996	*gut*
1997	*sehr gut*
1998	*sehr gut*

Ein beliebtes Ausflugsziel

Rebsorte Nummer eins an der Hessischen Bergstraße ist der Riesling, aus dem hier körperreiche, elegante Weine erzeugt werden. Er erreicht einen Flächenanteil von fast 60 Prozent. Die restlichen Rebflächen teilen sich der Müller-Thurgau, dessen Bedeutung jedoch stetig schwindet, Grauer und Weißer Burgunder sowie der Silvaner. Darüber hinaus sind einige rote Rebsorten angebaut, von denen der Spätburgunder die wichtigste ist. Die Erntemengen des Anbaugebietes sind sehr gering, so daß der weitaus größte Teil der Weine in der Region selbst konsumiert wird. Eine große Menge Wein wird an Touristen aus dem Ballungszentrum Rhein/Main verkauft, bei denen die idyllische

Weinbergshäuschen auf der Heppenheimer Spitzenlage Eckweg

Unter sommerlichem Himmel reifen die Riesling-Trauben am Heppenheimer Steinkopf

Bergstraße sehr beliebt ist. So sind Flaschenweine von der Hessischen Bergstraße sehr rar und in Weinhandlungen nur schwer zu finden. Drei Viertel der Rebflächen werden von Feierabend-Winzern bearbeitet, deren Parzellen teilweise winzig sind. Im Durchschnitt umfassen sie weniger als 0,5 Hektar Fläche. Einige Winzer der Hessischen Bergstraße besitzen zusätzlich Rebflächen an der benachbarten Badischen Bergstraße, so daß sie auch badischen Wein produzieren.

Die Weinbauinsel von Umstadt

Rund um den malerischen Weinbauort Groß-Umstadt im Norden des Odenwalds erstreckt sich der Bereich Umstadt. Sowohl das Klima als auch die Art der hier erzeugten Weine erinnern stark an das weiter östlich gelegene Anbaugebiet Franken. Im Bereich Umstadt dominiert der Müller-Thurgau, der hier leichte, frische Schoppenweine hervorbringt. Ebenso wie die etwas kräftigeren Rieslinge und Silvaner verlassen sie die Region zumeist erst gar nicht und werden in den Gaststätten rund um Groß-Umstadt als Schoppenweine ausgeschenkt. Die besten Weine kommen von den Lagen Herrenberg, Stachelberg und Steingerück.

Der Bereich Starkenburg

Die eigentliche Hessische Bergstraße ist in dem Bereich Starkenburg zusammengefaßt. Er beginnt im idyllischen Fachwerkort und Weinbauzentrum Heppenheim. Hier ist auch der Sitz der Gebietswinzergenossenschaft. Die Heppenheimer Rieslinge, Grauen Burgunder, Silvaner und Gewürztraminer zählen zu den herausragenden Weinen der Hessischen Bergstraße. Die besten kommen von den Einzellagen Centgericht, Steinkopf und Eckweg. Direkt nördlich schließt sich mit der romantischen Fachwerkstadt Bensheim der zweitgrößte Weinbauort des Anbaugebietes an. Auf den Lagen Bensheimer Hemsberg, Kirchberg und Paulus entstehen hervorragende Weine voller Würze und Harmonie. Östlich von Bensheim liegt Schönberg. Der Ort besitzt nur die Lage Herrnwingert, deren Rieslinge, Gewürztraminer und Weißen Burgunder jedoch zu den besten Weinen des gesamten Anbaugebietes gehören. Die besten Lagen des nördlicher gelegenen Auerbach heißen Fürstenlager und Höllberg. Die Rieslinge, Silvaner und Grauen Burgunder von den Lagen Alte Burg und Steingeröll des malerischen Weinbauortes Zwingenberg im Norden des Anbaugebietes zeichnen sich durch ihre säurebetonte und harmonische Art aus. Der weiter nördlich gelegene Ort Alsbach besitzt mit dem Schöntal nur eine einzige Lage. Auch hier gilt der Riesling als besonders ausdrucksvoll.

Blick über die Bensheimer Einzellage Alte Burg hinunter in die Rheinebene

An der Deutschen Weinstraße: Die Pfalz

Die Pfalz ist uraltes Weinbauland. Archäologische Funde beweisen, daß die Anfänge des Weinbaus hier bereits vor der römischen Zeit liegen. Doch die Weine der Pfalz waren lange Zeit relativ unbekannt. Das änderte sich 1935 schlagartig durch die Idee, hier eine „Deutsche Weinstraße" einzurichten. Sie zieht sich über 85 Kilometer vom berühmten „Deutschen Weintor" in Schweigen an der französischen Grenze durch das Herz des Anbaugebietes bis nach Bockenheim im Norden.

Bis 1992 wurde das Anbaugebiet als Rheinpfalz bezeichnet. Seit der Novellierung des Weingesetzes darf die Pfalz ihren angestammten Namen auf Flaschenetiketten wieder verwenden. Obwohl der Pfälzer Wein auch als „Rheinwein" gilt, liegen die Rebflächen nirgendwo direkt am Fluß, sondern immer am Rande des breiten Oberrheingrabens.

Mit 23.800 Hektar Rebfläche ist die Pfalz nach Rheinhessen das zweitgrößte Anbaugebiet Deutschlands. Das Klima ist für den Weinbau ideal, da die Pfalz zu den wärmsten deutschen Regionen überhaupt gehört. Hier gedeihen Mandeln, Feigen, Kastanien, Tabak und vereinzelt sogar Zitrusfrüchte. Die Vegetation erwacht in der Pfalz bis zu einem Monat früher aus dem Winterschlaf als im Norden Deutschlands.

Die Weinstraße verläuft genau am Fuß des Haardt-Gebirges und teilt die Rebflächen in Hanglagen und flache Lagen. Auf den teilweise recht steilen Hanglagen wachsen die Reben auf Kreide- und Schieferböden. Hier entstehen körperreiche Weine mit einem typischen mineralischen Geschmack. In den flachen Lagen des Oberrheingrabens überwiegen sandige Böden. Die Weine fallen hier leichter aus. Wo die Rebflächen weit in die Ebene des Oberrheingrabens hinein ausgedehnt wurden, entsteht ein Großteil der einfachen Alltagsweine, die zumeist in Literflaschen gefüllt werden. Viele dieser Weine werden auch in der Pfalz von den Einheimischen und den vielen Touristen als Schoppenweine getrunken, da sie hervorragend zur regionalen Küche passen. Eine ganze Reihe von Weinbauorten erzeugt jedoch Gewächse, die zur deutschen Spitzenklasse gehören.

Morgenstimmung in Sankt Martin an der Südlichen Weinstraße

Sortenvielfalt in der Pfalz

Früher wurden die Moste aus der Pfalz oftmals direkt nach der Lese als Verschnittweine in andere Anbaugebiete geliefert, meistens an die Mosel. Seit 1971 ist diese Praxis jedoch verboten. Seitdem müssen die Pfälzer ihre Weine in Konkurrenz zu den anderen Anbaugebieten auf den Markt bringen. Das hatte einige Folgen für die angebauten Rebsorten. So besann man sich wieder auf den

Riesling, der heute mit nahezu einem Fünftel der gesamten Anbaufläche die wichtigste Rebsorte der Pfalz ist. Der Müller-Thurgau ist rückläufig, stellt aber noch die zweitwichtigste Rebsorte dar. Er wird heute hauptsächlich noch in flachen Lagen angepflanzt. Ebenfalls gute Bedingungen in den Flachlagen finden der Kerner und der Blaue Portugieser. Stark verringert haben sich die mit Silvaner bepflanzten Rebflächen. Die Pfälzer Winzer experimentieren zunehmend mit den klassischen französischen Rebsorten Chardonnay und Sauvignon blanc, aus denen hier inzwischen bemerkenswerte Weine entstehen.

Stark ausgeweitet wurde die Rotweinproduktion. Die mit roten Rebsorten bepflanzte Fläche hat sich in den vergangenen 20 Jahren mehr als verdoppelt. Beachtenswert ist vor allem der Dornfelder. Mit zunehmendem Alter des Rebbestandes werden die Weine dieser erfolgreichen Neuzüchtung immer körper- und gerbstoffreicher. Die besten Dornfelder erreichen mittlerweile schon hervorragende Qualität. Der Spätburgunder liefert in der Pfalz leichtere, säurereichere Weine als im südlicher gelegenen Anbaugebiet Baden.

An der Südlichen Weinstraße

Lange Zeit stand dieser Bereich, der bis 1971 den Namen Oberhaardt trug, im Schatten der berühmteren Mittelhaardt. Hier wurden vor allem einfache, leichte und frische Weine erzeugt, die angenehm und süffig zu trinken waren. Dieses Bild hat sich mittlerweile bedeutend gewandelt. Auf den Sandböden der weit in die Oberrheinebene ausgeweiteten Flachlagen werden auch heute noch viele leichte und süffige Alltagsweine hergestellt. Eine ganze Reihe von Weinbauorten bringt jedoch in immer größerer Zahl hervorragende Weine hervor, die durchaus das Niveau anderer deutscher Spitzenweine erreichen. Schweigen, der südlichste Weinbauort der Pfalz, liegt direkt an der französischen Grenze gegenüber dem elsässischen Wissembourg. Der Südhang der einzigen Schweigener Einzellage Sonnenberg befindet sich bereits auf französischem Gebiet. Aufgrund alter Rechte dürfen die Pfälzer Winzer ihre Ernte jedoch schon seit jeher über die Grenze auf die deutsche Seite bringen. Die Weine erinnern denn auch stark an die körperreichen, trockenen Erzeugnisse des Elsasses. So ist der hervorragende Weiße Burgunder aus Schweigen sicherlich der „französischste" aller deutschen Weine. Etwas abseits der Deutschen Weinstraße liegt Landau, das Zentrum des Weinbaus im Bereich Südliche Weinstraße. Hier werden fruchtige und säurebetonte Rieslinge, Silvaner, Weiße Burgunder und Gewürztraminer erzeugt. Die Landauer Weine kommen allerdings meistens unter den Namen der Landauer Ortsteile Godramstein und Nußdorf in den Handel. Sieben Kilometer nordwestlich von Landau liegt an der Weinstraße der kleine Weinbauort Burrweiler. Die besten Weine kommen von den Lagen Altenforst und Schloßgarten. Auf den Spitzenlagen Klosterpfad, Rosengarten und Schloßberg des romantisch unterhalb der Rietburg gelegenen Weinbauortes Rhodt entstehen vor allem

Malerisch liegt die Rietburg über dem Ort Rhodt

Der Ortskern der idyllischen Weinbaugemeinde Rhodt an der Südlichen Weinstraße

ausgezeichnete, körperreiche und kraftvolle Gewürztraminer. Den Übergang zum nördlich angrenzenden Bereich Mittelhaardt/Deutsche Weinstraße bildet der malerische Weinbauort Edenkoben. Die besten Tropfen kommen auch hier von den Hanglagen der Haardt namens Heidegarten, Kirchberg und Schwarzer Letten. Die Großlage heißt Schloß Ludwigshöhe. Die körperreichen, samtigen Spätburgunder zählen zu den besten Weinen des Bereichs.

Jahrgangsbewertung	
1988	*sehr gut*
1989	*sehr gut*
1990	*außergewöhnlich*
1991	*mittel*
1992	*sehr gut*
1993	*sehr gut*
1994	*sehr gut*
1995	*gut*
1996	*gut*
1997	*sehr gut*
1998	*sehr gut*

Der Bereich Mittelhaardt/Deutsche Weinstraße

Die Mittelhaardt/Deutsche Weinstraße ist 1971 aus den Gebieten der ehemaligen Unterhaardt nördlich von Kallstadt und der eigentlichen Mittelhaardt zwischen Kallstadt und Diedesfeld entstanden. Auch hier werden wie an der Südlichen Weinstraße auf den ausgedehnten Flachlagen des Oberrheingrabens vor allem einfache Alltagsweine produziert. Auf den Abhängen der Haardt jedoch entstehen in einer ganzen Reihe von Orten Weine, die in ihrer Art einzigartig sind und dazu beigetragen haben, den deutschen Wein weltberühmt zu machen. Hier ist vor allem das Reich des Rieslings, der in den besten Weinbauorten des Bereichs einen Flächenanteil von bis zu 85 Prozent erreicht.

Zentrum des Weinbaus im Bereich Mittelhaardt/Deutsche Weinstraße ist Neustadt an der Weinstraße. Dieser geschäftige Ort vermittelt Pfälzer Weinkultur in Reinform. Aus einem breiten Sortiment von Rebsorten entstehen hier hervorragende Weine. In der Regel werden sie unter den Namen so berühmter Neustädter Ortsteile wie Diedesfeld, Gimmeldingen und Haardt in den Handel gebracht. Die besten Lagen sind Diedesfelder Paradies, Gimmeldinger Meerspinne und Haardter Herrenletten.

Nördlich von Neustadt befindet man sich im Herzen der Mittelhaardt. Bald gelangt man in den ausgezeichneten Weinbauort Rupperts-

berg. Auf den Spitzenlagen Hoheburg und Nußbien werden besonders kernige Weine aus Riesling, Silvaner, Grauem Burgunder und Spätburgunder erzeugt. Eine der besten Adressen in der gesamten Pfalz ist Deidesheim. Der exzellente Weinbauort verfügt über eine ganze Reihe Spitzenlagen, darunter Grainhübel, Herrgottsacker, Hohenmorgen und Leinhöhle. Die hier produzierten kraftvollen, körper- und bukettreichen Rieslinge gehören zu den besten deutschen Weißweinen.

In nördlicher Richtung gelangt man bald in den zu Recht gerühmten Weinbauort Forst. Hinsichtlich der Qualität seiner Weine gehört auch Forst zu den allerersten Adressen in ganz Deutschland. Die Rieslinge von den Lagen Ungeheuer, Jesuitengarten, Kirchenstück und Pechstein sind an Würze und Harmonie kaum zu übertreffen. Zudem werden erstklassige Gewürztraminer und Spätburgunder erzeugt. Ein weiterer herausragender Weinbauort an der Mittelhaardt ist Wachenheim, nur zwei Kilometer nördlich von Forst gelegen. Die besten Wachenheimer Weine kommen von den Einzellagen Gerümpel, Goldbächel und Mandelgarten. Sie zeichnen sich weniger durch ihre Kraft, als vielmehr durch ihre große Feinheit und Eleganz aus.

Deidesheim gehört zu den Top-Adressen der gesamten Pfalz

Viele Touristen kennen das zum Restaurant umfunktionierte größte Weinfaß der Welt im malerischen Kurort Bad Dürkheim. Die körperreichen und außerordentlich eleganten Weine aus Riesling, Grauem Burgunder, Gewürztraminer und Spätburgunder werden ohne den Zusatz „Bad" als Dürkheimer Weine etikettiert. Die besten der 13 Einzellagen heißen Hochbenn, Michelsberg und Spielberg. Auch aus den Bad Dürkheimer Stadtteilen kommen exzellente Weine, die unter eigenem Namen in den Handel gelangen. Der wichtigste Ortsteil ist Ungstein, einer der bedeutendsten Weinbauorte des gesamten Anbaugebietes. Die Lagen an den Abhängen der Haardt sind hier sehr steil. Die besten Weine kommen vom Ungsteiner Herrenberg und vom Nußriegel.

Die Wachenheimer Weine vereinen Kraft mit Feinheit

Die nächste Station an der Weinstraße ist Kallstadt. Von den Lagen Annaberg, Saumagen und Steinacker des romantischen Weinbauortes kommen kraftvolle Rieslinge sowie fruchtige Weiße Burgunder. Über das idyllische Herxheim am Berg verläuft die Weinstraße nach Bockenheim, wo sie mit kraftvollen Rieslingen, blumigen Silvanern, feinen Gewürztraminern und samtigen Spätburgundern ein würdiges Ende findet.

Forst an der Weinstraße bringt sehr würzige, harmonische Tropfen hervor

Deutschlands größtes Rebenmeer: Rheinhessen

Rheinhessen ist Deutschlands größtes Anbaugebiet. 26.400 Hektar sind hier mit Weinreben bepflanzt. Somit steht jeder vierte deutsche Weinstock in Rheinhessen. Das Anbaugebiet erstreckt sich innerhalb eines Dreiecks mit den Eckpunkten Worms, Bingen und Mainz. In diesem riesigen Gebiet entstehen sehr unterschiedliche Weine. Nirgendwo sonst in Deutschland werden so viele verschiedene Rebsorten angepflanzt wie in Rheinhessen. So schöpfen die rheinhessischen Winzer das Potential des Anbaugebietes voll aus, denn schließlich ist Rheinhessen von der Natur begünstigt. Die sommerlichen Spitzentemperaturen liegen am Kaiserstuhl oder in der Pfalz zwar höher als in Rheinhessen, mit über 1.500 Sonnenstunden und weniger als 500 Millimetern Niederschlag pro Jahr ist Rheinhessen im Jahresdurchschnitt jedoch das wärmste und trockenste der deutschen Anbaugebiete.

Nicht nur Liebfrauenmilch

Lange Zeit verband man Rheinhessen sofort mit der Liebfrauenmilch. Dieser liebliche Markenwein ist aus dem einstmals besten Tropfen Rheinhessens entstanden, dem Wein aus dem Klostergarten um die Wormser Liebfrauenkirche. Heute darf nahezu jeder süße Weißwein aus Rheinhessen als Liebfrauenmilch verkauft werden. Als dieser Wein zum Exportschlager wurde, weitete man seine Produktion stark aus.

In den rheinhessischen Straußwirtschaften werden die einfachen Gewächse der Region direkt vom Faß ausgeschenkt

Dazu setzten die Winzer vor allem auf neu gezüchtete Rebsorten, denn diese versprachen hohe Erträge auch in kühleren Jahren. Die klassischen Rebsorten gingen derweil stetig zurück, so daß schließlich fast zwei Drittel der Rebfläche mit Neuzüchtungen bepflanzt waren. Die meisten der neuen Rebsorten hielten qualitativ jedoch nicht, was sich die Winzer von ihnen versprochen hatten. Als der Export der Liebfrauenmilch in den achtziger Jahren zurückging, mußten die rheinhessischen Winzer umdenken. Heute erreicht der Anteil der klassischen Rebsorten bei Neupflanzungen bereits 60 Prozent.

Die wichtigste Rebsorte ist in Rheinhessen der Müller-Thurgau. In keinem anderen Anbaugebiet stehen mehr Müller-Thurgau-Reben als hier. An zweiter Stelle folgt der Silvaner, dessen Rebfläche sich in den vergangenen 30 Jahren mehr als halbiert hat. Der Riesling hingegen ist auf dem Vormarsch. Im genannten Zeitraum hat sich seine Rebfläche mehr als verdoppelt. Beinahe jede zweite Rebpflanze in Rheinhessen ist eine Neuzüchtung, darunter vor allem Kerner, Scheurebe, Bacchus und Faberrebe. Wie ihre Nachbarn in der Pfalz erzielen auch die rheinhessischen Winzer neuerdings gute Ergebnisse mit den französischen Klassikern Chardonnay und Sauvignon blanc.

Rotwein wird auf 3.200 Hektar erzeugt. Die wichtigste rote Rebsorte ist der Blaue Portugieser, gefolgt von Dornfelder und Spätburgunder.

Die Weinbergshäuschen dienen – wie hier bei Alzey – als Aufbewahrungsort für die Gerätschaften, die der Winzer für seine Arbeit im Weinberg benötigt

Der Bereich Wonnegau

Der südlichste und kleinste Bereich Rheinhessens trägt den schönen Namen Wonnegau. Er grenzt im Westen und Süden an die Pfalz und erstreckt sich zwischen den beiden Städten Worms und Alzey. Die Reben stehen auf uralten sandigen Schwemmböden des Rheins. Hier ist die ursprüngliche Heimat der Liebfrauenmilch. Heute wird dieser preiswerte Massenwein in vielen Teilen der Welt mit dem deutschem Wein gleichgesetzt. Doch einige Gemeinden beweisen, daß im Wonnegau auch ausgezeichneter Wein entstehen kann. So werden heute in der Keimzelle der Liebfrauenmilch, der Wormser Lage Liebfrauenstift-Kirchenstück, hervorragende Riesling-Weine produziert. Auch von den anderen Wormser Lagen Nonnenwingert, Remeyerhof und St. Cyriakusstift kommen ausgezeichnete Rieslinge sowie Weiße und Graue Burgunder. Zehn Kilometer westlich von Worms liegt Dalsheim. Der Ortsteil der Gemeinde Flörsheim-Dalsheim ist ein bedeutendes Zentrum des Weinbaus im Wonnegau. Vor allem aus Silvaner, Grauem Burgunder, Riesling und Spätburgunder werden hier sehr gute Weine erzeugt. Die besten Dalsheimer Weine entstehen jedoch aus dem Weißen Burgunder, der hier eine außergewöhnliche Qualität erreicht. Die besten Lagen sind Bürgel, Sauloch und Steig. Im Nordosten des Wonnegaus, nur fünf Kilometer nördlich von Worms, werden in der Weinbaugemeinde Osthofen vollmundige Gewürztraminer und körperreiche Rieslinge erzeugt. Die besten Weine des Ortes kommen von den Lagen Goldberg, Kirchberg und Leckzapfen. Vor allem die trockenen Silvaner zählen zu den besten des gesamten Anbaugebietes. Nur drei Kilometer westlich von Osthofen liegt Westhofen, ebenfalls ein sehr bedeutender Weinbauort des Wonnegaus. Hier entstehen auf den Einzellagen Aulerde, Kirchspiel und Steingrube neben eleganten Rieslingen und kräftigen Silvanern sehr gute körperreiche Spätburgunder. Im nördlichen Weinbauzentrum Alzey residiert die rheinland-pfälzische Landesanstalt für Rebenzüchtung. Sie

Scheinbar endlos erstrecken sich die Rebflächen im rheinhessischen Hügelland bei Flörsheim-Dalsheim

hatte entscheidenden Anteil an der Züchtung vieler neuer Rebsorten. Die Schieferböden der Alzeyer Lagen Kapellenberg, Römerberg und Rotenfels bringen elegante Rieslinge und kräftige Silvaner hervor.

Der Bereich Bingen

Der nordwestliche Bereich Bingen wird im Norden vom Rhein und im Westen durch das Anbaugebiet Nahe begrenzt. Die Winzer dieses rheinhessischen Hügellandes erzeugen eine breite Palette verschiedenster Weine. Die Gegend um Bingen markiert mit ihren Schieferböden bereits den Übergang zum Rheintal. Hier wird auf steilen Hängen mit hervorragenden Resultaten Riesling angebaut. Die Stadt Bingen selbst ist eine bedeutende Weinbaugemeinde an der Mündung der Nahe in den Rhein. Die Lagen des auf der linken Seite der Nahe gelegenen Ortsteils Bingerbrück gehören bereits zum Anbaugebiet Nahe. Die fruchtigen, körperreichen und säurebetonten Bingener Rieslinge zählen zu den besten Weinen des gesamten Anbaugebietes. Nur wenige Kilometer östlich, auf der berühmten „Rotweininsel" bei Ingelheim, dominiert auf kalkhaltigen Böden der Spätburgunder, mit dem ein Drittel der Rebfläche bepflanzt ist. Die samtigen Rotweine von den direkt am Rhein gelegenen Steillagen Pares, Höllenweg und Rheinhöhe gehören zu den besten Deutschlands.

Die roten Ton-Schieferböden sind typisch für die Rheinterrasse bei Nierstein

Südlich von Ingelheim wachsen auf Böden aus urzeitlichem Schlick Müller-Thurgau, diverse Neuzüchtungen und Silvaner. Aus letzterem werden unter der Bezeichnung Rheinhessen-Silvaner bemerkenswerte trockene Weine erzeugt, die sehr gute Begleiter bei Tisch sind. Aus den anderen Rebsorten werden die preiswerten, meist lieblichen Großlagen-Weine abgefüllt, die das Image des Anbaugebietes in weitem Ausmaß prägen. Im Herzen des Bereichs Bingen liegt der kleine Weinbauort Sankt Johann. Sowohl auf den Einzellagen Geyersberg, Klostergarten und Steinberg als auch auf der Großlage Abtey wachsen hervorragende Graue Burgunder und außergewöhnliche Silvaner.

Der Bereich Nierstein

Der größte und qualitativ bedeutendste Bereich Rheinhessens schließt sich östlich an den Bereich Bingen an. Er reicht im Süden bis nach Bechtheim und im Norden an die Landeshauptstadt Mainz heran. Der größte Teil des Bereichs besteht aus dem rheinhessischen Hügelland und unterscheidet sich kaum vom Bereich Bingen. Auf denselben Schlickböden werden hauptsächlich aus Neuzüchtungen preiswerte liebliche Massenweine produziert. Doch ist auch hier der Rheinhessen-Silvaner wieder groß im Kommen und liefert trockene, fruchtige Weine mit leicht mineralischem Geschmack. Die besten Weine Rheinhessens werden aus dem Riesling erzeugt und stam-

Von den Oppenheimer Einzellagen kommen körperreiche, würzige Rieslinge

men von dem als „Rheinfront" bezeichneten schmalen Streifen entlang des Rheins zwischen Mainz und Dienheim. Hier bildet das rote Gestein aus Ton und Schiefer natürliche Terrassen, weshalb die Gegend auch als „Rheinterrasse" bezeichnet wird. Die auf diesen Böden erzeugten kräftigen und körperreichen Rieslinge gehören zu den besten Weinen Deutschlands. In Dienheim im Süden der Rheinterrasse entstehen auf den Lagen Herrenberg, Kreuz und Siliusbrunnen neben guten Rieslingen und Silvanern auch ausdrucksvolle Rotweine aus dem Spätburgunder.

Einer der bekanntesten deutschen Weinbauorte ist Oppenheim. Die Ausweitung der Großlage Krötenbrunnen, deren billige, liebliche Weine zumeist gar nicht aus Oppenheim kommen, hat dem Renommee des Ortes allerdings geschadet. Dabei gehören die hier erzeugten würzigen, kraftvollen und körperreichen Rieslinge zur deutschen Spitzenklasse. Die Spitzenlagen heißen Herrenberg, Sackträger und Schloßberg. Nördlich von Oppenheim liegt Nierstein, der zu Recht berühmteste Weinbauort des gesamten Anbaugebietes Rheinhessen. Niersteiner Rieslinge gehören zum Besten, was der Weinbau in Deutschland hervorzubringen vermag. Sie stehen auf einer Stufe mit den besten Weißweinen der Welt. Begünstigt durch den Rhein, entwickeln sie auf den einzigartigen Böden aus rotem Tonschiefer ein komplexes Bukett, Kraft, Harmonie und Eleganz. Die Spitzenlagen Brudersberg, Heiligenbaum und Ölspiel genießen Weltruf, doch auch weitere 20 Einzellagen sind sehr gut. Die lieblichen Weine aus der bekannten und riesigen Großlage Gutes Domtal dagegen kommen in aller Regel gar nicht aus Nierstein, sondern aus 15 weiteren Gemeinden. Sie sind zu niedrigen Preisen in Supermärkten erhältlich und haben das Renommee Niersteiner Weine breits nachhaltig beschädigt. Im weiter nördlich gelegenen Weinbauort Nackenheim entstehen ähnlich hervorragende Rieslinge wie in Oppenheim und Nierstein. Hier heißen die Top-Lagen Engelsberg, Rothenberg und Schmittskapellchen.

In Bodenheim endet die Rheinfront. Hier entfernen sich die Weinberge vom Rhein. Das „Rotliegende", wie die Tonschieferböden der Rheinterrasse auch genannt werden, weicht kalk- und sandhaltigen Böden. Die besten Bodenheimer Weine werden aus den klassischen Rebsorten Weißer Burgunder, Silvaner und Riesling erzeugt und kommen von den Einzellagen Burgweg, Kapelle und Kreuzberg. Auch in der rheinland-pfälzischen Metropole und Landeshauptstadt Mainz wird Wein angebaut. Unter dem Namen der Großstadt werden heute nur noch die Weine der Großlagen St. Alban und Domherr etikettiert, die in aller Regel jedoch gar nicht aus Mainz, sondern aus den umliegenden Gemeinden stammen. Die Mainzer Weine, darunter ausgezeichnete Graue Burgunder, Rieslinge und Silvaner, werden ausschließlich unter dem Namen der Ortsteile Hechtsheim, Laubenheim und Ebersheim abgefüllt.

Ein typisch rheinhessischer „Trullo". Diese Weinbergshäuschen wurden vor langer Zeit von italienischen Lesehelfern erbaut

Jahrgangsbewertung

1988	*sehr gut*
1989	*sehr gut*
1990	*außergewöhnlich*
1991	*mittel*
1992	*sehr gut*
1993	*gut*
1994	*sehr gut*
1995	*gut*
1996	*gut*
1997	*sehr gut*
1998	*sehr gut*

Unterwegs auf der „Riesling-Route“: Der Rheingau

Bei Wiesbaden ändert der Rhein seine Richtung und knickt nach Westen ab. 25 Kilometer lang behält er diese Richtung bei und wendet sich erst hinter Rüdesheim wieder nach Norden. An seinem nördlichen Ufer, an den Abhängen des Taunus, liegt der Rheingau. Mit 3.250 Hektar Rebfläche gehört er zu den kleineren, qualitativ jedoch zu den besten Anbaugebieten Deutschlands. Rheingauer Weine sind regelmäßig zur deutschen Spitzenklasse zu zählen und auch international mit den besten Weißweinen vergleichbar.

Aufgrund der besonderen geographischen Situation sind die teils hügeligen, teils auch steilen Rebflächen fast ausnahmslos nach Süden ausgerichtet. So erhalten sie eine optimale Sonnenbestrahlung. Die Wasseroberfläche des hier bis zu einem Kilometer breiten Rheins spiegelt das Sonnenlicht auf die Weinberge und verstärkt seine Intensität damit um bis zu 25 Prozent. Zudem schützt der Strom als natürlicher Wärmespeicher die Reben vor plötzlichen Frosteinbrüchen. Schließlich versorgt er durch Nebelbildung die Weinberge mit der richtigen Luftfeuchtigkeit und begünstigt dadurch im Herbst das Auftreten der erwünschten Edelfäule. Die Rheingauer Weinberge werden darüber hinaus durch die Höhenzüge der umliegenden Mittelgebirge von kalten Nordwinden abgeschirmt.

Das Reich des Rieslings

Die Weinbergsböden des Rheingaus bestehen aus Schiefer und verwittertem Quarzitgestein. Hier ist das Reich des Rieslings, mit dem über 80 Prozent der Rebflächen bepflanzt sind. Zehn Prozent der Weinstöcke sind Spätburgunder-Reben, aus denen einige hervorragende Rotweine erzeugt werden. Die restlichen, meistens minderwertigen Weinberge besetzt der Müller-Thurgau, während die übrigen Rebsorten so gut wie keine Rolle spielen.

Im Rheingau entstehen wahrhaft bewundernswerte Riesling-Weine. Sie sind säurebetont und körperreich und besitzen eine einzigartige Würzigkeit. Nur in schwächeren Jahrgängen ist der Rheingauer Riesling ein Wein für den baldigen Verbrauch. Höherwertige Weine aus guten Jahren brauchen ähnlich den großen Rotweinen der Welt eine gewisse Zeit der Flaschenreife. Selbst Weine der Qualitätsstufe Kabinett benötigen drei Jahre, um ihr geschmackliches Potential voll zu entfalten. Spätlesen oder Auslesen verbessern sich in der Flasche oft bis zu zehn Jahre lang, bevor sie den geschmacklichen Höhepunkt erreichen. Auf diesem Niveau halten sie sich bei sachgemäßer Lagerung dann über viele Jahre. Bei völlig trockenen Weinen verläuft der Reifeprozeß in der Flasche etwas schneller.

Der Rheingau beginnt am Main

Der gesamte Rheingau ist im Bereich Johannisberg zusammengefaßt. Die reizvolle Landschaft ist ein starker Magnet für Erholungssuchende aus dem Ballungsgebiet Rhein/Main. Mit der „Riesling-Route“ haben die Rheingauer eine Weinstraße eingerichtet, die dem Touristen das Anbaugebiet leicht erschließt.

In Hochheim am Main beginnt der Rheingau

Der Rheingau beginnt bereits am Main. An dessen Unterlauf liegt die bedeutende Weinbaugemeinde Hochheim. Hochheimer Riesling wurde von der englischen Königin Victoria so sehr geschätzt, daß die Einzellage Hochheimer Königin-Victoria-Berg nach ihr benannt wurde. Bald wurde „Hock" in England zum Synonym für Rheinwein überhaupt. Die Engländer schrieben den Hochheimer Rieslingen eine geradezu medizinische Wirkung zu, die sich im Sprichwort äußerte: „A good Hock keeps off the doc" („Ein guter Hochheimer hält den Doktor fern"). Sehr gut sind auch die Weine von den Hochheimer Lagen Hölle und Kirchenstück.

Ein Zentrum des Weinhandels im Rheingau ist die hessische Landeshauptstadt Wiesbaden. Auf den Rebflächen der Großstadt werden neben dem Riesling auch einige andere Rebsorten angebaut, vornehmlich Silvaner sowie diverse Neuzüchtungen. In westlicher Richtung liegt Walluf, die älteste Weinbaugemeinde des Rheingaus. Sie kann den Anbau von Reben bereits für das 8. Jahrhundert nachweisen. Die Wallufer Rieslinge sind körperreich und säurebetont. Gelegentlich weisen sie einen mineralischen Geschmack auf, der von den Weinbergsböden der Lagen Gottesacker, Oberberg und Walkenberg kommt. Neben Riesling wird auch Spätburgunder angebaut.

Spitzenweine aus Eltville

Eltville ist ein Weinbauort direkt am Rhein westlich von Walluf. Hier befinden sich die Hessischen Staatsweingüter. Zudem ist Eltville Sitz einiger großer Schaumweinproduzenten. Die Eltviller Weine sind ebenso wie die des Ortsteils Martinsthal mit ihrer säurereichen, würzigen und harmonischen Art typische Rheingauer. Sie werden noch übertroffen von den Weinen aus dem höher am Hang gelegenen Ortsteil Rauenthal, einem der ganz großen Weinbauorte des Rheingaus. Die drei Spitzenlagen Baiken, Gehrn und Wülfen sowie einige sehr gute Einzellagen liefern Riesling-Weine, die Würze, Komplexität, Fruchtigkeit, Kraft, Harmonie und Eleganz in sich vereinen. Die besten Rauenthaler Weine entwickeln sich über Jahrzehnte in der Flasche noch weiter. Direkt am Fluß liegt der Eltviller Ortsteil Erbach. Vor allem auf der herausragenden Spitzenlage Marcobrunn des idyllischen Fachwerkstädtchens bringt der Riesling Weine hervor, die Weltruhm genießen. Ein weiterer Ortsteil von Eltville ist der kleine Weinbauort Hattenheim, der westlich von Erbach direkt am Rhein liegt. Die Spitzenlagen heißen hier Mannberg, Nußbrunnen und Wisselbrunnen.

Ein Besuch im Kloster Eberbach

Wenn man sich von Eltville aus vom Rhein weg bewegt, gelangt man bald in den etwas zurückgezogen gelegenen malerischen Weinbauort Kiedrich. Insbesondere auf den Einzellagen Sandgrub, Wasseros und Klosterberg fallen die Rieslinge kräftig und besonders fruchtig aus. Von Kiedrich aus führt die Rheingauer „Riesling-Route" zum Kloster Eberbach, etwas landeinwärts oberhalb von Hattenheim gelegen. Über Jahrhunderte war das 1153 von Benediktinern gegründete und später von Zisterziensern übernommene Kloster ein

Der historische Faßkeller des Klosters Eberbach ist auch für Besucher geöffnet

Schloß Vollrads gehört zu den Spitzen-Erzeugern des Rheingaus

wichtiges Zentrum des Weinbaus im Rheingau. Auch den Weinhandel übernahmen die Mönche mit einer eigenen Rheinflotte und einer Handelsniederlassung in Köln selbst. Heute finden in dem historischen Gemäuer die Weinversteigerungen der Hessischen Staatsweingüter sowie eine ganze Reihe von kulturellen Veranstaltungen statt. Gemeinsam mit dem Kloster entstand auch der dazugehörige Weinberg, der berühmte Steinberg. Die Weine werden ohne Ortsangabe nur unter dem Weinbergsnamen etikettiert. Steinberger Rieslinge gehören zur Spitzenklasse des Rheingaus.

Der von der Rebfläche her größte Weinbauort des Rheingaus ist Oestrich-Winkel. Die Lagen des Ortsteils Oestrich sind weitgehend flach. Daher besitzen sie nicht das Renommee der herausragenden Lagen des Rheingaus. Die Weine des westlich davon gelegenen Ortsteils Winkel sind würziger und eleganter als die Weine aus Oestrich.

Etwas zurückgezogen oberhalb von Hattenheim liegt Hallgarten. Die kräftigen, würzigen Hallgartener Rieslinge sind meistens sogar in schlechteren Jahren sehr gelungen. Die besten kommen von den Einzellagen Hendelberg, Schönhell und Würzgarten. Nicht weit von Hallgarten entfernt gelangt man zum Schloß Vollrads, dem berühmten Wasserschloß aus dem 14. Jahrhundert. Hier entstehen hervorragende Weine von großer Harmonie.

Rund um den Johannisberg

Am Rhein direkt westlich von Winkel liegt der weltbekannte Weinbauort Geisenheim, Sitz der Forschungsanstalt und Fachhochschule für Wein-, Obst- und Gartenbau. Neben dem dominierenden Riesling werden auf den besten Geisenheimer Lagen – Kläuserweg, Mäuerchen und Schloßgarten – Grauer Burgunder, Gewürztraminer und Spätburgunder angebaut. Der Geisenheimer Ortsteil Johannisberg hat dem gesamten Bereich seinen Namen gegeben. Der wohl berühmteste Weinbauort des Rheingaus wird in vielen Teilen der Welt mit deutschem Wein insgesamt gleichgesetzt. Johannisberger Rieslinge zeichnen sich durch ein großartiges Bukett sowie Harmonie und Eleganz aus. Die besten Tropfen entstehen auf den Lagen Hölle, Klaus und Vogelsang.

Ganz rechts: Das weltberühmte Schloß Johannisberg wird oft als „Grand Cru" des Rheingaus bezeichnet

Seinen Weltruf verdankt der Ort jedoch dem Schloß Johannisberg. Die Anlage des dazugehörigen Weinbergs geht der Legende nach auf Kaiser Karl den Großen zurück. Er soll von seiner Pfalz im gegenüberliegenden rheinhessischen Ingelheim aus beobachtet haben, daß der Schnee alljährlich genau an dieser Stelle zuerst schmolz. Daraufhin befahl er, hier einen Weinberg anzulegen. 1775 wurde auf Schloß Johannisberg durch Zufall die Spätlese „erfunden“. Damals durfte erst mit der Weinlese begonnen werden, wenn die Besitzer des Gutes im fernen Fulda den Befehl dazu gegeben hatten. In diesem Jahr verzögerte sich die Lese, da der Bote mit dem Befehl zum Beginn der Arbeiten aufgehalten wurde. Als er dann endlich eintraf, waren die Trauben bereits von der Edelfäule befallen, woraufhin man sie für verdorben hielt. Diese Panne erwies sich dann jedoch als Glücksfall, und beim Probieren des Weins war man durch seine ungeahnte Qualität verblüfft.

Von Rüdesheim nach Lorch

Touristisches Zentrum des Rheingaus ist die vielbesuchte Stadt Rüdesheim, die direkt am Rhein gegenüber von Bingen liegt. Neben der weltberühmten Drosselgasse und dem Niederwalddenkmal hat Rüdesheim auch erstklassige Weine zu bieten. Auf den steilen Schieferhängen werden sehr körperreiche Rieslinge erzeugt, die auch in schlechteren Jahren meist zu den besten Weinen des gesamten Anbaugebietes zählen. Die besten Lagen tragen alle den Zusatz „Berg“ in ihrem Namen: Berg Rottland, Berg Schloßberg und Berg Roseneck.

Assmannshausen ist das Zentrum der Rheingauer Rotweinerzeugung.

Links: Rüdesheim, die „Hauptstadt“ des Rheingaus

Jenseits der Wendung des Rheins nach Norden am berühmten „Rheinknie“ von Rüdesheim ändert sich der Rheingau. Ganz im Gegensatz zum restlichen Anbaugebiet werden in Assmannshausen auf steilen Schieferhängen fast ausschließlich Spätburgunder-Rotweine erzeugt. Die fruchtigen und feinen Tropfen gehören zu den teuersten Rotweinen Deutschlands. Die besten entstehen auf der berühmten Lage Höllenberg. Mit seinem gegenüber von Bacharach gelegenen Ortsteil Lorchhausen bildet der Weinbauort Lorch den Abschluß des Rheingaus im Übergang zum Anbaugebiet Mittelrhein. Auch die Weine ähneln in ihrer säurebetonten, leichteren Art bereits ganz deutlich denen des Mittelrheins.

Jahrgangsbewertung	
1988	*sehr gut*
1989	*sehr gut*
1990	*außergewöhnlich*
1991	*mittel*
1992	*sehr gut*
1993	*sehr gut*
1994	*sehr gut*
1995	*außergewöhnlich*
1996	*sehr gut*
1997	*sehr gut*
1998	*sehr gut*

Abseits der Weinstraßen: Die Nahe

Das etwas abgelegene, 4.600 Hektar Weinberge umfassende Anbaugebiet Nahe schließt sich westlich an den rheinhessischen Bereich Bingen an. Es erstreckt sich vom Oberlauf der Nahe bei Monzingen bis zur Mündung des Flusses in den Rhein bei Bingerbrück. Dazu kommen die Seitentäler der Nebenflüßchen Glan und Alsenz. Schließlich umfaßt das Anbaugebiet Nahe noch ausgedehnte Rebflächen an den Abhängen des reizvollen, westlich anschließenden Soonwaldes.

Die Nahe hat eine sehr bewegte erdgeschichtliche Vergangenheit. Über Millionen von Jahren haben Vulkanausbrüche das Gebiet immer wieder durchgeschüttelt, so daß die Böden hier heute sehr uneinheitlich sind. Roter Tonschiefer, verwittertes Urgestein, Porphyr und Schiefer wechseln einander rasch ab. Im Herzen des Anbaugebietes, direkt an der Nahe zwischen Schloßböckelheim und Bad Kreuznach, gedeihen auf vulkanischen und Porphyrböden besonders würzige und elegante Weine. Am Unterlauf des Flusses verleiht ein Gemisch aus Sand, Mergel und Lehm den Gewächsen Feinheit und Duft. In direkter Nähe zur Mündung in den Rhein herrschen Schieferböden vor. Im restlichen Anbaugebiet dominiert Rotliegendes, roter Tonschiefer, der den Weinen eine pikante Säure und ein ausdrucksvolles Bukett verleiht.

Jahrgangsbewertung

1988	*sehr gut*
1989	*sehr gut*
1990	*außergewöhnlich*
1991	*mittel*
1992	*sehr gut*
1993	*sehr gut*
1994	*gut*
1995	*gut*
1996	*gut*
1997	*sehr gut*
1998	*sehr gut*

Idyllische Weinbergslandschaft an der Nahe bei Schloßböckelheim

Viele Rebsorten an der Nahe

Genauso vielfältig wie die Böden ist auch die Palette der Rebsorten an der Nahe. Zu über 90 Prozent werden weiße Rebsorten angepflanzt. Nach langer Zeit auf dem zweiten Platz hat sich der Riesling auch hier wieder die Spitzenposition zurückerobert. Wie in nahezu allen anderen Anbaugebieten auch ist im Gegenzug der Müller-Thurgau stark rückläufig. Die Rebflächen des Silvaners sind in den letzten 25 Jahren um zwei Drittel zurückgegangen. Auf dem Vormarsch sind Grauer und Weißer Burgunder. Die hervorragenden Ergebnisse des Weißen Burgunders werden die Rebfläche dieser Sorte in der Zukunft sicherlich noch bedeutend wachsen lassen.

Beinahe ein Viertel der Weinberge ist mit Neuzüchtungen bepflanzt, von denen sich wie überall in Deutschland vor allem der Kerner mit 400 Hektar Anbaufläche dauerhaft durchzusetzen scheint. Die Flächen für die Rotweinerzeugung haben sich in den vergangenen 20 Jahren verachtfacht, betragen aber dennoch weniger als zehn Prozent der Gesamtfläche.

Im reizvollen Nahetal

Seit der Zusammenlegung der beiden ehemaligen Bereiche Bad Kreuznach und Schloß Böckelheim umfaßt das Anbaugebiet Nahe nun nur noch den Bereich Nahetal. Die am weitesten flußaufwärts gelegene Weinbaugemeinde an der Nahe ist Monzingen. Von den Tonschieferböden der Monzinger Lagen Frühlingsplätzchen, Halenberg und Rosenberg kommen wuchtige Grauburgunder sowie körperreiche, elegante Rieslinge. Kurz hinter der Mündung des Flüßchens Glan in die Nahe liegt mit Schloßböckelheim einer der qualitativ herausragenden Weinbauorte des Anbaugebietes. Die Schloßböckelheimer Rieslinge sind fein, bukettreich und elegant. Doch auch aus dem Weißen Burgunder werden beachtlich feine, ausdrucksvolle Weine erzeugt. Die Spitzenlage heißt Kupfergrube, weitere sehr gute Einzellagen sind Felsenberg, In den Felsen und Königsfels. Sieben Kilometer flußabwärts liegt direkt am Fluß der kleine Ort Norheim. Auf den Granitverwitterungsböden der Steillage Dellchen wachsen besonders fruchtige, körperreiche Rieslinge.

Der beeindruckendste Weinbauort an der gesamten Nahe ist Traisen. Er wird von einem 200 Meter hohen Porphyrmassiv beherrscht, dem

Rotenfels, der zum Fluß hin in einer atemberaubenden Steilwand abfällt. Am Fuß der Steilwand liegt in reiner Südausrichtung die Spitzenlage Bastei. Hier entstehen kraftvolle und körperreiche Rieslinge von herausragender Qualität. Der Rotenfels zieht sich fast zwei Kilometer lang bis nach Bad Münster am Stein. Von den direkt an die Porphyrwand anschließenden Steillagen Rotenfelser im Winkel, Felseneck und Steigerdell kommen außerordentlich gute Rieslinge, die zu den besten Naheweinen gehören.

Wallhausen liegt etwas abseits der Nahe im Tal des kleinen Gräfenbachs

Von Bad Kreuznach an den Rhein

Die idyllische Kleinstadt Bad Kreuznach im Nahetal ist das Zentrum des Weinbaus an der Nahe und der Sitz der Weinbaulehranstalt. Hier herrschen Böden aus verwittertem Urgestein vor. Auf den mehr als 20 Kreuznacher Einzellagen werden aus Riesling und Weißem Burgunder sehr gute Weine erzeugt.

Weiter flußabwärts mischt sich immer mehr Schiefer in die Böden. Fünf Kilometer vor der Mündung in den Rhein liegt der kleine Weinbauort Münster-Sarmsheim. Die Rieslinge von den Spitzenlagen Dautenpflänzer, Pittersberg und Römerberg erinnern in ihrer säurebetonten, harmonischen und eleganten Art an die besten Rheinrieslinge. Sie werden nur unter dem Ortsnamen Münster in den Handel gebracht, so daß eine Verwechslung mit Bad Münster am Stein möglich ist. Das Anbaugebiet Nahe endet in Bingerbrück, einem Ortsteil der Gemeinde Bingen. Die Lagen der Muttergemeinde gehören bereits zum Anbaugebiet Rheinhessen. Die Böden in Bingerbrück bestehen aus Schiefergestein. Von den steilen Lagen kommen hervorragende Rieslinge, die von Rheinweinen kaum zu unterscheiden sind.

Der imposante Rotenfels überragt die Weinberge zwischen Traisen und Bad Münster am Stein

Zwischen Weinbergen und Ritterburgen: Der Mittelrhein

Der Rhein ist die Hauptschlagader des deutschen Weinbaus. Vom Bodensee bis Bonn wird er fast durchgehend von Weinbergen gesäumt, auch wenn diese nicht überall direkt bis an den Strom heranreichen. Doch wenn vom Rheinwein die Rede ist, denken fast alle Weinfreunde zunächst an das enge Rheintal mit seinen steilen, terrassierten Rebflächen, in das der Fluß nach seiner Wendung nach Norden bei Bingen eintritt. 120 Kilometer lang zwängt er sich durch das Tal, bis es sich kurz vor Bonn öffnet und die niederrheinische Tiefebene beginnt. Wohl kaum eine deutsche Landschaft zieht die Touristen so stark an wie diese schöne Gegend mit den steilen Bergen, vielen Burgen und ihrer Hauptattraktion, der Loreley.

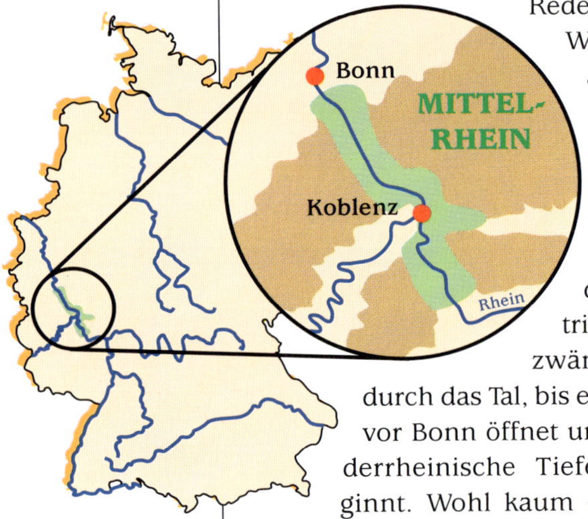

Das Anbaugebiet Mittelrhein gehört mit seinen 620 Hektar Rebfläche zu den kleinsten Deutschlands. Es erstreckt sich auf dem linken Rheinufer von der Nahemündung in Bingen bis nach Koblenz. Auf der rechten Rheinseite beginnt der Mittelrhein unterhalb von Lorchhausen und endet am Drachenfels in Königswinter. Dazu kommen noch die Rebflächen, die sich etwa 20 Kilometer weit in das Tal der Lahn hineinziehen. Der Weinbau am Mittelrhein ist stark rückläufig. Von 1979 bis heute sind die Rebflächen um 150 Hektar geschrumpft. Grund dafür sind die steilen Lagen, die mit ihren verwitterten Schieferböden zwar exzellenten Wein hervorbringen, aber nur äußerst schwer zu bewirtschaften sind. Dies führt dazu, daß der Verkaufspreis des Weines den Arbeits- und Kapitalaufwand des Winzers nicht mehr rechtfertigen kann.

Die Touristen schätzen den Wein des Rheintals, so daß er fast komplett in der Gegend selbst getrunken wird. Deshalb ist er außerhalb des Anbaugebietes nur schwer erhältlich. Die Qualität der meisten Mittelrhein-Weine ist hoch. Drei Viertel der Rebflächen sind mit der edelsten weißen Rebsorte bepflanzt, dem Riesling, der hier am Rhein wohl seine Heimat hat. Das restliche Viertel der Weinberge verteilt sich vor allem auf Müller-Thurgau, Kerner und Spätburgunder.

Jahrgangsbewertung	
1988	*gut*
1989	*sehr gut*
1990	*außergewöhnlich*
1991	*schlecht*
1992	*sehr gut*
1993	*gut*
1994	*gut*
1995	*gut*
1996	*gut*
1997	*sehr gut*
1998	*sehr gut*

An der schönen Loreley

Durch die Verschmelzung der ehemaligen Bereiche Bacharach und Rheinburgengau ist der Bereich Loreley entstanden. Er umfaßt den größten Teil des Anbaugebietes mit Ausnahme der in Nordrhein-Westfalen gelegenen Rebflächen. Der Bereich Loreley erzeugt über 90 Prozent aller Weine des Mittelrheins, darunter auch die qualitativ hochwertigsten. Im Süden des Bereichs zeigen die Weine eine deutliche Ähnlichkeit mit den Rheingauer Weinen aus Lorch und

Das malerische Bacharach, ein Zentrum der Weinerzeugung am Mittelrhein

Lorchhausen. Sie sind kräftig sowie körperreich und passen hervorragend zu Tisch. Weiter nach Norden hin entwickeln die Weine den typischen Mittelrhein-Charakter. Mit ihrer kernigen Säure und einem mittlerem Körper weisen die besseren Gewächse eine beachtliche Eleganz auf.

Das malerische Städtchen Bacharach am linken Ufer des Stroms ist ein Zentrum des mittelrheinischen Weinbaus und -handels. Die besten Rieslinge des bei Touristen sehr beliebten Ortes kommen von den Einzellagen Hahn, Posten und Wolfshöhle. Nur zwei Kilometer flußabwärts liegt auf einer Insel mitten im Strom die eindrucksvolle Zollburg Pfalzgrafenstein. Sie beherrscht den Ort Kaub, der sich auf dem rechten Rheinufer direkt oberhalb der Burg befindet. Die besten Rieslinge kommen von der Einzellage Backofen, der Steillage Burg Gutenfels sowie der nach der Zollburg benannten Lage Pfalzgrafenstein.

Direkt unterhalb des berühmten Loreley-Felsens befindet sich am rechten Rheinufer der idyllische Ort Sankt Goarshausen. Hier kann man mit Blick auf den durch Heinrich Heines Lied berühmten 132 Meter hohen Felsen vor einer Straußwirtschaft sitzen und einen der sehr guten Tropfen von den Sankt Goarshausener Einzellagen Burg Katz, Hessern und Loreley Edel genießen.

Ein herausragender Weinbauort am linken Ufer des Mittelrheins ist Boppard. Die Bopparder Weine unterscheiden sich durch ihren ausgeprägten Körper von den meisten anderen Mittelrhein-Rieslingen. Die Spitzenlage ist der fast sechs Kilometer lange Bopparder Hamm, der sich majestätisch auf einer Terrasse über den Strom erhebt. Die Lage ist in weitere Teillagen unterteilt, von denen Feuerley, Mandelstein und Weingrube besonders gute Weine liefern.

Das Rheintal ist eine der reizvollsten deutschen Landschaften. Links Burg Gutenfels und die Zollburg Pfalzgrafenstein bei Kaub, unten der Weinlehrpfad auf der Loreley

Vor den Toren Bonns

Der kleine Bereich Siebengebirge umfaßt die sieben nordrhein-westfälischen Einzellagen rund um Königswinter. Der Riesling dominiert hier nicht mehr so eindeutig wie im Bereich Loreley. Die Weißweine aus dem Siebengebirge sind leicht, frisch und angenehm. Neben Müller-Thurgau wird viel Portugieser angebaut, der mit Spätburgunder verschnitten und publikumswirksam als „Drachenblut“ etikettiert wird. Damit wird darauf angespielt, daß Siegfried den Drachen auf dem Königswinterer Drachenfels erschlagen haben soll. Die Käufer dieses schlichten, säurebetonten Rotweins sind fast ausschließlich die unzähligen Touristen des Siebengebirges. Die berühmteste Lage dieses Bereichs ist denn auch der vielbesuchte Königswinterer Drachenfels.

Die feinsten Rieslinge Deutschlands: Mosel-Saar-Ruwer

Die Mosel ist neben Rhein, Main und Neckar aus der Sicht des Weinbaus einer der ganz großen Flüsse Deutschlands. 238 Kilometer lang windet sie sich durch ihr wildromantisches Tal, das von über 12.200 Hektar Weinbergen gesäumt wird. Die Weinberge und Lagen, die den Mosel-Wein weltberühmt gemacht haben, bestehen in erster Linie aus steilen Schieferhängen. Sie sind jedoch nur sehr beschwerlich und kostenintensiv zu bewirtschaften, so daß in der Vergangenheit viele der 12.000 Klein- und Kleinstbetriebe die Bewirtschaftung von Steillagen aufgegeben und statt dessen die Hang- und Flachlagen in der Flußebene ausgeweitet haben. Die berühmten Moselweine jedoch entstehen allesamt aus der Kombination von Steillagen, Schiefergestein und Riesling und sind meistens nicht billig zu haben. Dafür sind sie nahezu unvergänglich – die besten Moselweine halten sich über Jahrzehnte.

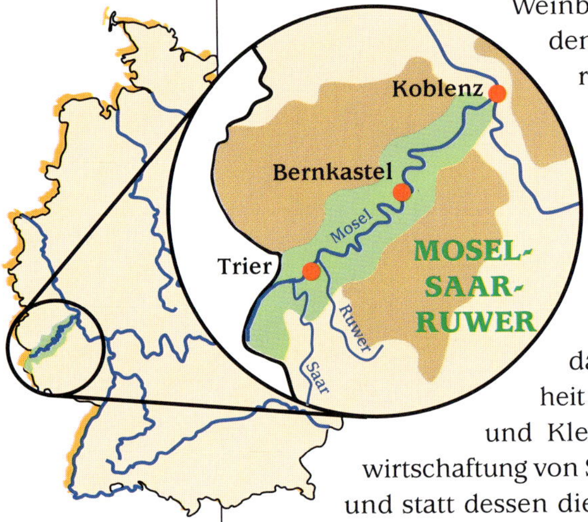

An Mosel, Saar und Ruwer ist der Riesling unbestrittene Nummer eins. Mit dem Müller-Thurgau sind vor allem die in die Ebene ausgeweiteten Großlagen an der Mittelmosel sowie die sanfteren Hänge an der Untermosel bepflanzt. Der Elbling ist eine echte Rarität, die nur in diesem Anbaugebiet gedeiht. Die uralte Rebsorte wurde wahrscheinlich bereits von den Römern an die Mosel gebracht. Wie der Müller-Thurgau wird der Kerner ebenfalls nur in den zweitklassigen Lagen angebaut. Die Rotweinerzeugung spielt nur eine sehr untergeordnete Rolle: Nur einer von 60 Weinstöcken gehört an der Mosel zu den roten Rebsorten.

Auch in den Weinbergen rund um Traben-Trarbach ist der Riesling die unbestrittene Nummer eins

Das Moseltor und die Obermosel

Am Oberlauf der Mosel gibt es keine steilen Schieferhänge. Die Böden bestehen aus Muschelkalk, der den Weinen einen anderen Charakter verleiht als im Rest des Anbaugebietes. Aufgrund der höheren Lage ist das Klima kühler als weiter flußabwärts. Der Bereich Moseltor ist der kleinste des Anbaugebietes. Er umfaßt die Gemeinden am Oberlauf der Mosel, die sich auf saarländischem Boden befinden. Der Bereich Obermosel schließt sich an das Moseltor an und reicht moselabwärts bis zum Bereich Saar-Ruwer. Auch hier herrschen Muschelkalkböden vor. Die Weine vom Moseltor und der Obermosel erreichen qualitativ nicht das Niveau von Mittel- und Untermosel sowie Saar und Ruwer. Dafür ist vor allem der Elbling verantwortlich, mit dem hier nahezu 90 Prozent aller Rebflächen bepflanzt sind. Er liefert fruchtige, sehr säurereiche Weine, deren Hauptteil in die Schaumweinerzeugung fließt. Der Rest wird in der Region als Schoppenwein konsumiert, der hervorragend zur regionalen, gelegentlich deftigen Küche paßt.

An Saar und Ruwer

Der Bereich Saar-Ruwer umfaßt das Tal der unteren Ruwer, das ausgedehnte Areal der Stadt Trier

sowie den Unterlauf der Saar und ihre Seitentäler. Viele Weinfreunde sind der Meinung, der beste Moselwein wachse an Saar und Ruwer. In schlechten Jahren bekommt der Riesling aufgrund des insgesamt kühleren Klimas hier regelmäßig Reifeprobleme. In guten Jahren mit einem sonnigen Herbst reift er jedoch voll aus und bringt dann unvergleichliche Weine hervor. Bei niedrigem Alkoholgehalt sind sie vollmundig und von höchster Feinheit und Eleganz. Aufgrund ihrer kräftigen Säure brauchen sie mindestens drei Jahre Flaschenreife.

Am Unterlauf der Saar liegt der Weinbauort Ockfen. Die hier erzeugten Rieslinge gehören zur Spitzenklasse des Saar-Weinbaus. Sie sind leicht, zart und zeichnen sich durch ihr unvergleichliches Bukett aus. Die besten wachsen auf den Einzellagen Bockstein und Geisberg. Nur einen Kilometer weiter flußabwärts schließt sich der kleine Ort Ayl an. Hier kommen die feinsten und elegantesten Rieslinge von der Spitzenlage Kupp. Das qualitative Zentrum des Weinbaus an der Saar ist die Gemeinde Wiltingen an der unteren Saar mit ihren erstklassigen Lagen Kupp und Braune Kupp sowie einigen weiteren Einzellagen. Im Ortsteil Scharzhofberg liegt die berühmte Einzellage Scharzhofberger. Der extrem steile Hang weist genau nach Süden und ist ausschließlich mit Riesling bepflanzt. Die Weine sind in Körper, Säure, Harmonie und Bukett perfekt und können zu den ganz großen deutschen Weinen gerechnet werden. Der Scharzhofberger sollte nicht mit dem Scharzberger verwechselt werden, denn dies ist die Großlagenbezeichnung für die gesamte Saar.

Der Weinbau an der Ruwer beschränkt sich auf die letzten fünf Kilometer vor der Mündung in die Mosel. Ein hervorragender Weinbauort auf der Hälfte dieser Strecke ist Kasel. Auf den besten Lagen Kehrnagel und Nies'chen sowie fünf weiteren Einzellagen entstehen in besseren Jahren würzige Rieslinge mit strammer Säure. Direkt unterhalb von Kasel schließt sich die Gemeinde Mertesdorf an. Ihr Ortsteil Maximin Grünhaus gehört hinsichtlich der Weinqualität zu den ganz besonderen Weinbauorten des Anbaugebietes. Maximin Grünhäuser Rieslinge kommen von der Spitzenlage Abtsberg oder von den kaum schlechteren Einzellagen Herrenberg und Bruderberg, sind sehr teuer und gehören zu den feinsten Weinen der Ruwer. Auf ihrem letzten Kilometer vor der Mündung in die Mosel erreicht die Ruwer das Stadtgebiet von Trier. Hier entstehen im Stadtteil Eitelsbach auf den Einzellagen Karthäuserhofberg und Marienholz Rieslinge, die Zartheit und Komplexität zu einer perfekten Harmonie vereinen.

An der Mittelmosel

Der Bereich Bernkastel ist auch als Mittelmosel bekannt. Er erstreckt sich von Longuich flußabwärts bis nach Zell. Mit ihren unzähligen Windungen und Schleifen gestaltet die Mosel hier eine der schönsten Weinlandschaften der Welt. Zusammen mit Saar und Ruwer hat die Mittelmosel den

Bernkastel ist eine der bedeutendsten Weinbaugemeinden an der Mittelmosel

Trittenheim liegt landschaftlich reizvoll in einer der zahlreichen Moselschleifen

Moselwein berühmt gemacht. Hier ist das Klima aufgrund der niedrigeren Lage etwas freundlicher als an Saar und Ruwer. Die Weine sind weniger streng in der Säure, jedoch ebenso zart, komplex und ausdrucksstark wie die Tropfen von Saar und Ruwer. Zudem zeichnen sie sich durch ein ungemein würziges Bukett aus. Wie an einer Perlenschnur reihen sich die wichtigsten Weinbauorte des Moseltals in diesem Bereich aneinander.

Ein wichtiger Ort an der unteren Mittelmosel ist das idyllisch in einer engen Moselschleife gelegene Trittenheim. Die besten Lagen heißen Felsenkopf, Leiterchen, Altärchen und Apotheke. Die leichten, würzigen und harmonischen Weine ähneln denen aus dem weiter flußabwärts gelegenen Dhron, wo die besten Gewächse von der Spitzenlage Hofberger kommen. Etwas unterhalb von Dhron liegt der kleine Weinbauort Piesport. Auf den herausragenden Einzellagen Goldtröpfchen, Gärtchen und Treppchen wachsen teure Rieslingweine, die Weine der stark ausgeweiteten Großlage Michelsberg sind hingegen von eher durchschnittlicher Qualität. Dasselbe gilt für den sieben Kilometer flußabwärts gelegenen Ort Brauneberg. Während die Weine von den Lagen Juffer und Juffer-Sonnenuhr zur Spitzenklasse gehören, kommen von der Großlage Kurfürstlay billige, meist liebliche Massenprodukte.

Rund um Bernkastel

Das Zentrum des Weinbaus an der Mittelmosel ist der Ort Bernkastel-Kues, der für typische Mosel-Rieslinge voller Feinheit, Leichtigkeit und Eleganz bekannt ist. Hier liegt einer der berühmtesten deutschen Weinberge, der nur 3,2 Hektar große Bernkasteler Doctor. Die herausragenden Weine dieser Einzellage sind sehr edel und beinahe unerschwinglich. Sehr gute Qualität besitzen die Weine der Großlage Badstube, die die Bernkasteler Einzellagen umfaßt. Die zweitklassigen Tropfen von der Großlage Kurfürstlay hingegen stammen zumeist gar nicht aus Bernkastel, sondern aus den umliegenden Gemeinden.

Auf den nächsten sieben Kilometern flußabwärts reihen sich noch einmal einige erlesene Adressen aneinander, bevor allmählich der Übergang zur Untermosel spürbar wird. Der erste Ort in dieser Reihe ist Graach. Er bringt fast ausschließlich überdurchschnittliche Weine hervor, da seine vier Steillagen Abtsberg, Dompropst, Himmelreich und Jo-

Der berühmten Sonnenuhr verdankt die Wehlener Spitzenlage ihren Namen

Die Weinbauzentren Erden und Ürzig liegen einander an der Mittelmosel gegenüber

sephshöfer genau nach Süden ausgerichtet sind. Gegenüber von Graach liegt der Ort Wehlen mit seiner berühmten Sonnenuhr und der danach benannten Spitzenlage. Genau wie auf der gleichnamigen Lage des weiter flußabwärts gelegenen Ortes Zeltingen werden hier perfekte Mosel-Rieslinge erzeugt.

Ihr würdiges Ende findet diese Reihe hervorragender Weinbauorte mit Erden und Ürzig, die sich unterhalb von Zeltingen am Fluß gegenüberliegen. Die Weinberge von Erden gehören zu den steilsten in ganz Deutschland. Die besten Rieslinge von den Lagen Prälat, Treppchen und Herrenberg zählen zur absoluten Spitzenklasse an der Mosel. In Ürzig besitzen die Böden eine besondere Beimischung von rotem Buntsandstein, der den Rieslingen von den Top-Lagen Goldwingert und Würzgarten eine einzigartige pikante Würze verleiht.

Von Zell nach Koblenz

Der weniger bekannte Bereich Zell-Untermosel ist ein sehr dynamisches und aufstrebendes Gebiet. Ziel der Winzer ist es, ihre Weine an das qualitative Niveau der Mittelmosel heranzuführen. Qualitätsbewußte Winzer erzeugen heute bereits Rieslinge, die sich neben den Weinen der Mittelmosel durchaus behaupten können. Insgesamt fallen die Weine an der Untermosel jedoch kräftiger und weniger fein aus und weisen zudem einen leicht mineralischen Bodengeschmack auf. Dennoch sind die besten Weine der Untermosel von hervorragender Qualität.

Zentrum des Weinbaus an der oberen Untermosel ist der Ort Zell. Die feinen, harmonischen Tropfen erinnern hier noch stark an die Mittelmosel. Die besten kommen von den Lagen Petersborn-Kabertchen, Kreuzlay und Pommerell. Die idyllische Kleinstadt Cochem ist das Zentrum des Tourismus an der Untermosel. Cochemer Rieslinge von den besten Einzellagen Herrenberg, Pinnerkreuzberg und Schloßberg haben eine weichere Säure als die Weine der weiter flußaufwärts gelegenen Orte. Dafür überzeugen sie mit ihrem blumigen Bukett. Winningen ist ein bedeutendes Zentrum des Weinbaus am unteren Unterlauf der Mosel. Auf den Steillagen Hamm, Uhlen und Im Röttgen erreicht der Riesling noch einmal ein qualitatives Niveau, das dem der Mittelmosel nahekommt.

Jahrgangsbewertung

1988	*sehr gut*
1989	*sehr gut*
1990	*außergewöhnlich*
1991	*schlecht*
1992	*sehr gut*
1993	*außergewöhnlich*
1994	*außergewöhnlich*
1995	*sehr gut*
1996	*gut*
1997	*sehr gut*
1998	*sehr gut*

Der Ort Kröv verdankt seine Bekanntheit vor allem dem Namen seiner Großlage Nacktarsch

Deutschlands einziger Rotweinwanderweg: Die Ahr

Es klingt paradox: Das Anbaugebiet, das bis zur Wiedervereinigung das nördlichste der Bundesrepublik war, ist nahezu ein reines Rotweingebiet. Der Grund liegt in den hervorragenden klimatischen Bedingungen. Die bis zu 500 Meter aufragenden Hügel des Ahrgebirges schützen das Flußtal vor kalten Nordwinden, Spätfrösten im Frühling und Frühfrösten im Herbst. Über das Rheintal strömt von Süden her warme Luft ins Ahrtal. Zudem ist es so eng und steil, daß die Hitze hier im Sommer hängenbleibt. Die wärmespeichernden Schieferböden verstärken diesen Brutkasten-Effekt noch und strahlen ihre Wärme auf die Reben ab.

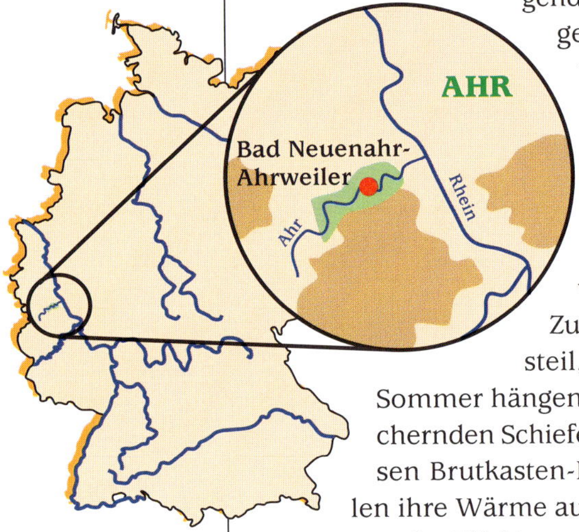

Aus der Eifel kommend, hat sich der kleine, windungsreiche Fluß auf den letzten 30 Kilometern seines Unterlaufs zwischen Altenahr und der Mündung in den Rhein ein beeindruckend steiles Tal gegraben. Die terrassierten Steillagen sehen oftmals aus wie abenteuerlich übereinandergetürmt. Über 80 Prozent der 520 Hektar Schieferverwitterungsböden sind mit roten Rebsorten bepflanzt, davon allein fast drei Viertel Spätburgunder. Vom einstmals dominierenden Portugieser sind nur geringe Bestände übriggeblieben. Dabei handelt es sich jedoch um sehr alte Rebbestände, die einen ausgezeichneten Rotwein liefern. 20 Prozent der Rebflächen sind mit weißen Rebsorten bepflanzt, davon knapp die Hälfte mit Riesling. Doch insgesamt können die Weißweine der Ahr an das qualitative Niveau der Rotweine nicht heranreichen.

Romantisch schlängelt sich die Ahr durch ihr enges Tal

Im Reich des Spätburgunders

Die besten Weine des Ahrtals werden aus dem Spätburgunder erzeugt, der hier regelmäßig sehr hohe Reifegrade erreicht, so daß Auslesen, Beerenauslesen und sogar Trockenbeerenauslesen keine Seltenheit sind. Früher wurden die Rotweine von der Ahr vielfach als „Krankenweine" bezeichnet. Sie waren leicht, nicht allzu körperreich und wurden fast durchweg mit ausgeprägter Restsüße produziert. Heute werden jedoch immer mehr tanninreiche, charaktervolle Weine von tiefroter Farbe erzeugt, die mit ihrer pikanten Frucht und Säure zu den besten Weinen ihrer Art in Deutschland zählen. Die Weißweine sind leicht, fruchtig und oftmals säurebetont.

Durch die wildromantisch gelegenen Anbauflächen des Ahrtals zieht sich ein Rotweinwanderweg, dessen landschaftliche Schönheit jedes Wochenende viele Wanderer anlockt. Die vielen Wochenendausflügler aus dem Ballungs-

Die steilen Rebhänge im Ahrtal sind zum großen Teil terrassiert

raum Rhein/Ruhr sorgen für den kontinuierlichen Absatz der Winzer, die ihre Weine überwiegend selbst vermarkten.

Auf dem Rotweinwanderweg

Es gibt an der Ahr viele winzige, aber hervorragende Einzellagen, während die Großlagenbezeichnung für das gesamte Anbaugebiet Klosterberg ist. „Hauptstadt" des Ahrtals ist der geschäftige Kurort Bad Neuenahr-Ahrweiler. In den vielen Ortsteilen werden zahlreiche erstklassige Rotweine erzeugt. Im Stadtteil Ahrweiler kommen die besten Weine von den Einzellagen Rosenthal, Daubhaus und Ursulinengarten. Neben körper- und bukettreichen Spätburgundern entstehen hier auch einige der besten deutschen Portugieser-Weine. Der Ortsteil Walporzheim verdankt seinen Ruf als qualitativ bedeutendste Weinbaugemeinde des gesamten Anbaugebietes seinen ausdrucksvollen Spätburgunder-Rotweinen, die sich durch Kraft und Feinheit auszeichnen. Die Top-Lage der gesamten Ahr ist die nur 0,7 Hektar große Walporzheimer Gärkammer. Aber auch die Lagen Kräuterberg, Alte Lay und Pfaffenberg liefern herausragende Weine. Der westlichste Ortsteil von Bad Neuenahr-Ahrweiler, Marienthal, ist ebenfalls eine der ersten Adressen im Weinbau an der Ahr. Hier sind es vor allem die Einzellagen Klostergarten, Rosenberg und Stiftsberg, die den Ruf des Ortes begründet haben.

Von Dernau nach Altenahr

Ein wichtiger Weinbauort im Ahrtal ist das malerische Fachwerkstädtchen Dernau. Der beschwerliche Aufstieg zum Krausbergturm lohnt sich, denn von hier hat man einen überwältigenden Blick über das enge Flußtal und auf die Dernauer Lagen. Neben kräftigen Spätburgunder-Rotweinen bringt Dernau überraschend feine Rieslinge hervor. Die Spitzenlagen sind Goldkaul, Hardtberg und Pfarrwingert. An der ältesten erhaltenen Ahrbrücke liegt der reizvolle Weinbauort Rech. Hier überwiegt ausnahmsweise die Weißweinerzeugung. Doch die Recher Lagen bringen auch ausgezeichnete Portugieser-Rotweine von uralten Rebstöcken hervor. Besonders hervorzuheben sind die Lagen Blume und Herrenberg.

Einer der großen Weinbauorte des Gebietes ist mit über 140 Hektar Rebfläche Mayschoß, Zentrum der Weißweinerzeugung an der Ahr. Die besten Rieslinge stammen vom Mönchberg, doch Laacherberg und Burgberg sind kaum geringer einzustufen. Wie einige andere Weinbauorte Deutschlands nimmt auch Mayschoß für sich in Anspruch, Sitz der ältesten Winzergenossenschaft Deutschlands zu sein. In Altenahr endet der Rotweinwanderweg durch das Ahrtal. Der Ort bringt neben samtigen Spätburgundern säurebetonte, alterungsfähige Rieslinge hervor. Altenahrer Spitzenlagen sind Eck und Übigberg.

Jahrgangsbewertung

1988	*sehr gut*
1989	*sehr gut*
1990	*außergewöhnlich*
1991	*mittel*
1992	*außergewöhnlich*
1993	*sehr gut*
1994	*sehr gut*
1995	*sehr gut*
1996	*gut*
1997	*sehr gut*
1998	*sehr gut*

Winterliche Stimmung in Dernau

Zwischen Naumburg und Freyburg: Saale-Unstrut

Das Anbaugebiet Saale-Unstrut ist eine der ältesten deutschen Weinbaulandschaften. Bereits um 1100 gründeten Zisterziensermönche das Kloster Pforta westlich von Naumburg. Schon bald darauf begannen sie mit der Anlage der ersten Weinberge. Heute erstreckt sich das Anbaugebiet an der Unstrut von dem Örtchen Nebra bis zur Mündung in die Saale bei Naumburg. An der Saale findet man Weinberge von Bad Sulza bis hinter Weißenfels. Außerdem gehören die Weinberge am Süßen See bei Seeburg zum Anbaugebiet. Sie befinden sich etwa 50 Kilometer nördlich von Naumburg auf der Höhe von Halle. Das gesamte Weinbaugebiet liegt nördlich des 51. Breitengrads, der allgemein als Grenze für den Weinbau angesehen wird. Doch entstehen auf klimatisch besonders bevorzugten Flächen in den Tälern von Saale und Unstrut ausgezeichnete Weine. Die Böden bestehen hier zumeist aus Buntsandstein und Muschelkalk.

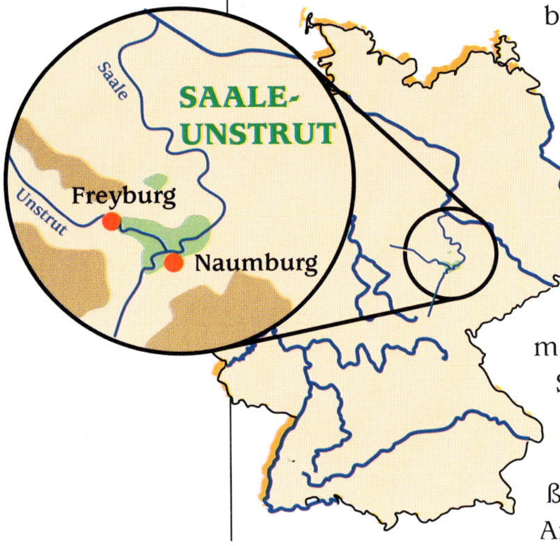

Das kontinentale, regenarme Klima ist den Winzern nicht immer hold. In besonders strengen Wintern sind die Rebpflanzen vom Erfrieren bedroht. Spätfröste im Frühling beeinträchtigen regelmäßig die Ernte, und im Herbst reicht die Sonne in kühleren Jahren oftmals nicht mehr aus, spät reifende Sorten wie den Riesling zur Vollreife zu bringen. Daher sind die Rebflächen mit früh reifenden Sorten bepflanzt. Ein Drittel der knapp 450 Hektar Rebflächen gehört dem Müller-Thurgau, gefolgt von Kerner und Bacchus. Auf besonders guten Lagen werden auch Weißer Burgunder, Riesling und Silvaner gepflegt. Ein Zehntel der Rebfläche gehört der Rotweinerzeugung.

Das Zentrum des Weinbaus an der Unstrut ist der fünf Kilometer vor der Mündung in die Saale gelegene Ort Freyburg. Hier entstehen gute Rieslinge, Silvaner und Weiße Burgunder. Darüber hinaus ist Freyburg auch Zentrum der Schaumweinerzeugung im Anbaugebiet Saale-Unstrut. Die besten Freyburger Weine kommen von den Einzellagen Edelacker, Herrenberg und Mühlberg. Direkt an der Mündung der Unstrut in die Saale liegt der kleine Weinbauort Großjena. Die Weißen Burgunder, Silvaner und Rieslinge von der Großlage Blütengrund zählen in guten Jahren zu den besten des ganzen Anbaugebietes.

Gegenüber Großjena liegt am rechten Ufer der Saale Naumburg, das Zentrum des Weinbaus und -handels des gesamten Anbaugebietes. Neben den klassischen Rebsorten erreicht hier auch der Müller-Thurgau große Feinheit. Die besten Naumburger Lagen heißen Paradies, Sonneck und Steinmeister.

Jahrgangsbewertung Sachsen und Saale-Unstrut

1988	*gut*
1989	*schlecht*
1990	*gut*
1991	*mittel*
1992	*gut*
1993	*gut*
1994	*gut*
1995	*gut*
1996	*sehr gut*
1997	*sehr gut*
1998	*sehr gut*

Freyburg ist das Zentrum des Weinbaus im Anbaugebiet Saale-Unstrut. Die Stadt wird dominiert von Schloß Neuenburg, das sich majestätisch über der Unstrut erhebt

Weinbau rund ums „Elbflorenz“: Sachsen

Mit nur etwas mehr als 200 Hektar Rebfläche ist Sachsen das kleinste Anbaugebiet Deutschlands. Durch die daraus resultierende Knappheit des Sachsenweins ist der sächsische Wein denn auch der teuerste in ganz Deutschland. Selbst einfachste Landweine aus dem Müller-Thurgau kosten meist bereits über zehn Mark pro Flasche.

Weithin sichtbar überragt der Dom die Weinberge rund um Meißen

Die sächsischen Weinberge beginnen in Pillnitz und säumen das landschaftlich sehr reizvolle Tal der Elbe flußabwärts über Dresden und Meißen bis Merschwitz. Sie bestehen aus Löß- und Granitböden. Es überwiegen kontinentale Klimaeinflüsse, die sehr warme, trockene Sommer, aber auch strenge, frostige und lange Winter bringen. Während der Vegetationsperiode der Reben besteht bis weit in den Mai hinein die Gefahr von Spätfrösten, die schon öfter ganze Ernten vernichtet haben. Ab Ende September steigt dann die Gefahr von Frühfrösten, die die unreifen Trauben schwer schädigen können.

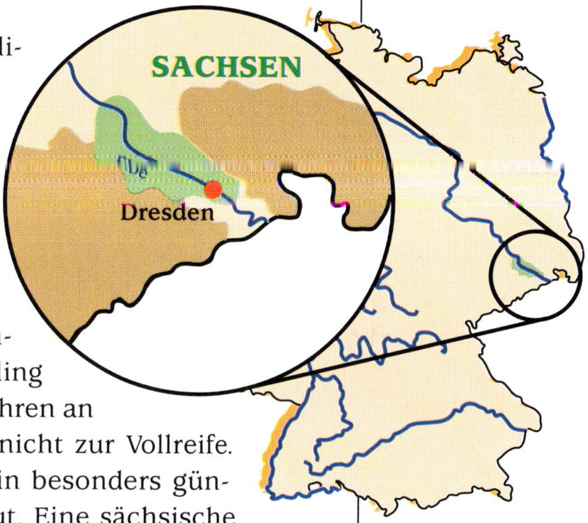

Angesichts der klimatischen Bedingungen ist der früh reifende Müller-Thurgau die bevorzugte Rebsorte Sachsens. Aber auch der Weiße Burgunder findet hier besonders gute Bedingungen vor. Der Riesling kommt in kühleren Jahren an der Elbe regelmäßig nicht zur Vollreife. Deshalb wird er nur in besonders günstigen Lagen angebaut. Eine sächsische Spezialität ist der Traminer, ein enger Verwandter des Gewürztraminers. Er liefert hier sehr aromatische, bukettreiche Weißweine. Die restlichen Rebflächen verteilen sich auf Grauen Burgunder und Kerner. Rotweinerzeugung spielt kaum eine Rolle. Die sächsischen Weine sind meist leicht und duftig. Sie werden fast ausschließlich trocken ausgebaut und schmecken jung am besten.

Das „Elbflorenz“ Dresden ist eine der Hochburgen des Fremdenverkehrs in Deutschland. Die vielen Touristen sorgen für einen kontinuierlichen Absatz des Sachsenweins, so daß er zu einem großen Teil das Anbaugebiet gar nicht erst verläßt. Wein wird in Dresden ausschließlich in den östlichen Stadtteilen Wachwitz und Pillnitz angebaut. Es gibt nur die Einzellage Königlicher Weinberg, alle anderen Weine werden unter dem Großlagennamen Elbhänge verkauft.

Sehr gute Weine entstehen auch in Radebeul, vor allem auf den Einzellagen Goldener Wagen und Steinrücken. Meißen ist nicht nur wegen seines Porzellans einen Besuch wert. Das Weinbau- und Touristenzentrum bringt hervorragende Weiße Burgunder und Traminer hervor. Die besten kommen von den Spitzenlagen Kapitelberg und Rosengründchen.

Steile Weinberge dominieren das Landschaftsbild bei Radebeul

Die „Grande Nation“ des Weines: FRANKREICH

Für viele Weinfreunde ist Frankreich das Weinbauland schlechthin. Und tatsächlich nimmt die „Grande Nation“, wenn es um Spitzenweine geht, eine herausragende Stellung unter allen Weinbauländern der Erde ein. Überall auf der Welt versucht man, die klassischen Tropfen aus Bordeaux und dem Burgund, aber auch aus der Champagne, von der Loire und der Rhône zu kopieren. Die großen französischen Rebsorten Chardonnay, Sauvignon blanc, Cabernet Sauvignon, Merlot und Syrah haben weltweite Verbreitung gefunden. Sie werden überall dort verstärkt angebaut, wo man nach internationaler Anerkennung seiner Weine strebt. Dabei sind die Fortschritte der Winzer vor allem in Spanien, Italien und Übersee unverkennbar. Dennoch gilt es immer noch als Sensation, wenn bei einer großen internationalen Probe ausnahmsweise einmal ein Wein aus einem anderen Land als Frankreich den ersten Platz belegt.

Rechts: Monts du Beaujolais

Landschaft im Bordeaux-Gebiet

Die großen Weinbauregionen Frankreichs

Mit knapp einer Million Hektar Rebfläche ist Frankreich hinter Spanien und Italien das drittgrößte Weinbauland der Welt. Die französischen Weinberge liefern jedes Jahr 60 Millionen Hektoliter Rebensaft. Damit produziert Frankreich mittlerweile ebensoviel Wein wie der ehemals größte Erzeuger Italien. Nur 22 der 96 französischen Départements liefern keinen oder nur geringe Mengen Wein. Die Nordgrenze des französischen Weinbaus verläuft nördlich der Loire bis zur Champagne und zur Mosel. Ähnlich wie in Deutschland liegen einige der besten französischen Anbaugebiete an der klimatischen Nordgrenze des Weinbaus, wenn auch nicht ganz so weit nördlich wie Ahr, Mittelrhein, Saale-Unstrut und Sachsen. Trotz des insgesamt wärmeren Klimas befinden sich auch in Frankreich die besten Rebflächen in mikroklimatisch geschützten Lagen.

Die Winzer der Champagne nutzen die Witterungseinflüsse des Marne-Tals und den Schutz der umliegenden Höhenzüge. Die vielen Weinbaugebiete entlang der Loire profitieren von ihrer Lage am letzten weitgehend naturbelassenen Strom Europas. Im Schutze der Vogesen reifen die Trauben des Elsaß. Die berühmten Weinberge Burgunds liegen im Windschatten der Côte d'Or und der südlich anschließenden Höhenzüge bis zu den

Die Montagne de Reims in der Champagne

Monts du Beaujolais. Schutz vor widrigen Klimaeinflüssen finden die Reben auch im Tal der Rhône, das sie vor allem gegen eiskalte Luftströmungen von den Höhenzügen Südfrankreichs abschirmt. Die Weinberge um Bordeaux profitieren besonders von ihrer Lage an der bis zu acht Kilometer breiten Gironde, dem Mündungstrichter der in Bordeaux zusammenfließenden Flüsse Dordogne und Garonne. Sie spendet Feuchtigkeit und dient als natürlicher Wärmespeicher. Zudem sorgt der warme Golfstrom für ständige Zufuhr feuchter und milder Meeresluft.

Das französische Klassifizierungssystem

Die Einteilung der deutschen Weine in lagenunabhängige Prädikatsstufen geht davon aus, daß in allen Anbaugebieten und auf allen Böden prinzipiell qualitativ gleichwertiger Wein erzeugt werden kann. Bei der amtlichen Weinprüfung zählt daher nur die „Qualität im Glas“, vor allem der Alkohol- und Zuckergehalt der Weine. Das französische Klassifizierungssystem beruht dagegen auf einer qualitativen Einteilung der Rebflächen. Dabei stützt sich das französische Weingesetz auf langjährige Erfahrungswerte, welche Qualität die Gewächse von diesen Weinbergen haben werden. Die tatsächliche Qualität der Weine wird hingegen nicht jedes Jahr amtlich überprüft. Der Weinfreund ist dadurch zur genauen Beobachtung der Jahrgangsschwankungen und der Erzeuger gezwungen, denn ein schwächerer Wein aus einem schlechten Jahrgang darf seinen illustren Namen genauso tragen wie ein besserer Wein aus derselben Lage und einem guten Jahrgang.

Die Klassifizierung der französischen Rebflächen nach der Qualität der von dort zu erwartenden Weine bringt folgende Einteilung: Vin de Table, Vin de Pays, Vin Délimité de Qualité Superieure und Appellation d'Origine Contrôlée.

Vin de Table

Einige Weinbauregionen dürfen nur Vins de Table, Tafelweine, verkaufen. Dies ist die unterste Qualitätsstufe französischer Weine. Ungefähr ein

Drittel der jährlichen Weinernte, also immerhin 20 Millionen Hektoliter Wein, entfällt auf Tafelwein. Dabei handelt es sich oftmals um Verschnitte aus verschiedenen Jahrgängen, Regionen und Traubensorten. Der Großteil der Tafelweine wird zumeist in der jeweiligen Anbauregion von den Franzosen selbst konsumiert, die es immerhin auf 80 Liter Wein pro Kopf und Jahr bringen. Zehn Millionen Hektoliter der Vins de Table werden jährlich zu Cognac und Armagnac destilliert.

Vin de Pays

Die zweitniedrigste Qualitätsstufe französischer Weine bildet der Vin de Pays, der Landwein. 20 Prozent der französischen Weinerzeugung werden als Landweine etikettiert. Vins de Pays sind bezüglich ihrer Herkunft in drei Kategorien unterteilt. Die gröbste Herkunftsbezeichnung trägt der regionale Landwein. Der nördlichste stammt aus dem „Garten Frankreichs“, dem Loiretal (Vin de Pays du Jardin de la France). Weiter südlich entstehen in der Rhône-Gegend der Vin de Pays des Comtés Rhodaniens und im Südwesten Frankreichs

Die südlichsten Weinberge des Roussillon werden von den schneebedeckten Gipfeln der Pyrenäen überragt

der Vin de Pays du Comté Tolosan. Der bekannteste der regionalen Landweine ist sicherlich der Vin de Pays d'Oc aus dem Süden Frankreichs, dem Midi.

Eine höhere Stufe des Landweins stellen die 39 Gewächse dar, die unter dem Zusatz des Départements etikettiert werden, wie der Vin de Pays de l'Hérault oder der Vin de Pays de Bouches-du-Rhône. Diese Herkunftsbezeichnungen sind viel enger gefaßt als die regionalen. Jeder dieser Landweine verkörpert die Eigenart und Weinbautradition seines Herkunftsgebietes in typischer Weise, so daß der Weinfreund viel gezielter einen guten Tropfen nach seinem Geschmack auswählen kann.
Schließlich gibt es ungefähr 100 Vins de Pays de Zone, deren Herkunft auf dem Etikett noch genauer angegeben werden darf, wie der Vin de Pays des Coteaux du Pont du Gard. Bei diesen Weinen handelt es sich um die höchste Stufe von Landweinen. Viele von ihnen stehen auf dem Sprung in die Kategorie der Qualitätsweine. Die oft sortenrein ausgebauten Gewächse sind zumeist süffig und passen hervorragend zur regionalen Küche. Die besten dieser Tropfen sind oftmals sehr duftig und überaus köstlich und übertreffen die Landweine aus den anderen europäischen Weinbauländern bei weitem.

Vin Délimité de Qualité Supérieure (VDQS)

Der Vin Délimité de Qualité Supérieure bildet die unterste Kategorie der französischen Qualitätsweine, der 60 Produkte aus allen Weinbauregionen Frankreichs angehören. Darunter sind einige vorzügliche Tropfen wie die Rot- und Weißweine von den Côtes de Saint-Mont, die kurz davor stehen, in die höhere Kategorie Appellation Contrôlée (AC) aufgenommen zu werden. Im Gegensatz zu Tafel- und Landweinen gelten für die VDQS-Weine strenge gesetzliche Vorschriften. So müssen die Anbauflächen genau umrissen sein. Nur bestimmte, festgelegte Rebsorten dürfen für die Erzeugung dieser Weine verwendet werden. Auch die Methoden bei Anbau und Herstellung der Weine werden vom französischen Weingesetz vorgeschrieben. Schließlich sind die Höchsterträge begrenzt und werden von staatlicher Seite streng kontrolliert. Insgesamt schwindet die Bedeutung der VDQS-Weine ständig, da nahezu alle Erzeuger letztlich den höheren AC-Status anstreben und die Kategorie VDQS nur als Durchgangsstadium betrachten.

Die Appellation (d'Origine) Contrôlée (AC bzw. AOC)

Die höchste Qualitätsstufe französischer Weine ist die der kontrollierten Herkunftsbezeichnung AC bzw. AOC. Gegenüber den VDQS-Weinen sind die gesetzlichen Bestimmungen noch schärfer, ist die Kontrolle noch lückenloser. Das Pariser Institut National des Appellations d'Origine des Vins et Eaux-de-Vie (INAO) legt nicht nur die geographischen Grenzen jeder Appellation Contrôlée fest, sondern wacht auch über die Einhaltung der Vorschriften. So schreibt es genau vor, aus welchen Rebsorten die Winzer im jeweiligen Gebiet welche Art von Wein herstellen dürfen. Dazu gehören auch die Bestimmungen über die maximale Anzahl von Rebstöcken pro Hektar, die Art des Rebschnitts sowie die Methoden für Herstellung und Ausbau der Weine. Schließlich legt das INAO fest, wieviel Weintrauben die Winzer pro Hektar erzeugen dürfen und wie hoch der Zuckergehalt der Beeren mindestens sein muß. Die französischen Gesetze sind streng: Die maximalen Hektarerträge liegen bei AC-Weinen im Durchschnitt bei 40 Hektoliter Wein pro Hektar Anbaufläche. Das führt dazu, daß die 400 AC-Weine 40 Prozent der französischen Rebflächen einnehmen, aber nur 30 Prozent der Weinmenge liefern. Zum Vergleich: Deutsche Winzer ernten durchschnittlich mehr als doppelt soviel wie ihre französischen Kollegen – der Rekord stammt aus dem Jahr 1992, als an der Obermosel 265 Hektoliter Wein pro Hektar Anbaufläche erzeugt wurden. Im Gegensatz zu den deutschen Qualitätsweinen mit Prädikat dürfen die französischen AC-Weine zur Anreicherung ihres Alkoholgehaltes vor der Gärung gezuckert werden, was auch fast durchweg geschieht und gelegentlich sogar übertrieben wird.

Weinlese in der Champagne

Herbstlich verfärbtes Weinlaub im Burgund

Das System der Appellationen

Die Systematik der französischen Appellationen ist für den Laien zunächst verwirrend. Am ehesten kann man sie sich wie eine vierstufige Pyramide vorstellen. Die niedrigste Stufe umfaßt Appellationen, die sich auf ganze Weinbauregionen erstrecken. Ein beispielsweise einfach als Bordeaux, Bourgogne oder Côtes du Rhône etikettierter Wein ist hinsichtlich seiner genaueren Herkunft recht unbestimmt. Es können sogar Tropfen aus verschiedenen Gegenden des Anbaugebietes verschnitten werden, bis die gewünschte Geschmacksnote erreicht ist. Deshalb sind die meisten größeren Anbaugebiete noch einmal in kleinere Appellationen unterteilt.

Weine der Appellationen Haut-Médoc oder Saint-Émilion sind fast immer höherwertig als einfache Bordeaux-Weine. Im Burgund übertreffen

Gewächse der Appellationen Côte de Beaune-Villages oder Mâcon-Villages in aller Regel einfache Bourgogne-Weine. Ebenso stehen die Tropfen der Côtes du Rhône-Villages über denen der Côtes du Rhône. Doch damit nicht genug: Viele dieser differenzierteren Appellationen enthalten wiederum eine ganze Reihe von weiteren Appellationen. Bei dieser dritten Stufe der Pyramide handelt es sich in aller Regel um hervorragende Weinbauorte, die ihre Weine unter ihrem eigenen Ortsnamen auf den Markt bringen dürfen. Dazu gehören u.a. die berühmten Orte Pauillac, Saint-Julien und Margaux innerhalb des Haut-Médoc. Beispiele aus dem Burgund sind die Orte Pommard, Meursault und Beaune innerhalb der Côte de Beaune-Villages. Von den Côtes du Rhône-Villages können u.a. die Orte Gigondas und Vacqueyras genannt werden, die ihren Eigennamen als Herkunftsbezeichnung im Etikett tragen dürfen. Bei den Weinen, die unter diesen speziellen Appellationen etikettiert werden, handelt es sich fast durchweg um herausragende, meist auch sehr teure Weine, die nur noch von der Spitze des französischen Weinbaus, von den berühmten Crus, übertroffen werden.

Das System der Cru-Klassifizierungen

Ähnlich verwirrend wie das System der Appellationen ist auf den ersten Blick auch das der Crus, der besonderen Gewächse, die der französische Gesetzgeber über alle anderen Weine stellt. Es sind genau diese Weine, die den Weltruf des Weinbaulandes Frankreich begründet haben und die immer noch unangefochten weltweit als das Maß aller Dinge gelten. Die internationale Nachfrage nach diesen Spitzenerzeugnissen ist so groß, daß mittlerweile 70 Prozent der als Cru klassifizierten Weine exportiert werden. Deshalb sind die Preise mittlerweile so hoch, daß der Wunsch, einmal einen solch edlen Tropfen zu probieren, für die meisten Weinfreunde unerfüllbar bleibt.

Im Burgund sind die Crus unterteilt in Grands Crus und Premiers Crus. Beide bezeichnen festgelegte Areale innerhalb der Gemeindeflächen, vergleichbar mit den deutschen Einzellagen. Damit handelt es sich also um echte, wenn auch winzige Appellationen. Im Elsaß sind die Crus nicht weiter unterteilt, stellen aber auch eigene AC-Gebiete dar. An der Rhône können sowohl die Rebflächen ganzer Weinbauorte wie Châteauneuf-du-Pape und Tavel, als auch einzelne Lagen wie Côte Rotie und Hermitage als Crus klassifiziert sein. Auch hier handelt es sich um echte Appellationen.

Der kleine Weinbauort Gueberschwir im Elsaß

In Bordeaux hingegen erstreckt sich die Cru-Klassifikation auf einzelne Weingüter und den dazugehörigen Wein. Die Crus von Bordeaux stellen also im Gegensatz zu den anderen Crus Frankreichs keine eigenen Appellationen dar. Auch ein Premier Cru classé wie Château Latour kommt unter der Gemeindeappellation Pauillac auf den Markt.

Die Crus der Champagne sind weniger bekannt, da die berühmten Schaumweine fast ausschließlich Markenprodukte eines Champagnerhauses sind und keine Gemeindenamen auf den Etiketten tragen. Die Klassifizierung einiger Gemeinden als Grand bzw. Premier Cru steht hier in engem Zusammenhang mit den höheren Preisen, die sie regelmäßig für ihr Lesegut erzielen. Somit folgt jedes Weinbaugebiet Frankreichs bei der Systematik der Cru-Klassifizierungen seiner eigenen Logik. Zu den Crus der einzelnen Weinbaugebiete geben die entsprechenden Kapitel Auskunft.

Luxus und feine Lebensart: Die Champagne

Die landschaftlich sehr reizvolle Champagne ist Frankreichs nördlichstes Weinbaugebiet

Champagner ist das Getränk, das die meisten Menschen mit Luxus und Lebensart gleichsetzen. Mehr als jeder andere Schaumwein der Welt repräsentiert der Champagner Glanz, Festlichkeit und Stil. Sein Geheimnis besteht in drei Dingen: den edlen Grundweinen, dem gekonnten Verschnitt der Weine und dem traditionellen Herstellungsverfahren. In beinahe allen Weinbauländern der Welt ist dieses Verfahren der Flaschengärung heute bei besseren Schaumweinen Standard, auch wenn es nicht mehr als „Méthode champenoise“, sondern nur noch als „Méthode traditionelle“ bezeichnet werden darf.

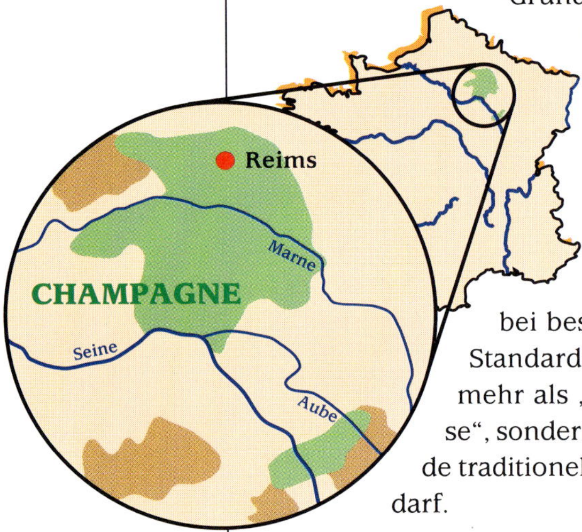

Drei Rebsorten für edelsten Schaumwein

Champagner entsteht auf den 26.000 Hektar Rebfläche der Appellation Champagne in der Gegend um die Stadt Reims. Hier sind nur drei Rebsorten zugelassen, zwei rote und eine weiße: Pinot meunier (Schwarzriesling), Pinot noir (Spätburgunder) und Chardonnay. Die beiden roten Pinot-Sorten werden vorwiegend gekeltert, damit aus ihnen weißer Champagner erzeugt werden kann. Dieser wird dann als Blanc de Noirs bezeichnet. Lediglich aus dem weißen Chardonnay kann Blanc de Blancs entstehen.

Jahrgangsbewertung	
1988	*sehr gut*
1989	*sehr gut*
1990	*sehr gut*
1991	*schlecht*
1992	*sehr gut*
1993	*sehr gut*
1994	*gut*
1995	*sehr gut*
1996	*gut*
1997	*sehr gut*
1998	*gut*

Die Champagne, das nördlichste Weinbaugebiet Frankreichs, teilt sich in drei Bereiche auf. In

der Montagne de Reims dominiert der Pinot noir, der körperreiche, eher schwere Weine erbringt. Unmittelbar nördlich von Epernay liegt der Bereich Vallée de la Marne. Aus Pinot noir und Pinot meunier werden hier weiche und harmonische Weine erzeugt. Die südlich von Epernay anschließende Côte des Blancs ist das Reich des Chardonnays, der hier leichte, sehr feine und erlesene Weine hervorbringt.

Das Geheimnis des Champagners

Zur Herstellung des wohl berühmtesten Schaumweines wird das Lesegut gekeltert und dann wie bei jedem Weißwein vergoren. Nach dieser ersten Gärung findet der Verschnitt (frz. Assemblage) statt. Dieses Verfahren wurde erstmals im frühen 18. Jahrhundert von dem legendären Mönch Dom Pérignon im Kloster Hautvillers bei Epernay angewendet. Heute sichert die Komposition des Champagners durch den Verschnitt verschiedener Grundweine, Rebsorten und Jahrgänge eine über Jahre gleichbleibende Qualität der Markenprodukte.

Nach der Assemblage wird der Stillwein auf Flaschen gefüllt und mit einem Gemisch aus Hefe und Zucker versetzt. Dadurch wird die zweite Gärung in Gang gebracht, durch die der Cham-

In der Champagne gibt es über 15.000 Kleinwinzer mit winzigen Rebflächen hinter ihren Häusern

pagner seine feinperlige Kohlensäure erhält. Dabei setzt sich ein Heferückstand in der Flasche ab, der nach dem Ende der Flaschengärung entfernt werden muß, ohne daß die Kohlensäure aus dem Wein wieder entweicht. Die Flasche wird dazu mit dem Kopf nach unten in ein Gestell, das Rüttelpult, gestellt und so lange täglich einmal bewegt, bis sich das gesamte Depot im Flaschenhals vor dem Korken abgesetzt hat. Schließlich wird der Flaschenhals in flüssigem Kohlendioxid vereist, bis der Pfropfen hinausgedrückt wird, ohne daß die Kohlensäure entweichen kann.

Markenweine für jeden Geschmack

Nach der zweiten Gärung ist der Champagner völlig trocken und kann als „extra brut“ bereits in den Handel kommen. Zur Herstellung weiterer gewünschter Geschmacksrichtungen erhält er einen Zusatz aus Most, Wein oder Zucker, die „Dosage“. Nun kann er als Champagne brut (max. 2 % Dosage), extra sec (max. 2,7 %), sec (max. 4,7 %) oder demi-sec (max. 6,7 %) etikettiert werden. Der größte Teil des Champagners wird von den weltweit bekannten 50 großen Häusern erzeugt und vertrieben. Da sie jedoch über weniger als 15 Prozent der Rebflächen verfügen, müssen sie ihren zusätzlichen Bedarf an Trauben bei den über 15.000 Kleinwinzern decken. Diese verkaufen ihr Lesegut beinahe komplett an die großen Händler, denn kaum ein Winzer in der Champagne produziert selbst den edlen Schaumwein. Neben ihrer Standardmarke bieten die meisten Erzeuger

noch Jahrgangschampagner („Millésime“), Grand-Cru- oder Premier-Cru-Champagner, roséfarbene oder rote Champagner sowie eine Luxusmarke („Cuvée de Prestige“) an. Darüber hinaus kommen aus der Champagne unter der Appellation Coteaux Champenois geringe Mengen ausgezeichneter weißer Stillweine aus dem Chardonnay.

Die Klassifizierung der Champagner

Die Weinbauorte in der Champagne sind in einfache Crus, Premiers Crus und Grands Crus eingeteilt. Grundlage der Klassifizierung ist die Erfahrung, daß bestimmte Orte aufgrund der höheren Qualität für ihr Lesegut immer etwas höhere Preise erzielen als andere. Jedes Jahr im Herbst setzt ein Gremium aus Winzern, Händlern, Vertretern des Weinbauverbandes der Champagne und Regierungsbeamten einen offiziellen Preis fest, der für das Lesegut maximal erzielt werden kann. Doch nur die 17 als Grands

In langen unterirdischen Gängen reifen die Champagner in ihren Flaschen

Crus klassifizierten Gemeinden haben das Recht, diesen Preis für ihr Lesegut zu verlangen. Daneben gibt es 40 Premier-Cru-Gemeinden, die zwischen 90 und 99 Prozent des festgesetzten Preises verlangen können. Die restlichen 250 Weinbaugemeinden der Champagne erzielen zwischen 80 und 89 Prozent dieses Preises. Daraus folgt, daß ein Grand-Cru-Champagner aus dem teuersten, ein einfacher, preisgünstiger Champagner hingegen aus dem billigsten Lesegut entstanden ist.

Zwischen Rhein und Saône: Elsaß und Jura

Zwischen Rhein und Saône erstrecken sich zwei Weinbaugebiete, die zwar nicht gleich bekannt sind, aber beide hervorragende Weine hervorbringen.

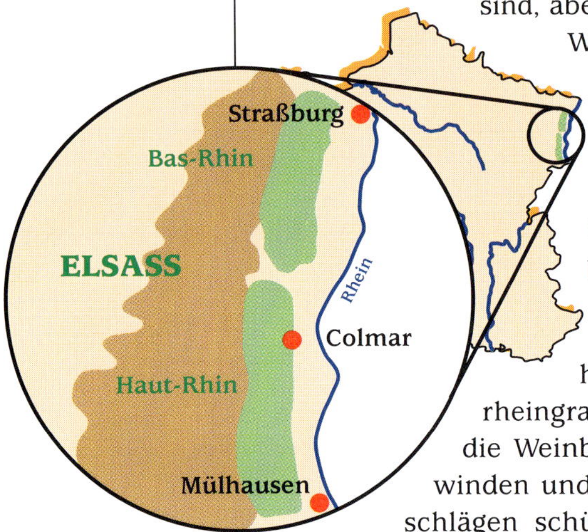

Das Elsaß

Die knapp 13.000 Hektar Rebfläche der Appellation Alsace (Elsaß) erstrecken sich entlang der Vogesen, die hier sanft zum Oberrheingraben hin abfallen und die Weinberge vor kalten Nordwinden und übermäßigen Niederschlägen schützen. Auf der gegenüberliegenden Rheinseite liegt das deutsche Anbaugebiet Baden. Die elsässischen Weinbauorte befinden sich in den beiden französischen Départements Bas-Rhin und Haut-Rhin. Wie an einer Perlenschnur reihen sich über eine Strecke von nahezu 100 Kilometern die malerischen Dörfer zwischen Straßburg und Mülhausen aneinander und geben dem Elsaß seinen besonderen landschaftlichen Charme.

Die lieblichen Weinberge des Elsaß liegen an den Abhängen der Vogesen

Von allen französischen Gewächsen gleichen die Elsässer Weine den deutschen Weinen am ehesten. Allerdings werden die Weine im Elsaß ausnahmslos durchgegoren, so daß sie völlig trocken auf den Markt kommen. Das nachträgliche Süßen mit Traubenmost ist nicht zulässig. Doch sie werden vor der Gärung fast immer mit Zucker angereichert, um den Alkoholgehalt zu erhöhen. Mit ihrer trockenen Art und der kernigen Säure sind diese Weine ideale Begleiter bei Tisch, vor allem in der reichhaltigen Elsässer Küche. Zudem bieten sie ein hervorragendes Preis-Leistungsverhältnis.

Die Rebsorten des Elsaß

Mit Ausnahme der deutschen Neuzüchtungen werden auf beiden Seiten des Rheins dieselben Rebsorten angepflanzt. Im Elsaß zugelassen sind insgesamt neun Rebsorten. Der Gewürztraminer ergibt hier würzige, bukettreiche und kraftvolle Weine, die den Liebhaber dieser Rebsorte begeistern können. Aus dem Pinot blanc (Weißer Burgunder) werden leichte, feine Weine erzeugt, während der Pinot gris (Grauer Burgunder), der hier auch als Tokay d'Alsace bezeichnet wird, körperreiche Tropfen hervorbringt. In geringen Mengen stehen Muskateller und Muskat-Ottonel im Anbau, die zum Muscat d'Alsace verschnitten werden. Auch der berühmte Elsässer Schoppenwein, der Edelzwicker, ist ein Verschnittwein. Hierzu werden die Sorten Silvaner und Chasselas (Gutedel) verwendet. Nur für den Crémant d'Alsace, einen hervorragenden Schaumwein nach der traditionellen Methode der Flaschengärung, darf der Chardonnay verwendet werden,

der in geringem Umfang angebaut wird. Ebenso wie rechts des Rheins liefert auch im Elsaß der Riesling die besten Weißweine. Sie sind fruchtig, bukettreich und von einer unnachahmlichen geschmacklichen Klarheit. Aus dem Pinot noir (Spätburgunder) werden traditionell fruchtige, köstliche Roséweine erzeugt. Seit einigen Jahren entstehen aus dieser einzigen roten Rebsorte des Elsaß jedoch ebenfalls immer mehr hervorragende, körperreiche und samtige Rotweine. Neben den Rebsorten zeigt auch der für französische Verhältnisse ungewöhnlich hohe zulässige Höchstertrag von 100 Hektolitern Wein pro Hektar Anbaufläche die Nähe zu Deutschland, wo derartig hohe Erträge die Regel sind.

Alsace Grand Cru

50 besonders bevorzugte Lagen des Elsaß sind als Alsace Grand Cru klassifiziert. Sie machen ungefähr 15 Prozent der gesamten Elsässer Weinproduktion aus. Auf den Grand-Cru-Lagen sind nur die Rebsorten Riesling, Gewürztraminer, Pinot gris und Pinot noir zugelassen. Es gelten erhöhte Anforderungen an die Mostgewichte und ein verringerter Höchstertrag von 70 Hektolitern Wein pro Hektar Anbaufläche. Ungefähr einer deutschen Spätlese entsprechen die als Vendange tardive etikettierten Weine. Für die Erzeugung dieser Tropfen sind nur die Rebsorten Riesling, Gewürztraminer und Pinot gris zugelassen, deren Beeren bei der Lese noch höhere Zuckerkonzentrationen aufweisen müssen als die Grand-Cru-Weine. Die höchsten Anforderungen werden an die Sélections de grains nobles gestellt. Diese einzigen süßen Weine des Elsaß entsprechen einer deutschen Beerenauslese und sind die edelsten Tropfen, die das Anbaugebiet hervorbringt. Als qualitativ bester Teil des Elsaß gilt der südliche Bereich, der sich im Département Haut-Rhin befindet. Das qualitative Zentrum liegt in der Gegend um Colmar, wo sich zwischen den Orten Riquewihr und Husseren-les-Châteaux die besten Grand-Cru-Lagen konzentrieren. Hier entstehen hervorragende Rieslinge, Gewürztraminer und all die anderen Weine, die das Elsaß zu einer der allerersten Adressen in Frankreichs Weinbau gemacht haben.

Jahrgangsbewertung

1988	*sehr gut*
1989	*sehr gut*
1990	*außergewöhnlich*
1991	*mittel*
1992	*gut*
1993	*gut*
1994	*gut*
1995	*sehr gut*
1996	*gut*
1997	*sehr gut*
1998	*gut*

Der Weinbau im Jura

Wenn man vom Elsaß aus in Richtung Burgund fährt, kommt man auf halber Strecke in das Anbaugebiet Jura. Die 1.500 Hektar Rebfläche ist in vier Appellationen unterteilt. In der AC Arbois stehen Chardonnay und Pinot noir im Anbau, aus denen fruchtige, jung zu genießende Weiß-, Rot- und Roséweine erzeugt werden. An den Côtes du Jura stellen die Winzer aus dem Chardonnay einen körperreichen, kräftigen Weißwein her, der zu den besten Tropfen des Jura zählt. Eine Spezialität des Jura ist der seltene Château-Chalon, ein sechs Jahre im Faß gereifter, tiefgelber Weißwein. Aus der AC l'Etoile kommt der beste Schaumwein des Jura. Schließlich werden in allen Appellationen sehr süße „Strohweine" aus auf Strohmatten rosinenartig eingetrockneten Trauben bereitet.

Blumenpracht in einer Gasse der elsässischen Stadt Colmar

Zwischen Weinbergen und Schlössern: Die Loire

Mit 1.000 Kilometern Länge ist die Loire der längste und wegen seiner weitgehenden Naturbelassenheit auch der malerischste Fluß Frankreichs. Von seiner Quelle bis zur Mündung in den Atlantischen Ozean bei Saint-Nazaire durchfließt er eine ganze Reihe französischer Départements. Der Unterlauf der Loire ist wegen seiner zahlreichen beeindruckenden Schlösser weltberühmt. Auf den letzten 500 Kilometern wird er weitgehend von Reben gesäumt. Insgesamt 53.000 Hektar sind an den Ufern des Flusses mit Weinstöcken bepflanzt. Die Weinberge an der Loire gehören zu über einem Dutzend verschiedener Anbaugebiete. Aufgrund der Vielfalt der Böden, Rebsorten und klimatischen Verhältnisse entlang des Flusses entsteht eine Palette unterschiedlichster Weine. Ihre Qualität reicht von einfachen Massenweinen bis zu Spitzenerzeugnissen von internationalem Rang.

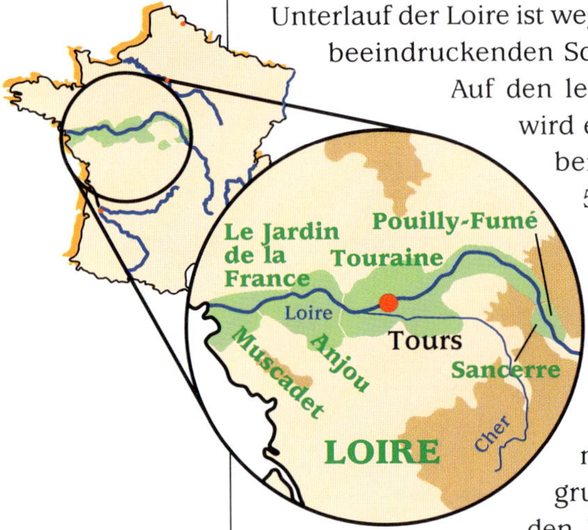

Pouilly-Fumé

Unsere Reise die Loire flußabwärts beginnt in dem kleinen Ort Pouilly-sur-Loire, 500 Kilometer vor der Mündung des Flusses in den Atlantik. In der Umgebung des Ortes entstehen auf 500 Hektar Rebfläche zwei verschiedene Weißweine. Ein Fünftel der Weinberge ist mit dem Chasselas bepflanzt, aus dem ein ordentlicher, süffiger Weißwein namens Pouilly-sur-Loire erzeugt wird. Der bessere Wein entsteht jedoch aus dem Sauvignon blanc, der hier als Blanc-Fumé bezeichnet wird. Er heißt Pouilly-Fumé und ist ein gehaltvoller, säurebetonter und äußerst eleganter Weißwein, der zu den besten Tropfen aus dieser Rebsorte gehört. Er sollte nicht länger als drei Jahre altern, da sein Charme zum großen Teil in seiner Frische und Fruchtigkeit besteht. Nur die besten und teuersten Weine können sich fünf Jahre lang in der Flasche verbessern. Der beste Pouilly-Fumé, der Baron de L, liegt mit einem Flaschenpreis von über 70 Mark auf dem Niveau erstklassiger weißer Burgunderweine.

Der Unterlauf der Loire wird von zahlreichen weltberühmten Schlössern gesäumt

Sancerre

Nur zehn Kilometer flußabwärts von Pouilly-sur-Loire liegt auf der gegenüberliegenden Seite der Loire das malerische kleine Städtchen Sancerre. Auf den Weinbergen des Ortes und weiterer 14 Ortschaften des Umlands stehen zwei Rebsorten im Anbau: Pinot noir und Sauvignon blanc. Aus dem Pinot noir entstehen Rot- und Roséweine. Die roten Sancerre-Weine sind säurebetont, von mittlerem Körper und sehr ansprechend. Die Rosés sind den Roten in der Regel überlegen. Sie zeichnen sich durch eine große Fruchtigkeit aus, so daß sie sich ideal an heißen Sommertagen genießen lassen. Die besten Tropfen werden jedoch – wie in Pouilly-sur-Loire – aus dem Sauvignon blanc gekeltert. Der weiße Sancerre ist fruchtig, blumig und zählt zu den herausragenden französischen Weißweinen. Er ähnelt sehr dem auf der anderen Flußseite erzeugten Pouilly-Fumé, reift aber noch schneller. Die meisten Sancerres erreichen nach zwei bis drei Jahren Lagerung ihren geschmacklichen Höhepunkt.

In der Touraine

50 Kilometer flußabwärts von Orléans erreicht die Loire die historische Provinz Touraine. Sie ist eine reizvolle Hügellandschaft, in der jährlich die gewaltige Menge von 500 000 Hektoliter Wein produziert wird. Ein Drittel davon kommt als fruchtiger, charmanter Landwein unter der Bezeichnung Vin de Pays du Jardin de la France in den Handel.

Der größte Teil der restlichen Weine fällt unter die Appellation Touraine. Es handelt sich bei diesen Tropfen zumeist um einfache, gebietstypische Weine, die nur selten exportiert werden und daher bei uns weitgehend unbekannt sind. Die besten Rot- und Weißweine besitzen eigene Appellationen, so daß der Begriff Touraine auf den Etiketten nicht erscheint. Bei den Roten sind dies der Chinon, der Saint-Nicolas-de-Bourgueil und der Bourgueil, bei den Weißen der Vouvray.

Vouvray

Der berühmteste Weißwein aus der Touraine ist der Vouvray. Er entsteht in den Weinbergen der kleinen gleichnamigen Stadt und in weiteren sieben umliegenden Orten unmittelbar östlich von Tours im Loiretal. Der Vouvray wird reinsortig aus dem Chenin blanc erzeugt. Dabei produzieren die Winzer an der Loire nicht weniger als fünf verschiedene Stile des Vouvray. Das früh gelesene Traubengut bringt einen strohgelben, trockenen und gelegentlich etwas herben Weißwein hervor, der sich sehr gut als Begleiter von Fischgerichten aller Art eignet. Eine andere Kellerbehandlung erbringt vollmundige Weine, die mit ihrer Restsüße als halbtrocken bezeichnet werden können. Die an der Loire im Herbst regelmäßig auftretende Edelfäule läßt Weine entstehen, die mit ihrer intensiven Süße und goldenen Farbe an die aus dem Bordeaux-Gebiet Sauternes erinnern. Darüber hinaus kommen einige trockene Abfüllungen als „Pétillant" mit natürlicher Kohlensäure auf den Markt. Diese hellen, perlenden Tropfen eignen sich ausgezeichnet als Aperitif. Schließlich wird noch ein feinperliger, anregender Schaumwein erzeugt, der zu den besten seiner Art in Frankreich gezählt werden muß.

Chinon

Ungefähr auf halbem Weg zwischen Tour und Saumur, am Übergang von der Touraine zum Anjou liegt etwas zurückgezogen vom Fluß der idyllische Weinbauort Chinon. Hier wird vor allem Rotwein erzeugt. Der weiße Chinon ist eine Rarität, denn sein Anteil an der gesamten Weinerzeugung beträgt noch nicht einmal ein halbes Prozent. Er wird aus Chenin blanc gekeltert und paßt sehr gut zur lokalen Küche. Das Niveau des hervorragenden roten Chinon erreicht er allerdings nicht. Verantwortlich für den Roten ist der Cabernet franc, der an der Loire als Breton bekannt ist. Die besten Rotweine sind tanninreich und verbessern sich bis zu zehn Jahre lang in der Flasche. Sie sind jedoch auch jung bereits sehr ansprechend und gut trinkbar. Der rote Chinon ist ein viel gerühmter Wein: Bereits der in der Nähe geborene große französische Autor Rabelais (1494 – 1553) lobt ihn in seinen Werken wiederholt. In dieser Tradition steht der Wein noch heute, denn in Frankreich gilt der rote Chinon als „Intellektuellenwein".

Saint-Nicolas-de-Bourgueil

In dem kleinen, unweit von Chinon direkt an der Loire gelegenen Weinbauort Saint-Nicolas-de-

Das Lesegut wird an der Loire gelegentlich noch direkt im Weinberg mit schweren Stampfern von Hand eingemaischt

Bourgueil wird nur Rotwein produziert. Aus dem Cabernet franc entsteht hier ein leichter, fruchtiger Rotwein, der zu den besten der Loire gehört. Er sollte jung getrunken werden, denn dann präsentiert er sich ausdrucksvoll und einschmeichelnd. Für eine längere Lagerung eignet er sich allerdings nicht sehr gut.

Bourgueil

Nördlich von Saint-Nicolas-de-Bourgueil liegt etwas flußabgewandt der kleine Weinbauort Bourgueil. Hier wird aus dem Cabernet franc mit Zusätzen des Cabernet Sauvignon ein herausragender Rotwein erzeugt. Der Bourgueil ist körper- und tanninreicher als der Saint-Nicolas-de-Bourgueil und ähnelt eher dem Chinon. Er eignet sich mit seinem fruchtigen Charakter für den frühen Genuß, kann aber auch bis zu zehn Jahre lang im Keller ruhen. Dann entwickelt er sich zu einem sehr feinen Rotwein, der zu den Spitzenprodukten des Loiretals gezählt werden muß.

Im Anjou

Die historische französische Provinz Anjou ist ein altbekanntes Weinbaugebiet, aus dem bereits im 13. Jahrhundert Weine nach England exportiert wurden. Es schließt westlich an die Touraine an und erstreckt sich bis zum weiter flußabwärts gelegenen Muscadet-Gebiet. Heute entstehen auf den 20.000 Hektar Rebfläche des Anjou hauptsächlich süffige, leichte und meist liebliche Rosé-Weine aus der lokal verbreiteten Grolleau-Rebe. Sie werden als Rosé d'Anjou etikettiert. Zudem wird aus dem Cabernet franc ein ebenfalls lieblicher Rosé erzeugt, der als Cabernet d'Anjou auf den Markt kommt. Darüber hinaus gibt es für 47 Gemeinden die Appellation Anjou-Villages. Sie bringt aus dem Cabernet franc und dem Cabernet Sauvignon beachtliche Rotweine hervor. Die besten Tropfen des Anjou haben jedoch eine eigene Appellation und heißen Saumur.

Saumur

Die malerische Kleinstadt Saumur liegt 60 Kilometer flußabwärts von Tours direkt an der Loire. Sie markiert den Übergang von der Touraine zum Anjou, zu dem sie gehört. Neben einigen Weiß- und Roséweinen eher einfacher Natur stützt sich der Ruhm der Appellation vor allem auf zwei Weine: weißen Schaumwein und roten Stillwein. Der Schaumwein wird aus dem Chenin blanc mit Zusätzen von Chardonnay, Sauvignon blanc und einigen roten Sorten erzeugt. Er ist von eindrucksvoller Feinheit, sehr feinperlig und gehört zu den besten französischen Schaumweinen außerhalb der Champagne. Die roten Stillweine bestehen aus Cabernet franc und Cabernet Sauvignon und einigen lokalen Ergänzungssorten. Sie sind bereits jung ein Genuß, erreichen nach fünf Jahren Reifezeit eine beachtliche Feinheit und fügen sich damit nahtlos in die Reihe hervorragender Loire-Rotweine ein.

Die Rebflächen von Saumur liegen an der Grenze von Touraine und Anjou

Zahlreiche alte Windmühlen prägen das Landschaftsbild im Mündungsbereich der Loire im Muscadet-Gebiet

Muscadet

Das Muscadet-Gebiet ist die letzte Station auf der Reise entlang der Loire. Es erstreckt sich über das Mündungsgebiet des Flusses in den Atlantik rund um die Stadt Nantes. Hier ist das Reich der Muscadet-Rebe, die auf 9.000 Hektar angepflanzt wird. Sie ergibt einen leichten, säurebetonten und sehr frischen Weißwein, der vor allem an heißen Sommertagen gern getrunken wird und in den letzten Jahren in Deutschland einen großen Popularitätsschub erlebt hat. Es gibt folgende Qualitätsabstufungen: Der einfache Muscadet wird übertroffen vom Muscadet des Coteaux de la Loire. Noch besser ist der Muscadet de Sèvre-et-Maine. Ein Teil dieser Weine verbleibt nach der Gärung sechs Monate zusammen mit den Heferückständen im Gärbehälter. Danach wird er ungefiltert abgefüllt und kommt als Muscadet de Sèvre-et-Maine sur lie (frz. „auf der Hefe") in den Handel. Zusammen mit einem gewissen Gehalt natürlicher Kohlensäure verleiht ihm das eine äußerst pikante Geschmackskomponente, die ihn zum besten Muscadet-Wein macht.

Jahrgangsbewertung

1988	*sehr gut*
1989	*sehr gut*
1990	*sehr gut*
1991	*schlecht*
1992	*gut*
1993	*sehr gut*
1994	*gut*
1995	*sehr gut*
1996	*gut*
1997	*sehr gut*
1998	*gut*

Königliche Weine: Das Burgund

Wer von roten und weißen Burgunder-Weinen schwärmt, meint zumeist die großen Gewächse von der Côte d'Or südlich der burgundischen Metropole Dijon. Doch machen diese Weine gerade einmal ein Zehntel der burgundischen Weinerzeugung aus. Denn auch die Weine aus Chablis, von der Côte Chalonnaise, aus dem Mâconnais sowie dem Beaujolais sind weinrechtlich Burgunder, auch wenn sie sich von den berühmten Tropfen der Côte d'Or erheblich unterscheiden.

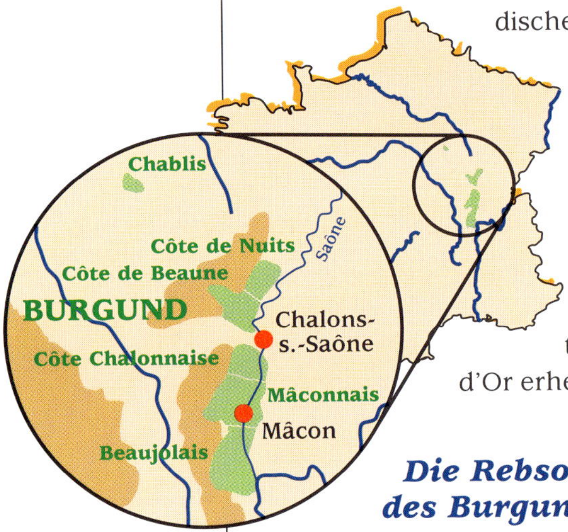

Auch die Weinberge des Beaujolais gehören zum Burgund

Die Rebsorten des Burgunds

Im Burgund spielen drei Rebsorten die Hauptrolle. Aus dem Chardonnay entstehen die Weißweine des Burgunds, aus Pinot noir (Spätburgunder) die meisten Rotweine. Das Lesegut der einfachsten, lediglich als Bourgogne Chardonnay bzw. Bourgogne Pinot noir etikettierten Weine kann aus dem gesamten Burgund stammen. Im Mâconnais kommt etwas Gamay hinzu, der gelegentlich mit Pinot noir zum relativ einfachen Bourgogne-Passe-Tout-Grains verschnitten wird. Das Beaujolais ist das Reich des Gamay, der hier bessere Bedingungen vorfindet als der Pinot noir. Im kleinen Maßstab steht die lokale weiße Rebsorte Aligoté im Anbau, die den gleichnamigen, etwas säuerlichen Weißwein hervorbringt. Schließlich wird noch etwas Pinot blanc (Weißer Burgunder) angebaut, der als Ergänzungssorte im Crémant de Bourgogne Verwendung findet. Dabei handelt es sich um einen ausgezeichneten Schaumwein, der zu den besten französischen Weinen dieser Art außerhalb der Champagne zählt.

Die gesetzlich festgelegten maximalen Hektarerträge sind im Burgund stark begrenzt. Je nach Qualitätsstufe des Weins liegen sie zwischen 50 Hektolitern pro Hektar Anbaufläche für die einfachen Weine und 35 Hektolitern pro Hektar für die Spitzenerzeugnisse.

Im Chablis-Gebiet

Im Norden beginnt die Weinbauregion im Département Yonne mit dem Chablis, der weinrechtlich auch zu den Burgundern gehört. Auf 2.600 Hektar wird in 17 Gemeinden rund um die Kleinstadt Chablis ausschließlich Chardonnay kultiviert. Aufgrund der nördlichen Lage sind die Jahrgangsschwankungen groß, da die Reben immer wieder von Spätfrösten im Frühling geschädigt werden. Die einfachsten Weine kommen unter der Bezeichnung Petit Chablis („Kleiner Chablis") auf den Markt. Wie ihr Name schon nahelegt, können die säurereichen Weine nur selten etwas von der Qualität vermitteln, die den Chablis weltberühmt gemacht hat. Der „richtige" Chablis kann hingegen köstlich sein, unterliegt jedoch großen Qualitätsschwankungen. Die besten Chablis präsentieren sich körperreich sowie fruchtig und besitzen eine unverwechselbare mineralische Geschmacksnote. Über dem einfachen Chablis stehen die Premiers Crus, die von 17 genau bezeichneten Einzellagen stammen. Sie sind körperreich und vereinen ein ausgeprägtes Bukett mit einer reifen, angenehmen Säure, werden allerdings noch übertroffen von den Grands Crus, die allesamt von einem einzigen Südhang bei Chablis kommen. Er ist in acht einzelne Lagen unterteilt, die wie beim Premier Cru zumeist auf dem Etikett angegeben werden. Die meisten Chablis-Weine werden jung getrunken, können jedoch auch bis zu zehn Jahre lang in der Flasche reifen. Die besten Grands und Premiers Crus sind dann wahrhaft herausragende Weißweine, die den großen weißen Burgundern von der Côte d'Or kaum nachstehen.

„Goldener Hang": Die Côte d'Or

100 Kilometer südöstlich von Chablis gelangt man südlich von Dijon in das eigentliche Burgund. Bei dem kleinen Ort Marsannay-la-Côte beginnt die berühmte Côte d'Or. 50 Kilometer lang zieht sie sich entlang der Autobahn Dijon-Lyon bis zu dem kleinen Ort Santenay im Süden. Die Rebflächen sind selten breiter als ein Kilometer, da nur auf einem schmalen Streifen der sanft zum Tal der Saône abfallenden Hänge gute Bedingungen für den Weinbau gegeben sind. Nur hier bieten die bräunlichen, kalkhaltigen Böden die Voraussetzungen zur Erzeugung jener Rot- und Weißweine, die auf einer Stufe mit den besten Weinen aus Bordeaux stehen und die weltweit höchste Anerkennung genießen. So besteht die Côte d'Or aus einem schmalen Rebband, entlang dessen sich einige der besten Weinbauorte der Welt aneinanderreihen. Die Côte d'Or ist in die nördliche Côte de Nuits und die südliche Côte de Beaune unterteilt. Die einfachsten Weine tragen die Bezeichnungen Hautes-Côtes de Nuits oder Hautes-Côtes de Beaune und stammen von den höhergelegenen Weinbergen am Rande der Côte. Sie sind sehr fruchtig und gehaltvoll, erreichen in aller Regel jedoch nicht die Qualität der als Côte de Nuits-Villages bzw. Côte de Beaune-Villages etikettierten Tropfen. Noch besser sind die Gewächse, die unter dem Namen ihrer Ursprungsgemeinde in den Handel gelangen. Tragen sie zudem noch den Zusatz Premier Cru, so sind sie in die zweithöchste Qualitätsstufe der Burgunderweine einzuordnen. Die höchste Stufe der Burgunder stellen die Grands Crus dar. Auf ihren Etiketten erscheint als Herkunftsbezeichnung nur noch der Name der Lage ohne Nennung der Gemeinde. Herausragende Beispiele sind die Rotweine Corton und Chambertin sowie der weiße Montrachet. Sie sind sehr teuer und stellen einen Gipfel französischer Weinbaukunst dar.

Im Bordeaux-Gebiet bezeichnen sich die Weingüter als Châteaux, im Burgund hingegen als Domaines

Die Côte de Nuits

Der Name des nördlichen Bereichs leitet sich von dem größten Ort Nuits-Saint-Georges ab. An der Côte de Nuits wird fast ausschließlich der Pinot noir gepflegt, folglich kommen aus diesem nördlichen Teil der Côte d'Or vor allem Rotweine. Sie sind tanninreich und reifen recht langsam. Spitzenweine aus guten Jahrgängen brauchen bis zu 15 Jahre, um zu voller Reife zu gelangen. Dann präsentieren sie sich bukettreich, tiefgründig und edel. Auf den Weinbergen der Côte de Nuits entstehen Rotweine, deren Qualität trotz aller Verschiedenheit nur mit den Rotweinen aus dem Bordeaux-Bereich Haut-Médoc vergleichbar ist. Die besten Weinbaugemeinden der Côte de Nuits heißen von Norden nach Süden: Fixin, Gevrey-Chambertin, Morey-Saint-Denis, Chambolle-Musigny, Vougeot, Vosne-Romanée und Nuits-Saint-Georges. Der berühmteste und teuerste Wein ist sicherlich der sagenumwobene Grand Cru La Romanée-Conti, von dem selbst aus schwächeren Jahren keine Flasche unter 1.000 Mark zu haben ist.

Auf der berühmtesten Lage wächst der teuerste Wein des Burgunds, der Romanée-Conti

Die Côte de Beaune

An der Côte de Beaune werden Rot- und Weißweine erzeugt. Die Rotweine sind etwas weicher und reifen schneller als ihre nördlichen Nachbarn. Sie erreichen zwar nicht das Niveau der Spitzenweine von der Côte de Nuits, sind aber trotzdem herausragende Rotweine voller Frucht, Tiefgründigkeit und Eleganz. Die Weißen sind berühmt und stehen auf einem Niveau mit den besten Weißweinen der Welt. Die bedeutendsten Weinbauorte der Côte de Beaune heißen von Norden nach Süden: Pernand-Vergelesses, Aloxe-Corton, Savigny-les-Beaune, Beaune, Pommard, Volnay, Monthélie, Meursault, Puligny-Montrachet, Chassagne-Montrachet und Santenay. Eine Besonderheit ist Aloxe-Corton, da seine Grand-Cru-Lage Corton sowohl für Rot- als auch für Weißwein gilt.

An der Côte Chalonnaise

Südlich der Côte d'Or schließt sich die Côte Chalonnaise an. Die kalkhaltigen Weinberge liegen etwas höher als an der Côte d'Or. Daher reifen die Trauben etwas später als weiter nördlich und erreichen nicht so hohe Reifegrade. Hier entsteht ein Großteil der als Bourgogne Chardonnay und Bourgogne Pinot noir etikettierten Weine. Vier Orte der Côte Chalonnaise dürfen Weine unter ihrem eigenen Namen auf den Markt bringen. Der nördlichste ist der kleine Weinbauort Rully, in dem die Weißweine besser sind als die Roten. Die besten Rotweine kommen aus dem kleinen Ort Mercurey. In der Jugend gerbstoffbetont und gelegentlich etwas rauh, reifen sie in acht Jahren zu hervorragenden Burgundern heran. Einige herausragende Lagen sind als Premiers Crus eingestuft. Die Rotweine des Nachbarortes Givry reifen schneller und sind bereits jung ein Genuß. Im Süden der Côte Chalonnaise liegt der Weinbauort Montagny, in dem ausgezeichneter, feiner Weißwein aus der Chardonnay-Rebe erzeugt wird. Alle Lagen von Montagny sind als Premiers Crus eingestuft.

Das Mâconnais

Im großen burgundischen Bereich um die Hafenstadt Mâcon bringt der Chardonnay noch einmal ausgezeichnete Weißweine hervor. Die Roten aus Gamay und Pinot noir sind zwar süffig und angenehm, den Weißweinen jedoch durchweg unter-

legen. Der ausgezeichnete, bukettreiche und fruchtige weiße Mâcon-Villages aus dem Chardonnay macht über die Hälfte der gesamten Weinerzeugung aus. Das qualitative Zentrum liegt im Süden des Mâconnais. Hier dürfen einige Orte ihre Weine unter dem Ortsnamen verkaufen. Der weiche, feinfruchtige Saint-Véran ist am besten jung zu genießen. Der beste Wein des Mâconnais ist der Pouilly-Fuissé. Es handelt sich um einen differenzierten, feinen und harmonischen Weißwein aus der Chardonnay-Rebe, der im Süden des Mâconnais auf Kalksteinhügeln rund um die Orte Pouilly und Fuissé erzeugt wird.

In den Hügeln des Beaujolais

Den südlichen Abschluß des Burgunds bildet das Beaujolais-Gebiet. Hier ist nahezu ausschließlich die rote Rebsorte Gamay gepflanzt. Im Beaujolais wird jedes Jahr die Hälfte des gesamten Burgunder-Weines erzeugt. Ein großer Teil dieser Weine kommt jeweils am dritten Donnerstag im November nach der Lese als Primeur auf den Markt. Doch für diesen „schnellsten Wein der Welt“ werden niemals die besten Moste verwendet. Die einfachen „normalen“ Beaujolais entstehen auf schweren Tonböden im Süden der Region. Es handelt sich um preiswerte Weine für den alltäglichen Gebrauch, die gut gekühlt getrunken werden. 39 weiter nördlich gelegene Ortschaften haben das Recht, ihren auf leichteren, sandigeren Böden wachsenden Wein als Beaujolais-Villages zu verkaufen. Die Spitze bilden die zehn Crus, die allesamt von den kalk- und granithaltigen Abhängen im Norden des Beaujolais an der Grenze zum Mâconnais stammen. Sie können in zwei Klassen von Weinen eingeteilt werden. Die Crus Brouilly, Côtes de Brouilly, Chiroubles, Fleurie, Regnié und Saint-Amour verkörpern trotz aller individueller Unterschiede Beaujolais in höchster Vollendung. Die Weine sind früh genußreif, fruchtig, beschwingt und charmant. Sie verbessern sich noch bis zu drei Jahre lang und können dann eine gewisse Feinheit erlangen. Die Crus Juliénas, Morgon, Chénas und vor allem Moulin-à-Vent besitzen kräftige Tannine, die eine gewisse Reifezeit nötig machen. Die besten Weine können bis zu zehn Jahre lang altern und gewinnen dann eine Statur, die eher an „echte“ Burgunder aus dem Pinot noir als an Beaujolais-Weine erinnert.

Herbstlich verfärbtes Laub kündigt im Mâconnais die bevorstehende Lese an

Jahrgangsbewertung

1985	*außergewöhnlich*
1986	*sehr gut*
1987	*gut*
1988	*sehr gut*
1989	*sehr gut*
1990	*außergewöhnlich*
1991	*mittel*
1992	*sehr gut*
1993	*gut*
1994	*sehr gut*
1995	*sehr gut*
1996	*sehr gut*
1997	*sehr gut*
1998	*gut*

Der Ort Juliénas bringt einen der besten Crus du Beaujolais hervor

Von der Sonne verwöhnt: Die Côtes du Rhône

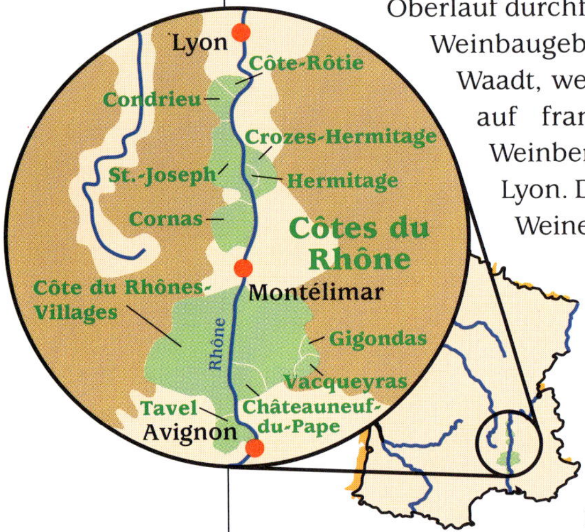

Die Rhône gehört zu den großen Hauptschlagadern des europäischen Weinbaus. An ihrem Oberlauf durchfließt sie die Schweizer Weinbaugebiete von Wallis und Waadt, weiter flußabwärts dann auf französischer Seite die Weinberge zwischen Genf und Lyon. Doch die berühmtesten Weine sind sicherlich die der Côtes du Rhône. Dieses Gebiet beginnt 30 Kilometer südlich der Industriemetropole Lyon bei Vienne und erstreckt sich über beinahe 200 Kilometer bis nach Avignon. Die Stadt Montélimar trennt die Côtes du Rhône in einen nördlichen und einen südlichen Teil. Die einfachsten Weine kommen als Côtes du Rhône auf den Markt, die besseren als Côtes du Rhône-Villages. Die mit Grands Crus vergleichbaren besten Gewächse tragen durchweg eigene Bezeichnungen.

Zu den 70 Gemeinden, die den Côtes du Rhône-Villages erzeugen, gehört auch Beaumes-de-Venise

Côte Rôtie

Ganz im Norden der Côtes du Rhône entsteht mit dem Côte Rôtie ein herausragender Rotwein, der zu den besten Weinen Frankreichs gehört. Auf den steilen, terrassierten Abhängen werden die Trauben für den Côte Rôtie von der Sonne beinahe gegrillt. Der Côte Rôtie wird aus dem Syrah erzeugt, dem bis zu 20 Prozent der an der Rhône heimischen weißen Viognier-Rebe zugegeben werden dürfen. Auf den eisenhaltigen Böden bringt der Syrah mit dem Côte Rôtie in guten Jahren einen Wein hervor, der oft mit den besten Gewächsen aus Bordeaux verglichen wird. In der Jugend ist sein Gerbstoffgehalt so hoch, daß der Wein kaum trinkbar erscheint. Erst nach sieben bis zehn Jahren ist der Côte Rôtie so weit gereift, daß seine voluminöse geschmackliche Komplexität in den Vordergrund tritt. Ähnlich hoch wie seine Qualität ist auch sein Preis. Er befindet sich ebenfalls auf dem Niveau der berühmtesten Bordeaux-Weine.

Condrieu

Südlich des Côte Rôtie schließt die Appellation Condrieu an. Die Weinberge sind ähnlich steil wie die des Côte Rôtie und ebenfalls terrassiert. Hier wird ausschließlich die weiße Viognier-Traube angebaut. Sie erbringt einen trockenen Weißwein mit ausdrucksstarkem Bukett, reicher Frucht und einer goldenen Farbe. Condrieu ist schwer: Die besten Abfüllungen weisen mindestens 13,5 Prozent Alkohol auf. Da die Trauben in diesem Klima keinen allzu hohen Säuregehalt entwickeln, ist die Lebensdauer des Condrieu begrenzt. Die Weine sollten in den ersten drei Jahren getrunken werden. Danach beginnt ihre Frische, aus der sie einen

Großteil ihrer Qualität beziehen, zu verfliegen. Innerhalb des Condrieu-Gebietes befindet sich die nur knapp vier Hektar große Appellation Château-Grillet. Aus dem Viognier entstehen hier extrem teure Weißweine, die auf dem Niveau der besten Condrieu-Weine stehen.

Saint-Joseph

Südlich von Condrieu liegt die Appellation Saint-Joseph. Hier dominiert wieder der rote Syrah, während Weißweinreben nur eine untergeordnete Rolle spielen. Aufgrund anderer Bodenbedingungen unterscheiden sich die Weine jedoch vom weiter nördlich gelegenen Côte Rôtie. Sie wirken etwas einfacher und robuster. Dennoch handelt es sich beim Saint-Joseph um einen ausgezeichneten Rotwein, der meist zu einem sehr günstigen Preis zu haben ist.

Hermitage

Gegenüber von Saint-Joseph entsteht am östlichen Ufer der Rhône mit dem Hermitage ein überragender Rotwein, der mit dem Côte Rôtie um die Krone des Weinbaus der nördlichen Côtes du Rhône wetteifert. Hinter dem kleinen Weinbauort Tain l'Hermitage steigt steil und mächtig der Hermitage-Berg auf. Knapp 130 Hektar genau nach Süden ausgerichteter Rebfläche haben die Winzer dem Granitboden des Bergs durch den Bau von Terrassen abgetrotzt. Zwei Drittel der Fläche sind mit dem roten Syrah bepflanzt, auf dem restlichen Drittel stehen die beiden lokalen Weißweinsorten Roussanne und Marsanne. Der Weißwein ist körperreich und alkoholstark. Der bessere Wein ist jedoch der Rote. Er ist bukettreich, konzentriert und kräftig und gehört zu den größten Rotweinen Frankreichs. Wie der Côte Rôtie braucht er bis zu zehn Jahre der Flaschenreife, bevor das anfänglich undurchdringliche Tanningerüst die ganze geschmackliche Vielfalt des Hermitage freigibt. Ähnlich hoch wie bei seinem Nachbarn aus dem Norden sind auch beim Hermitage die Preise.

In den Flachlagen der weiten Talebene der Rhône entsteht hauptsächlich einfacher Côtes du Rhône

Crozes-Hermitage

Rund um Hermitage erstreckt sich die große Appellation Crozes-Hermitage, die die gesamte Rückseite des Hermitage-Bergs umfaßt. In elf Gemeinden rund um den Ort Crozes-Hermitage entstehen leichtere, fruchtige Rot- und Weißweine. Der Rotwein überwiegt quantitativ bei weitem: 90 Prozent der Rebflächen sind mit dem Syrah bepflanzt. Die Weine sind kräftig, tanninreich und leichter als der Hermitage. Die Weißweine bestehen wie der weiße Hermitage ebenfalls aus den lokalen Sorten Roussanne und Marsanne. Sie gelten gegenüber den Roten als die besseren Weine. Aufgrund der sandigeren und weniger granithaltigen Böden erreicht kein Crozes-Hermitage die Qualität eines Hermitage.

Jahrgangsbewertung

1988	*sehr gut*
1989	*außergewöhnlich*
1990	*außergewöhnlich*
1991	*mittel*
1992	*mittel*
1993	*sehr gut*
1994	*gut*
1995	*sehr gut*
1996	*sehr gut*
1997	*sehr gut*
1998	*gut*

Cornas

Etwa auf der Höhe der Stadt Valence liegt am Westufer der Rhône der kleine Weinbauort Cornas, Zentrum der gleichnamigen Appellation. Cornas umfaßt 80 Hektar steiler, in Terrassen angelegter Rebflächen. Wie alle Rotweine der nördlichen Côtes du Rhône wird der Cornas aus der Syrah-Rebe erzeugt. Er ist ein kräftiger, alkohol- und körperreicher Wein, der in seiner Jugend oft eine leicht erdige Note besitzt, die sich nach einigen Jahren der Alterung in eine gewisse harmonische Feinheit verwandelt.

Côtes du Rhône

Unter der Appellation Côtes du Rhône können theoretisch Weine aus dem gesamten gleichnamigen Anbaugebiet auf den Markt kommen. Die Gewächse aus dem nördlichen Teil des Anbaugebietes besitzen jedoch allesamt eigene Herkunftsbezeichnungen. So werden mit der Sammelbezeichnung Côtes du Rhône ausschließlich Tropfen aus 100 Gemeinden im südlichen Teil der Region etikettiert. Dabei handelt es sich zu über 90 Prozent um Rotwein aus den Rebsorten Grenache, Syrah, Cinsaut und dem in jüngster Zeit verstärkt gepflanzten Mourvèdre. Die billigeren Weine sind robust und süffig, die besseren kraftvoll, körper- und alkoholreich. Sie werden jedoch oftmals übertroffen von den wenigen fruchtigen, körperreichen und kräftigen Rosés und Weißweinen.

Côtes du Rhône-Villages

70 Gemeinden der südlichen Côtes du Rhône dürfen ihre Weine unter der Appellation Côtes du Rhône-Villages auf den Markt bringen. Sie werden aus den gleichen Rebsorten wie die einfachen Côtes-du-Rhône-Weine erzeugt, übertreffen diese jedoch im allgemeinen qualitativ. Sie sind weniger schlicht, dafür kraftvoller und eleganter. Die besten Villages-Weine haben das Potential, fünf bis zehn Jahre in der Flasche weiter zu reifen, um dann eine erstaunliche Feinheit zu präsentieren. Einige herausragende Weinbauorte haben den Sprung aus der Anonymität der Appellation Côtes du Rhône-Villages auf das Niveau der Crus geschafft und dürfen ihre Weine wie diese unter dem Gemeindenamen auf den Markt bringen. Die bedeutendsten sind Tavel, Vacqueyras und Gigondas.

Tavel

Der kleine Weinbauort Tavel liegt etwa 15 Kilometer nordwestlich von Avignon am westlichen Ufer der Rhône. Hier wird ausschließlich Rosé erzeugt. Die Weine bestehen aus Grenache und Cinsaut mit einigen Zusatzsorten. Ein traditionell im Holzfaß ausgebauter Tavel-Wein altert für einen Rosé außergewöhnlich gut und erreicht nach fünf Jahren einen herausra-

Die Rebstöcke im Tavel-Gebiet sind sehr niedrig, damit sie von der Wärmestrahlung des steinigen Bodens profitieren

genden geschmacklichen Reichtum. Die besten Abfüllungen aus besonders guten Jahrgängen halten sich sogar bis zu zehn Jahre lang. Es gibt wohl kaum einen Roséwein, der einen derartigen Tavel übertreffen könnte. „Modernere“, kühl im Stahltank vergorene Weine ohne Faßlagerung sind fruchtiger und säurebetonter. Auch diese Tropfen sind hervorragend, sollten jedoch durchweg jung getrunken werden.

Vacqueyras

Der kleine Weinbauort Vacqueyras liegt nur wenige Kilometer nordöstlich von Châteauneuf-du-Pape entfernt etwas zurückgezogen vom Fluß. Er gilt allgemein als der beste der aus der Appellation Côtes du Rhône-Villages hervorgegangenen Crus. Hier wird ausschließlich Rotwein erzeugt, der aus den Rebsorten Grenache, Syrah, Cinsaut und Mourvèdre sowie einigen Ergänzungssorten verschnitten wird. Dabei enthält der Vacqueyras einen niedrigeren Anteil an Grenache als die Gewächse der Côtes du Rhône-Villages. Diese Zusammensetzung ist es, die ihm ein würziges Bukett, kernige Tannine und die Fähigkeit verleiht, nach sieben Jahren der Flaschenreife eine große Feinheit zu entwickeln. Trotz des üppigen Körpers und der alkoholischen Kraft wirken gute Vacqueyras niemals schwer.

Gigondas

Auch der Gigondas war früher ein Côtes du Rhône-Villages, bis ihm wegen seiner gehobenen Qualität eine eigene Appellation zugestanden wurde. Der malerische Weinbauort Gigondas liegt nur wenige Kilometer nördlich von Vacqeyras. Neben Rotwein werden hier auch geringe Mengen eines sehr guten Rosés erzeugt. Er ist frisch sowie sehr fruchtig und sollte sehr jung getrunken werden, da er schnell an Qualität verliert. Der rote Gigondas ist sehr körperreich

Aus Gigondas stammen hervorragende Rotweine

und entwickelt sich nach fünf Jahren in der Flasche zu einem weichen, samtigen Rotwein.

Châteauneuf-du-Pape

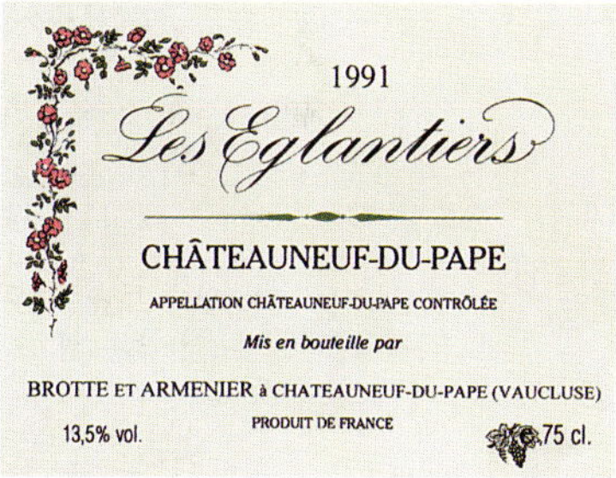

Aus dem kleinen Weinbauort Châteauneuf-du-Pape, der zehn Kilometer nördlich von Avignon direkt am Fluß liegt, kommt der bekannteste Wein der gesamten Côtes du Rhône. Es wird fast nur Rotwein angebaut, der aus insgesamt 13 verschiedenen Rebsorten erzeugt wird. Die buschförmigen Reben stehen relativ aufgelockert auf einem groben Kieselboden, der nur für den Weinbau fruchtbar ist. Sie bringen einen herausragenden, alkohol- und körperreichen, konzentrierten und tiefgründigen Rotwein hervor, der gemeinsam mit den Rotweinen Côte Rôtie und Hermitage das qualitative Spitzentrio der Côtes du Rhône bildet. Dies gilt allerdings nur für traditionell im Holzfaß vergorene und ausgebaute Weine, die sich zehn Jahre und länger in der Flasche verbessern. In den letzten Jahren entstanden zunehmend leichtere Rotweine, die früh trinkreif und dabei sehr fruchtig sind. Diese meist preiswerten Abfüllungen können sich qualitativ jedoch nicht mit traditionell erzeugten Weinen messen.

Rebflächen im Gebiet von Châteauneuf-du-Pape

Lavendel, Sonnenblumen und Wein: Die Provence

Die geschichtsträchtige ehemalige Provinz Frankreichs mit der Hauptstadt Aix-en-Provence ist eine der ältesten Weinbauregionen des Landes. In der Provence wird bereits seit der Antike Wein angebaut, seit die Phönizier die Weinrebe aus dem Osten hierher brachten. Die Weinbauregion Provence erstreckt sich heute über die fünf französischen Départements Var, Bouches-du-Rhône, Vaucluse, Alpes de Haute Provence und Alpes Maritimes. Hier werden große Mengen Wein erzeugt, den die Winzer zu über der Hälfte als schlichten Tafel- oder Landwein vermarkten. Die vielen Touristen in der Provence sorgen für einen kontinuierlichen Absatz dieser einfachen Tropfen. Darüber hinaus gibt es einige Weinbaugebiete mit AOC-Status, in denen besserer Wein erzeugt wird.

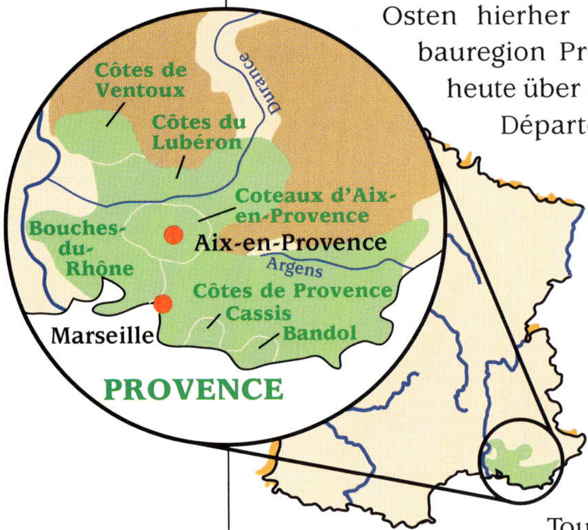

Weinlese in der Provence

Côtes du Ventoux

Das Massiv des Mont Ventoux ist mit seinem 1.909 Meter erreichenden Gipfel die höchste Erhebung der Provence. An seiner Westseite fällt es recht steil zum Tal der Rhône ab. An diesen Abhängen liegen in direkter Nachbarschaft zu den Côtes-du-Rhône-Appellationen Gigondas und Vacqueyras die Rebflächen der Côtes du Ventoux. In den Weinbergen dieses Anbaugebietes wachsen hauptsächlich Rotweine. Sie sind gefällig und reifen schnell, erreichen aber in der Regel nicht das qualitative Niveau der Weine von der Rhône. Dasselbe gilt für die wenigen körperreichen, schlichten Weißweine. Die besten Tropfen von den Côtes du Ventoux sind die fruchtigen Rosés.

An den noch recht kahlen Reben kann man gut die Form sehen, in die der Winzer sie „erzogen" hat

Côtes du Lubéron

Die reizvolle, hügelige Landschaft östlich von Avignon und nördlich des Flusses Durance besitzt erst seit Mitte der achtziger Jahre den AOC-Status. Hier werden Rot-, Rosé- und Weißweine erzeugt. Die Roten bestehen aus Syrah, Grenache, Cinsaut, Carignan und einigen lokalen Ergänzungssorten. Sie sind kräftig, erdig sowie süffig und passen hervorragend zur gelegentlich deftigen Küche der Region. Besser sind die aus denselben Rebsorten hergestellten Rosés, die viel Frische besitzen. Da sie ihre Frucht jedoch schon nach zwei Jahren wieder verlieren, sollten sie sehr jung getrunken werden. Die besten Weine sind die Weißen, die aus den in Südfrankreich verbreiteten weißen Rebsorten Ugni blanc und Clairette bestehen.

Coteaux d'Aix-en-Provence

Rund um die reizvolle provenzalische Metropole und Universitätsstadt Aix-en-Provence erstreckt sich das Anbaugebiet Coteaux d'Aix-en-Provence. 1985 wurde es vom VDQS-Gebiet in den AOC-Stand erhoben. Die meisten Rotweine der Coteaux d'Aix-en-Provence sind einfache Tropfen für den alltäglichen Gebrauch. Seit einigen Jahren pflanzen manche Erzeuger jedoch mit sehr gutem Erfolg Cabernet Sauvignon an, der den Rotweinen Gerbstoff und damit Alterungspotential verleiht. Die Weißweine können in guten Jahrgängen und bei strikter Ertragsbegrenzung ebenso wie die fruchtigen Rosés ausgezeichnet sein.

Cassis

Rund um den malerischen Fischerort Cassis zehn Kilometer östlich von Marseille erstrekken sich die Weinberge des gleichnamigen Anbaugebietes. Aus dem lokalen Ugni blanc wird ein trockener goldfarbiger und kräftiger Weißwein erzeugt, der mit seinem leicht erdigen Geschmack hervorragend zu den provenzalischen Fischgerichten paßt. Aufgrund der großen Nachfrage durch die vielen Touristen und die Metropole Marseille sind die Preise weitaus höher als das Qualitätsniveau. Die Winzer in Cassis stellen auch Rotwein her, der aber nicht so gut ist wie der Weiße.

Bandol

Qualitativer Schwerpunkt des Weinbaus in der Provence ist das Anbaugebiet Bandol. In den Weinbergen rund um den gleichnamigen kleinen Badeort westlich von Toulon wachsen auf kalkreichen Böden gute Weißweine und vor allem hervorragende Rosés und Rotweine heran. Die Abhänge des Massif de la Sainte-Baume bilden hier eine zum Meer hin offene Arena, so daß nachts eine kühle Brise von dort durch die Weinberge streicht. Dadurch behalten die Beeren mehr der leicht flüchtigen Bukettstoffe und Säuren, und die Weine geraten feiner und ausdrucksvoller. Die Rot- und Roséweine bestehen zu mindestens 50 Prozent aus der Mourvèdre-Traube, die den Gewächsen Feinheit verleiht. Die Qualität der Weißweine wird oftmals durch die Beimischung von bis zu 40 Prozent der edlen Rebsorte Sauvignon blanc verbessert.

Jahrgangsbewertung

1988	*sehr gut*
1989	*außergewöhnlich*
1990	*außergewöhnlich*
1991	*mittel*
1992	*mittel*
1993	*sehr gut*
1994	*gut*
1995	*sehr gut*
1996	*sehr gut*
1997	*sehr gut*
1998	*sehr gut*

Côtes de Provence

Die Appellation Côtes de Provence ist das größte Weinbaugebiet in der Provence. Es ist vor allem bekannt durch seine preiswerten, fruchtigen und manchmal auch eleganten Roséweine. Die Rotweine waren bis 1986 bestenfalls samtig und süffig. Durch die Begrenzung des Carignan-Anteils in Rotweinen und Rosés auf maximal 40 Prozent und die vermehrte Anpflanzung von Syrah und Cabernet Sauvignon haben die Gewächse mittlerweile jedoch deutlich an Statur gewonnen. So werden heute zunehmend hervorragende Rotweine erzeugt, die gut altern und sich dann zu großer Feinheit entwickeln können. Bei den Weißweinen hat keine vergleichbare Entwicklung stattgefunden. Sie können zwar sehr angenehm und charaktervoll sein, bleiben aber gegenüber den Rosé- und Rotweinen qualitativ deutlich zurück.

Herbststimmung in den Weinbergen der Provence

Im Weinkeller Frankreichs: Languedoc-Roussillon

Quantitativ gesehen ist der Süden Frankreichs der Weinkeller des Landes schlechthin. Ein großer Teil der Erzeugung besteht in Landweinen, deren Spitzen sehr fruchtig und ansprechend sind. Die meisten Vins de Pays d'Oc und eine Vielzahl von lokalen Landweinen werden sortenrein aus Cabernet Sauvignon, Chardonnay, Merlot und Syrah erzeugt. Die besten Weine des französischen Südens besitzen jedoch die Appellation Controlée. Unter ihnen finden sich einige sehr gute Gewächse, die zudem auch noch mit einem außerordentlich günstigen Preis-Leistungs-Verhältnis für sich werben.

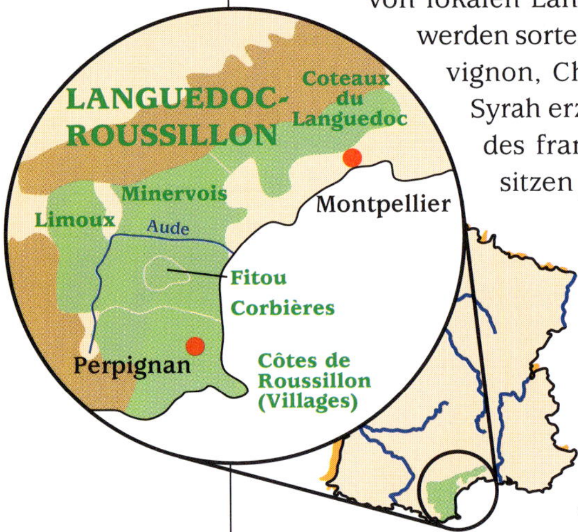

Coteaux du Languedoc

Seit 1985 dürfen Rotweine aus insgesamt 121 südfranzösischen Gemeinden zwischen Nimes und Narbonne unter der Appellation Coteaux du Languedoc auf den Markt kommen. Für Weißweine wurde diese Appellation erst drei Jahre später eingerichtet. Die 50.000 Hektar Weinberge der Coteaux du Languedoc bilden keine zusammenhängende Fläche, sondern liegen recht verstreut. Die hier erzeugten Weine sind angenehm, süffig und einfach. Innerhalb dieser Region liegen einige Anbaugebiete, die besseren Wein hervorbringen und deshalb aus der Appellation Coteaux du Languedoc ausgegliedert worden sind. Winzig sind die Rebflächen Muscat de Lunel, Muscat de Miréval und Muscat de Frontignan, auf denen aus der Muskateller-Traube kleine Mengen süßer Weißweine erzeugt werden. Diese Tropfen können köstlich sein, gelangen jedoch kaum jemals in den Export.

Auf Granitböden wachsen die Reben in Raziguères im Roussillon

Minervois

Entlang des Nordufers des Flüßchens Aude erstreckt sich nordwestlich von Narbonne das Weinbaugebiet Minervois. Zu ihm gehören 45 Ortschaften des Départements Aude und 16 Gemeinden des Départements Hérault. Seit 1985 besitzt das Minervois den AOC-Status. Auf 18.000 Hektar werden Rot- und Weißweine erzeugt, die zu den besten Südfrankreichs gehören. Vor allem die Rotweine sind körperreich und charaktervoll. Grund für die hohe Qualität der Rotweine ist die gesetzliche Einschränkung der Rebsorten Carignan und Grenache auf 60 Prozent. Daher finden zunehmend Cabernet Sauvignon und Syrah Verwendung, die den Rotweinen Würze und Tannine geben.

Corbières

Dem Minervois gegenüber liegt am Südufer der Aude das Weinbaugebiet Corbières. Unter mediterranen Klimabedingungen entstehen hier hauptsächlich Rotweine. Die Hauptrebsorte ist immer noch der Carignan, dessen Anteil ähnlich wie im Minervois zugunsten besserer Rebsorten zurückgedrängt werden soll. Corbières ist eine hügelige, zum Teil zerklüftete und sehr uneinheitliche Gegend. Ähnlich abwechslungsreich wie die Landschaft präsentieren sich auch die Weine. Deshalb sind versuchsweise elf Bereiche eingerichtet worden, in denen auf unterschiedlichen Böden und Höhenlagen recht verschiedene Weine wachsen. Aus einigen dieser Bereiche werden voraussichtlich eigene Appellationen entstehen, so daß heute noch niemand sagen kann, wie sich das Anbaugebiet Corbières entwickeln wird.

Fitou

Innerhalb des Corbières-Gebietes gibt es mit dem Fitou eine eigenständige, traditionsreiche Appellation, die den besten Rotwein der Gegend hervorbringt. Er stammt aus neun qualitativ sehr guten Gemeinden rund um die gleichnamige kleine Stadt südlich von Narbonne. Ähnlich wie bei fast allen Rotweinen Südfrankreichs hat der Gesetzgeber auch bei den Fitou-Weinen den maximal zulässigen Anteil der Carignan-Rebe zugunsten der besseren Sorten Syrah und Mourvèdre beschränkt. Ein Fitou muß neun Monate im Faß gelagert werden und reift dann in der Flasche zu einem kraftvollen, körperreichen und kernigen Rotwein heran.

Crémant de Limoux

Südlich von Carcassonne und westlich des Corbières-Gebietes wird rund um die Stadt Limoux nach der Champagner-Methode Schaumwein hergestellt. Er besteht zu einem großen Anteil aus der regionalen Rebsorte Blanquette, so daß er auch als Blanquette de Limoux bekannt ist. Doch auch Chardonnay und Chenin blanc sind bei der Bereitung des Crémant de Limoux unverzichtbar. Seine Bereitung hat in der Region eine lange Tradition, und die körperreichen, feinperligen Spitzenerzeugnisse gehören zu den besten französischen Schaumweinen außerhalb der Champagne. Die wenigen meist aus dem Chardonnay bereiteten Stillweine erreichen dieses qualitative Niveau nicht.

Jahrgangsbewertung

1988	*sehr gut*
1989	*außergewöhnlich*
1990	*außergewöhnlich*
1991	*mittel*
1992	*mittel*
1993	*sehr gut*
1994	*gut*
1995	*sehr gut*
1996	*sehr gut*
1997	*sehr gut*
1998	*sehr gut*

Côtes du Roussillon und Côtes du Roussillon-Villages

Nach Süden hin grenzt das Corbières-Gebiet an die Anbaugebiete Côtes du Roussillon-Villages und Côtes du Roussillon an. Auf insgesamt 6.000 Hektar werden im Département Pyrénées Orientales im Umland der Stadt Perpignan hauptsächlich aus dem Carignan körperreiche und angenehme Rotweine erzeugt. Die süffigen Weißen bestehen vorwiegend aus der vor allem in Spanien verbreiteten weißen Rebsorte Macabeo. Die Weine aus der Appellation Côtes du Roussillon-Villages sind fast durchweg die besseren Gewächse. Einige Erzeuger, die zugunsten der Sorten Syrah, Mourvèdre und Cabernet Sauvignon auf Carignan und Grenache verzichten, überraschen mit kraftvollen, würzigen und tanninreichen Rotweinen.

Die Weinberge des Roussillon reichen bis in die Ausläufer der Pyrenäen hinein

Zwischen Pyrenäen und Bordeaux: Der französische Südwesten

Auf den Reb-flächen in Cahors ist vor-wiegend Malbec gepflanzt

Die vielgestaltige Landschaft des französischen Südwestens wird begrenzt vom Languedoc-Roussillon im Osten, den Pyrenäen im Süden und dem Bordeaux-Gebiet im Nordwesten. In der Mitte dieser Region liegt das riesige Anbaugebiet Armagnac, in dem die Trauben für den gleichnamigen Weinbrand angebaut werden. Unüberschaubare Flächen sind hier mit der lokalen weißen Rebsorte Colombard bepflanzt, die einen dünnen, säuerlichen, für die Destillation jedoch sehr gut geeigneten Wein hervorbringt. Rund um das Armagnac-Gebiet liegen verstreut mehrere Weinbaugebiete, in denen guter und teilweise hervorragender Wein erzeugt wird.

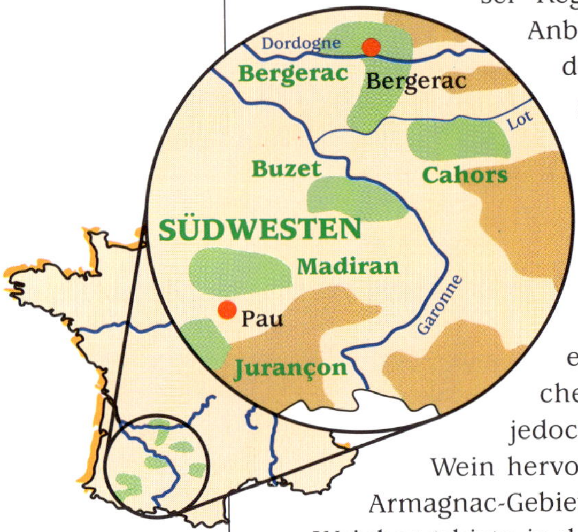

Jurançon

Am Fuße der Pyrenäen liegt südlich der reizvollen Stadt Pau das sehr alte Anbaugebiet Jurançon. Seit Jahrhunderten wird hier aus einigen lokalen weißen Rebsorten der gleichnamige Wein erzeugt. Die Trauben reifen im atlantischen Klima lange und werden spät im Herbst in aller Regel von der Edelfäule Botrytis cinerea befallen. Die eingeschrumpften Beeren erbringen einen Most mit extrem hohem Zuckergehalt. Der Jurançon ist ein natursüßer (frz. moelleux), sehr würziger und alkoholreicher Wein, dessen Lebensdauer nahezu unbegrenzt ist. Es wurden schon über 100 Jahre alte Weine entkorkt, die sich immer noch edel und kraftvoll zeigten. Heute wird neben dem Süßwein im Jurançon vor allem viel trockener Weißwein erzeugt, der von früher gelesenem Traubengut stammt. Er ist delikat und fruchtig, hat aber in der Welt des französischen Weines nicht den Rang des süßen Jurançon.

Jahrgangsbewertung	
1988	*sehr gut*
1989	*sehr gut*
1990	*sehr gut*
1991	*schlecht*
1992	*gut*
1993	*sehr gut*
1994	*gut*
1995	*sehr gut*
1996	*gut*
1997	*sehr gut*
1998	*gut*

Madiran

20 Kilometer nördlich von Pau kommt man in das Anbaugebiet Madiran, das unmittelbar an das Armagnac-Gebiet angrenzt. Aus der roten Rebsorte Tannat erzeugen die Winzer von Madiran den gleichnamigen Rotwein. Er ist tanninreich und in seiner Jugend von einer abweisenden Herbe. Der kernige, sehr dunkle Madiran braucht mindestens sieben bis zehn Jahre Flaschenreife, bevor er mit vollem Genuß trinkbar ist. Dann präsentiert er sich samtig, körperreich und kraftvoll.

Côtes de Saint-Mont

Innerhalb des Armagnac-Gebietes liegen die Weinberge der Côtes de Saint-Mont. Rund um den kleinen Weinbauort Plaisance werden Rotweine und trockene Weißweine erzeugt. Sie besitzen keinen AOC-Status, sondern sind als VDQS-Weine eingestuft, die etwas niedrigere Stufe französischer Qualitätsweine. Darüber hinaus gibt es den süßen Weißwein Pacherenc du Vic-Bilh mit AOC-Status. Der beste Tropfen ist jedoch der trockene Weißwein. Mit seinem Körper, seiner Harmonie und einem leicht mineralischen Geschmack erinnert er an gute Weißweine aus dem Bordeaux-Gebiet Entre-Deux-Mers. Die Roten sind meist einfacher und weniger elegant. Sie passen am besten zu den kulinarischen Spezialitäten der Region.

Cahors

Rund um die Stadt Cahors im Département Lot am gleichnamigen Fluß liegt das Anbaugebiet Cahors. Hier entsteht ein berühmter Rotwein, dessen große Zeiten allerdings längst vorbei sind. Im 16. Jahrhundert war der Cahors der gefragteste französische Rotwein. Damals war er wichtiger als die Weine aus Bordeaux. Dann folgten parallel zum Aufstieg von Bordeaux Jahrhunderte des stetigen Niedergangs und schließlich die Reblauskatastrophe des 19. Jahrhunderts, die das Anbaugebiet beinahe vernichtete. Während Bordeaux sich von dieser Katastrophe schnell wieder erholte, hatte Cahors noch lange an den Folgen zu leiden. In den letzten beiden Jahrzehnten hat man sich jedoch wieder auf das Potential des Rotweins besonnen und die Rebflächen auf über 3.000 Hektar ausgedehnt. Heute ist der Cahors ein sehr dunkler, fast schwarzer Wein voller Tannine, der zu 70 Prozent aus der Rebsorte Malbec erzeugt wird. Er reift sehr langsam und entwickelt im Alter große Eleganz.

Buzet

Am linken Ufer der Garonne und am Nordrand des Armagnac-Gebietes liegt das Anbaugebiet Buzet. Hier werden ausschließlich Rotweine erzeugt, für die die typischen roten Bordeaux-Rebsorten Cabernet Sauvignon, Cabernet franc und Merlot verwendet werden. In guten Jahren werden tanninreiche Rotweine erzeugt, die bis zu zehn Jahre lang in der Flasche reifen. Dabei entwickeln sie ein intensives Bukett, das harmonisch zu Körper und Säure der Weine paßt. Ein guter Buzet erreicht durchaus das qualitative Niveau eines ordentlichen Rotweins aus dem Bordeaux-Bereich Haut-Médoc.

Die Weine aus Bergerac ähneln einfachen Gewächsen aus dem Bordeaux-Gebiet

Bergerac und Monbazillac

80 Kilometer östlich von Bordeaux liegt an der Dordogne die malerische Kleinstadt Bergerac. Das gleichnamige Anbaugebiet bringt aus den klassischen Bordeaux-Rebsorten Cabernet Sauvignon, Cabernet franc und Merlot große Mengen leichter Rotweine auf den Markt, die auf der Qualitätsstufe der einfachen roten Bordeaux-Weine stehen. Besser sind in aller Regel die trockenen Weißweine aus dem Sauvignon blanc. Tropfen gehobener Qualität werden als Côtes de Bergerac oder Pécharmant etikettiert. Innerhalb des Bergerac-Gebietes liegt die kleine Appellation Monbazillac, die den gleichnamigen hervorragenden edelsüßen Weißwein hervorbringt. Er wird nach den Methoden des Bordeaux-Gebietes Sauternes erzeugt und steht den daher stammenden Weinen qualitativ kaum nach.

Château Monbazillac erzeugt edelsüßen Weißwein

Die Hauptstadt des Weines: Bordeaux

Die guten Erzeuger lesen die Trauben – hier Cabernet Sauvignon – noch von Hand

Das Anbaugebiet Bordeaux ist sicherlich das bemerkenswerteste der ganzen Welt. Nirgendwo sonst entstehen in einer so großen Zahl herausragende Rotweine und trockene sowie edelsüße Weißweine wie im Umkreis der südwestfranzösischen Hafenstadt. Mit über 100.000 Hektar Rebfläche ist das Weinbaugebiet Bordeaux allein schon etwa genauso groß wie alle deutschen Rebflächen zusammen. Gerade wegen seiner Größe ist Bordeaux kein einheitliches Gebiet, sondern umfaßt mehr als 50 Teilappellationen. Um die Verwirrung komplett zu machen, bestehen in den verschiedenen Teil-Appellationen von Bordeaux unterschiedliche Systeme der Cru-Klassifizierungen. Zudem werden auch einfache Weine auf den Etiketten mit dem weinrechtlich nicht abgesicherten und letztlich nichtssagenden Zusatz „Grand Vin de Bordeaux“ geschmückt.

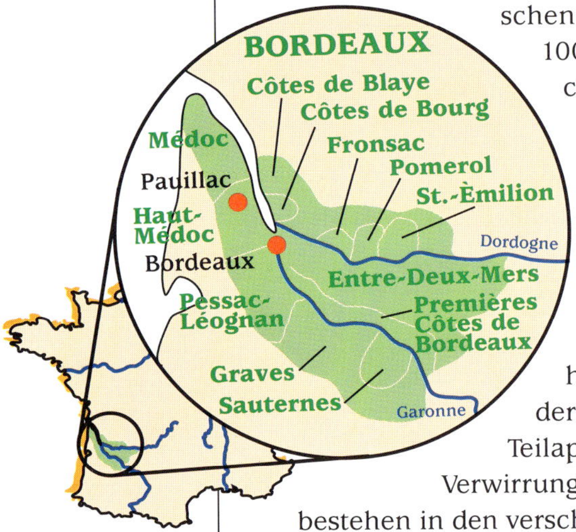

Das Bordeaux-Gebiet ist eine sehr weitläufige Weinbaulandschaft

Das Geheimnis: Assemblage

Für die Erzeugung von Rotweinen sind nur die Rebsorten Cabernet Sauvignon, Cabernet franc, Merlot, Malbec, Petit Verdot und Carmenère zugelassen. Die beiden letztgenannten sind heute lediglich Ergänzungssorten, die von den meisten Winzern kaum noch angepflanzt werden. Für die Herstellung von Weißweinen sind die Rebsorten Sémillon, Sauvignon blanc und der regionale Muscadelle zugelassen. Das Geheimnis des Bordeaux-Weins ist die Assemblage, der Verschnitt der verschiedenen Rebsorten. Welche Rebsorte dabei im Vordergrund steht, hängt von der jeweiligen Gegend ab, denn in dem riesigen Anbaugebiet gibt es gewisse Unterschiede im Klima und bei den Böden. Gelungene rote Bordeaux-Weine sind fest im Kern und gerbstoffbetont. Bei mittlerem Körper und moderatem Alkoholgehalt sind sie niemals schwer und fast immer elegant. Dabei besitzen sie ein betörendes Bukett mit Johannisbeer- und Kräuteraromen. Die Weißweine sind zumeist duftig, säurebetont und elegant, wobei die besten, charaktervollen und konzentrierten Gewächse zu den bemerkenswertesten Weißweinen der Welt zählen.

Strenge Regeln für Spitzenweine

Für Bordeaux-Weine gelten strenge Regeln: Neben der Beschränkung auf die genannten Rebsorten gibt es für jede einzelne Appellation genaue Höchstertragsregelungen. Der einfachste Wein trägt die Appellation Bordeaux, beim Bordeaux Supérieur werden höhere Anforderungen an das Traubengut gestellt. Auf einem mittleren Preisniveau findet man eine sehr große Auswahl an hervorragenden Weinen, deren Preis-Leistungsverhältnis so leicht von keinem anderen französischen Anbaugebiet übertroffen

Das Landschaftsbild wird in der südwestfranzösischen Region von den zahlreichen Windmühlen geprägt

wird. Die besten und teuersten Tropfen aus dem Haut-Médoc, den Graves, aus Saint-Émilion, Pomerol und Sauternes sind in ihrer Art unvergleichlich, unübertroffen und wahrlich große Weine. Die Preisentwicklung gerade bei den Spitzengewächsen hat allerdings dazu geführt, daß die meisten Weinfreunde vom Genuß eines solchen Luxus-Tropfens lediglich träumen können.

Médoc

Geographisch gesehen ist der Médoc die gesamte nördlich von Bordeaux gelegene Landzunge zwischen der Gironde und dem Atlantischen Ozean.

Wenn aber von Wein die Rede ist, bezeichnet Médoc in Abgrenzung zu Haut-Médoc lediglich den nördlichen Teil dieses Gebietes. Die Böden sind kieshaltig, bestehen jedoch zu einem großen Anteil aus Sand und Lehm. Hier entstehen hervorragende, kraftvolle Rotweine. Sie sind robust, von festem Körper und nehmen gelegentlich ein wenig den Geschmack des Bodens an, von dem sie kommen. Daher erreichen die Weine in der Regel nicht das Niveau der Spitzengewächse des Haut-Médoc. Um die Weine zu klassifizieren, wurde 1932 für Médoc und Haut-Médoc gemeinsam die Kategorie der Crus Bourgeois, der „bürgerlichen Gewächse“ eingeführt. Sie müssen sich regelmäßig einer Qualitätsprüfung unterziehen, bevor sie den begehrten Titel erhalten, der sie aus der Gesichtslosigkeit der unzähligen kleinen Weingüter des Médoc herausheben soll. Heute sind mehr als 450 Weingüter im Médoc und Haut-Médoc vom Cru-Bourgeois-Verband klassifiziert. Da jedoch immer mehr Güter dem Verband beitreten, nimmt die Zahl der Crus Bourgeois ständig zu.

Haut-Médoc

Für viele Weinfreunde ist der Haut-Médoc gleichbedeutend mit Spitzenwein aus Bordeaux. In der Tat vollbringt vor allem der Cabernet Sauvignon in diesem schmalen Streifen auf der linken Seite der Gironde wahre Höchstleistungen. Die besten Weine kommen von den bis zu drei Meter dicken Kiesplateaus in direkter Nähe zur Gironde. Hier werden die Weintrauben durch die Wärmereflexion der Kieselsteine geradezu geröstet. Nachts hingegen sorgt eine kühle Brise von der Gironde dafür, daß nicht zuviel flüchtige Bukettstoffe und Säuren aus den Beeren verloren gehen. So entsteht in guten Jahren im Haut-Médoc eine ganze Reihe von herausragenden Rotweinen, die moderat in Alkohol und Körper, bukettreich und tanninbetont sind. Diese

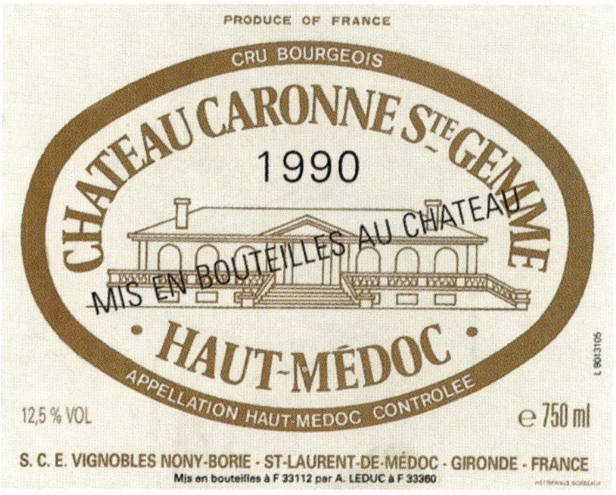

überaus vornehmen Gewächse zählen zu den besten Rotweinen der Welt. Die edelsten Weine sind in guten Jahren äußerst langlebig und erreichen ihre volle Entfaltung oftmals nach 15, manchmal sogar erst nach 20 Jahren, auch wenn heute ein Trend zu früherer Trinkbarkeit nicht zu übersehen ist.

Die Creme der Weine aus dem Haut-Médoc bilden die klassifizierten Gewächse. Insgesamt 60 privilegierte Châteaux sind in das fünfstufige System der Crus classés eingeteilt. An der Spitze stehen die Premiers (1er) Crus, gefolgt von den Deuxièmes (2ème), Troisièmes (3ème), Quatrièmes (4ème) und Cinquièmes (5ème) Crus. Unterhalb dieser Weinaristokratie stehen die gemeinsam mit dem Médoc als Cru Bourgeois klassifizierten Châteaux, deren Spitzen heute so manchem Cru classé ebenbürtig sind. Deshalb bezweifeln viele Weinfreunde heute, ob die aus dem Jahre 1855 stammende Klassifizierung noch zeitgemäß ist.

Saint-Estèphe

Der nördlichste Weinbauort mit eigener Appellation ist Saint-Estèphe. Von seinen Weinbergen kommen fünf Crus classés sowie eine große Zahl teilweise hervorragender Crus Bourgeois. Die Weine aus Saint-Estèphe sind kernig, tanninreich und noch langsamer reifend als die Weine des restlichen Haut-Médoc. In ihrer Jugend sind sie daher sehr verschlossen und brauchen manchmal Jahrzehnte, um ihre Eleganz, ihren Reichtum und ihre Tiefe zu offenbaren. Spitzen-Châteaux: Cos d'Estournel, Montrose.

Pauillac

Der bemerkenswerteste Weinbauort von ganz Bordeaux ist Pauillac. Hier liegen drei der fünf Premiers Crus classés. Mit insgesamt 18 Crus classés und unzähligen Crus Bourgeois gilt Pauillac vielen Weinfreunden als beste Weinbaugemeinde der Welt. Auf 900 Hektar Rebfläche wachsen einige der größten Rotweine, die es überhaupt gibt. Sie sind kernig, kraftvoll und sehr elegant. Ihr Bukett kann betörend komplex und tiefgründig sein. Die Weine aus Pauillac sind unglaublich langlebig, so daß die besten Weine aus guten Jahrgängen oft bis zu 25 Jahre und selbst kleinere Gewächse bis 15 Jahre reifen müssen, damit sie ihr ganzes geschmackliches Potential entfalten können. Spitzen-Châteaux: Lafite-Rothschild, Mouton-Rothschild, Latour.

Saint-Julien

Direkt südlich von Pauillac liegt mit Saint-Julien ein weiterer herausragender Weinbauort des Haut-Médoc. Auf 775 Hektar Rebfläche entstehen elf Crus classés sowie zahlreiche Crus Bourgeois, von denen einige zu den besten Rotweinen der Welt zählen. Der ideale Saint-Julien ist etwas kräftiger als ein Margaux, reift schneller als ein Pauillac und ist eleganter und feiner als ein Saint-Estèphe. Die Spitzenweine sind jedoch immer sehr konzentriert, tanninbetont und äußerst langlebig. Spitzen-Châteaux: Léoville-Las Cases, Gruaud-Larose.

Listrac-Médoc

Seit 1986 besitzt die kleine, zwischen Saint-Julien und Margaux etwas zurückgezogen gelegene Weinbaugemeinde eine eigene Appellation. Die Böden sind in Listrac-Médoc schwerer, mit mehr Sand und Lehm und weniger Kies durchsetzt als auf den weiter zum Fluß hin gelegenen Rebflächen. Deshalb sind die Weine etwas robuster und weniger fein als die Gewächse der Gemeinden direkt an der Gironde. In Listrac gibt es keine Crus classés, jedoch eine große Anzahl zum Teil herausragender Crus Bourgeois.

Moulis-en-Médoc

Nur zwei Kilometer südöstlich von Listrac-Médoc liegt der kleine Weinbauort Moulis-en-Médoc. Die Böden in Moulis entsprechen im allgemeinen denen von Listrac, sie enthalten mehr Sand und Lehm als Kies. Doch an einer Stelle bricht ein Kiesplateau an die Oberfläche durch. Auf dieser als Grand Poujeaux bezeichneten Lage entstehen die besten Weine von Moulis. Zwar ist keines dieser Gewächse als Cru classé eingestuft, doch die be-

Zur Lesezeit werden in Bordeaux Tausende von Helfern eingestellt

sten Crus Bourgeois vom Kiesplateau können einige höher klassifizierte Weine aus anderen Orten durchaus übertreffen. Spitzen-Château: Poujeaux.

Margaux

Die berühmte Weinbaugemeinde Margaux liegt 15 Kilometer südlich von Saint-Julien in direkter Nähe zur Gironde. Sie umfaßt zusätzlich noch vier Nachbarorte und ist die größte Gemeinde-Appellation im Haut-Médoc. Ein Drittel aller klassifizierten Châteaux liegen in Margaux. Dazu kommt noch eine große Anzahl von teilweise überragenden Crus Bourgeois. Die Weine aus Margaux weisen unter den großen roten Bordeaux-Weinen die größte Feinheit auf. Wenn sie voll ausgereift sind, beeindrucken sie durch ihr großartiges Bukett, wirken aufgrund ihrer Feinheit gelegentlich beinahe zart. Spitzen-Châteaux: Margaux, Palmer, Lascombes.

Graves

Das Anbaugebiet Graves schließt nahe der Metropole Bordeaux an den Haut-Médoc an und erstreckt sich über 60 Kilometer nach Süden. Im Gegensatz zum nördlichen Nachbarn werden hier auch hervorragende Weißweine erzeugt. 1959 wurden die besten 15 Weingüter als Crus classés en Graves eingestuft. Diese liegen alle im nördlichen Teil des Gebietes, der jedoch 1987 als Appellation Pessac-Léognan ausgegliedert wurde. Heute kommen unter der Herkunftsbezeichnung Graves Rot- und Weißweine in den Handel, die im Durchschnitt sehr gut und in den Spitzen hervorragend sind. Die Rotweine reifen schneller als die des Médoc. Die Weißen sind in der Regel die besseren Weine. Sie sind säure- und körperreich und können bis zu zehn Jahre in der Flasche reifen.

Pessac-Léognan

1987 wurden die zehn Orte mit den 15 klassifizierten Weingütern aus dem Anbaugebiet Graves ausgegliedert und zur Appellation Pessac-Léognan erklärt. Sie umfaßt die Rebflächen, die der Stadt Bordeaux am nächsten sind und erstreckt sich über 15 Kilometer nach Süden. Hier wachsen rund um den Bordelaiser Stadtteil Pessac und die kleine Weinbaugemeinde Léognan sehr teure Rot- und Weißweine, von denen einige zur absoluten Spitzengruppe von Bordeaux gehören. Der Grandseigneur ist Château Haut-Brion, das bereits 1855 auf eine Stufe mit den besten Rotweinen des Haut-Médoc gestellt wurde.

Zahlreiche prachtvolle Châteaux zeugen von der glanzvollen Weinbautradition im Bordeaux-Gebiet

Sauternes und Barsac

Die nach dem kleinen Dorf Sauternes 50 Kilometer südlich von Bordeaux benannte Appellation gilt ausschließlich für süße Weißweine. Durch herbstliche Nebelbildung tritt hier regelmäßig Edelfäule auf. Aus den eingeschrumpften Wein-

Jahrgangsbewertung	
1975	*außergewöhnlich*
1978	*sehr gut*
1979	*sehr gut*
1982	*außergewöhnlich*
1985	*außergewöhnlich*
1986	*sehr gut*
1987	*gut*
1988	*sehr gut*
1989	*außergewöhnlich*
1990	*außergewöhnlich*
1991	*mittel*
1992	*mittel*
1993	*mittel*
1994	*gut*
1995	*sehr gut*
1996	*sehr gut*
1997	*gut*
1998	*gut*

beeren der Rebsorten Sémillon, Sauvignon blanc und Muscadelle werden hochwertige edelsüße Weißweine erzeugt. Die körperreichen, goldfarbenen Tropfen sind zumeist alkoholreich (bis 14 % vol.) und von einer pfirsichartigen Süße. Der „Superstar“ aus Sauternes ist das legendäre Château d'Yquem, das bei der Klassifizierung 1855 als Premier Grand Cru classé noch über die besten Rotweine des Haut-Medoc gestellt wurde. Im 15 Kilometer entfernten Barsac werden ähnliche edelsüße Weißweine nach der Sauternes-Art erzeugt. Diese sind jedoch nicht so körperreich und süß wie die Sauternes, sondern zeichnen sich eher durch Eleganz aus.

Premières Côtes de Bordeaux

Am östlichen Ufer der Garonne, gegenüber von Pessac-Léognan, Graves, Barsac und Sauternes erstreckt sich über 60 Kilometer das Anbaugebiet Premières Côtes de Bordeaux. Es umfaßt nur den schmalen Uferstreifen, das Hinterland gehört bereits zum Anbaugebiet Entre-Deux-Mers. In den Premières Côtes de Bordeaux entsteht vornehmlich Rotwein, dessen Spitzen zu den besten Tropfen der unbekannteren Anbaugebiete von Bordeaux gehören.

Entre-Deux-Mers

Mit 23.000 Hektar Rebfläche ist das Anbaugebiet Entre-Deux-Mers das größte in Bordeaux. Es liegt zwischen den beiden Flüssen Garonne und Dordogne und grenzt im Westen an die Premières Côtes de Bordeaux, im Osten an die Dordogne. Der auf den Weinbergen dieser Region vorwiegend erzeugte Rotwein darf nur als einfacher Bordeaux etikettiert werden, da die Appellation ausschließlich für Weißweine gilt. Diese werden mit großen Anteilen des Sauvignon blanc erzeugt und sind in aller Regel frisch und fruchtig. Die besten besitzen einen ausgeprägten Charakter und erinnern an die hervorragenden Weißweine von der Loire.

Rund um Blaye

Nördlich von Entre-Deux-Mers liegt an der Gironde dem Haut-Médoc gegenüber die reizvolle Stadt Blaye. Unter den Appellationen Blaye, Blayais, Côtes de Blaye und Premières Côtes de Blaye entstehen hier fruchtige, körper- und tanninreiche Rotweine. Sie sind aufgrund der weniger kieshaltigen Böden zumeist leichter als die Médoc-Weine. Die besten Abfüllungen kommen aus der Appellation Premières Côtes de Blaye.

Côtes de Bourg

Zehn Kilometer südlich von Blaye kommt man in die Stadt Bourg, die genau am Zusammenfluß von Garonne und Dordogne liegt. Die Weinberge der Côtes de Bourg sind zu gleichen Teilen mit Cabernet Sauvignon, Cabernet franc und Merlot bepflanzt. Auf den lehmigen, kalkhaltigen Böden entstehen körperreiche, harmonische Rotweine, die nach fünf Jahren Flaschenreife am besten sind.

Impression aus dem Anbaugebiet Saint-Émilion

Fronsac und Canon-Fronsac

Fronsac ist ein kleiner Weinbauort fünf Kilometer nordwestlich des Weinhandelszentrums Libourne am rechten Ufer der Dordogne. Hier werden aus dem Merlot mit Zusätzen des Cabernet franc kernige, tanninreiche Rotweine erzeugt. Nach fünf bis acht Jahren Flaschenlagerung reifen sie zu weichen, samtigen Tropfen heran. Die besten Weine stammen von den kalksteinhaltigen Abhängen zum Fluß und kommen unter der eigenen Appellation Canon-Fronsac auf den Markt. Sie ähneln stark den körperreichen, kraftvollen Weinen von Pomerol und Saint-Émilion.

Pomerol

Das 475 Hektar große Anbaugebiet Pomerol liegt auf einem knapp 40 Meter hohen großen Kiesplateau, das mit einer dicken Schicht sand- und lehmhaltiger Böden überdeckt ist. Es befindet sich nordöstlich der Stadt Libourne und westlich des Anbaugebietes Saint-Émilion. Hier gibt es nur Rotwein, der hauptsächlich aus dem Merlot mit Zusätzen des Cabernet franc erzeugt wird. Die besten Tropfen kommen von den stärker kieshaltigen Böden im Norden von Pomerol. Sie reifen schneller als die aus dem Haut-Médoc und sind dann kernig, tanninreich und dennoch unbeschreiblich samtig. Die besten Pomerols zählen zu den großen Rotweinen der Welt. In Pomerol gibt es keine dem Haut-Médoc oder Saint-Émilion vergleichbare Klassifikation. Ebenfalls gute, wenn auch nicht so superbe Rotweine kommen aus Lalande-de-Pomerol, einer Appellation am nördlichen und westlichen Rand von Pomerol. Spitzen-Châteaux: Pétrus, Trotanoy, La Conseillante.

Saint-Émilion

Saint-Émilion ist der Name einer malerischen Kleinstadt 30 Kilometer östlich von Bordeaux und einer der ganz großen Rotweinbereiche, aus dem etliche der besten roten Bordeaux stammen.

Auf den 5.500 Hektar Rebfläche dominiert der Merlot nicht so eindeutig wie in Pomerol. Dennoch ist sein Anteil wesentlich höher als im Haut-Médoc oder in den Graves. Die besten Weine stammen von den kiesigen Abhängen der Dordogne und den dahinter liegenden Kiesplateaus. Sie sind tanninreich, komplex sowie elegant und offenbaren im Alter ein wunderbares Bukett und eine große Tiefe und Samtigkeit. Diese Weine stehen auf einer Stufe mit den besten Gewächsen aus dem Haut-Médoc. Die Spitzenweine sind als Premiers Grands Crus classés klassifiziert. Weitere 60 Gewächse tragen die Bezeichnung Grand Cru classé. Darunter gibt es eine große Anzahl von Grands Crus, die mit den Crus Bourgeois aus Haut-Médoc vergleichbar sind. Lussac-Saint-Émilion, Montagne-Saint-Émilion und Puisseguin-Saint-Émilion sind Randbereiche von Saint-Émilion, in denen körperreiche und kernige Rotweine erzeugt werden. Spitzen-Châteaux: Cheval Blanc, Ausone, Canon.

Côtes de Castillon und Côtes de Francs

Östlich von Saint-Émilion liegen die beiden Anbauregionen Côtes de Castillon und Côtes de Francs. In beiden Gebieten werden aus Merlot und Cabernet franc weiche und ansprechende Rotweine erzeugt. Die früh zu trinkenden Tropfen übertreffen den einfachen Bordeaux Supérieur an Qualität und ähneln denen aus den Randbereichen von Saint-Émilion.

Jenseits der Alpen: ITALIEN

In keinem anderen Land der Welt ist der Wein so allgegenwärtig wie in Italien. Jede der 20 italienischen Provinzen verfügt über Rebflächen, auch wenn der Weinbau nicht überall gleich intensiv betrieben wird. Eine Million Hektar landwirtschaftlicher Nutzfläche sind mit Weinreben be-

pflanzt. Bis vor 15 Jahren brachte Italien jedes Jahr bis zu 75 Millionen Hektoliter Wein hervor. Das entsprach der unvorstellbaren Menge von zehn Milliarden Flaschen Wein und war mehr, als jedes andere Weinbauland der Erde produzierte. Jede fünfte Flasche Wein kam damals aus Italien. Heute ist die Jahresproduktion auf 60 Millionen Hektoliter gesunken und liegt nun auf einem Niveau mit der Frankreichs.

Massenweine und Spitzenprodukte

An der Spitze der italienischen Massenweinerzeugung liegen Venetien, die Emilia-Romagna, Apulien und Sizilien. Diese vier Regionen bringen zusammen bereits die Hälfte der jährlichen Weinproduktion hervor. Doch die qualitativ besten Weine kommen aus dem Piemont, der Toskana und aus Friuli-Venezia Giulia. Von den acht Millionen Hektolitern Qualitätswein, die jährlich in Italien erzeugt werden, kommen über 90 Prozent aus diesen drei Regionen. Das Verhältnis zwischen Qualität und Quantität drückt sich auch in den Ertragsmengen pro Hektar Rebfläche aus. Spitzenreiter sind die Abruzzen, in denen jeder Hektar Rebfläche pro Jahr 140 Hektoliter Wein liefert. Die Emilia-Romagna, Venetien und Apulien bringen es auf 100 Hektoliter pro Hektar Anbaufläche, während Latium, die Marken und Sizilien auf derselben Fläche 80 Hektoliter Wein erzeugen. Die Qualitätsweingebiete Friuli-Venezia Giulia, Piemont und Toskana hingegen erzeugen im Durchschnitt lediglich 40 Hektoliter pro Hektar und liegen damit auf einem Niveau mit den besten französischen Anbaugebieten.

Das italienische Weingesetz

Italien ist hinsichtlich seiner geographischen und klimatischen Beschaffenheit für den Weinbau ideal. Von alpinem Klima im Norden bis zu mediterran-subtropischen Wetterverhältnissen im Süden umfaßt es alle geeigneten Klimazonen. Zudem gibt es steile, felsige Hänge im Überfluß und in den wenigen Ebenen lehmhaltige Kiesböden, die für den Anbau der Weinrebe hervorragende Bedingungen bieten. Der italienische Weinbau bleibt insgesamt jedoch weit unter seinen Möglichkeiten. Dies ist in

Weinlandschaft in den Abruzzen

Rechts: Das Valtellina

In den Weinbergen rund um den kleinen Ort Valdobbiadene in Venetien wächst der berühmte Prosecco

erster Linie der unzulänglichen italienischen Weingesetzgebung anzulasten, die durch ihre Starrheit den Fortschritt behindert. Sie ist zwar konform mit den Richtlinien der EU, fördert jedoch die Festschreibung althergebrachter Traditionen und bestraft viele dynamische, moderne Erzeuger, indem sie ihnen die Einstufung ihrer Gewächse als Qualitätsweine versagt.

Auch in Italien bilden die Tafelweine, die Vini da Tavola, die unterste Qualitätsstufe. Über 85 Prozent aller italienischen Weine fallen unter diese Kategorie. Seit der Novelle Nr. 165 der Weingesetze von 1992 existiert oberhalb des Tafelweines eine Indicazione Geografica Tipica (IGT), die der Ebene der französischen Landweine entspricht.

DOC, DOCG, Classico, Superiore und Riserva

Die italienischen Qualitätsweine sind in die niedrigere Kategorie DOC (Denominazione di Origine Controllata) und die höherwertige Stufe DOCG (Denominazione di Origine Controllata e Garantita) eingeteilt. Hier gelten strenge Bestimmungen: Bei der Festlegung der Anforderungen an die Qualitätsweine geht der Gesetzgeber in erster Linie von der Tradition der Weinbereitung im jeweiligen Anbaugebiet aus. Er hat sehr genau festgelegt, welche Traubensorten angebaut werden dürfen und wie der Wein zu bereiten ist. Kommen die Weine aus dem Kernbereich des DOC-Gebiets, so dürfen sie den Zusatz „Classico" in ihrem Namen führen. Bei höherer Qualität des Traubengutes verdienen die besseren Weine die Einstufung als „Superiore". Nach einer bestimmten, je nach Anbaugebiet unterschiedlich festgelegten Lagerungsdauer gelten die besten Tropfen als „Riserva"-Weine.

„Neue" Tafelweine – die „eigentlichen" Qualitätsweine?

Durch diese Weingesetze werden bestimmte traditionelle Methoden der Weinbereitung für alle Zeit zementiert, während für zukunftsweisende Experimente kein Raum gelassen wurde.

Ein Beispiel: Der herausragende Rotwein Tignanello entsteht im DOCG-Anbaugebiet des Chianti Classico. Da bei ihm aber die Rebsorten in einem anderen Verhältnis gemischt werden und der Wein nach anderen Methoden erzeugt wird, versagt ihm das Weingesetz die Anerkennung als Chianti Classico. Statt dessen findet er sich auf der niedrigsten Qualitätsstufe der Tafelweine neben Massen von gewöhnlichen Alltagsweinen wieder, obwohl es sich um einen der besten Rotweine Italiens handelt.

Mittlerweile haben fast alle Erzeuger im dynamischen Anbaugebiet Toskana Rebflächen mit den großen Rotweinsorten Cabernet Sauvignon und Merlot bestockt. Sie verschneiden diese Sorten mit der klassischen Sangiovese-Traube und bauen sie in kleinen 225-Liter-Eichenfässern aus, den Barriques. Dabei sind bereits an die zwei Dutzend

Weinlandschaft in den Marken

großartiger Rotweine entstanden, die jedoch wie der Tignanello allesamt lediglich als Tafelweine gelten. Auch reinsortige Sangiovese-Weine dürfen sich in der Toskana nicht als Chianti bezeichnen, da für diesen ein genaues Mischungsverhältnis bestimmter roter und weißer Rebsorten vorgeschrieben ist. Auch sie sind nur Tafelweine, werden jedoch durchweg so teuer gehandelt wie die Spitzenweine aus Bordeaux. So ergibt sich die Situation, daß diese Tafelweine qualitativ weit über den meisten DOC- und DOCG-Weinen stehen. Nur wenige, wirklich großartige italienische Qualitätsweine kommen den „neuen" Tafelweinen gleich. Dies sind vor allem die Spitzenweine aus dem Piemont und der Toskana, aus Friuli-Venezia Giulia, aber auch einige Weine Mittelitaliens und des italienischen Südens.

Modernität und Tradition

Viele Winzer ignorieren die starren italienischen Weingesetze. Ihre Dynamik ist Ausdruck der großen Flexibilität, mit der sie auf Änderungen des Publikumsgeschmacks reagieren. Dies hat zur Folge, daß die italienischen Weißweine heute zunehmend aus den klassischen französischen Rebsorten Chardonnay, Pinot grigio (Grauer Burgunder), Pinot bianco (Weißer Burgunder) und Sauvignon bianco bestehen. Dazu kommt der weiße Trebbiano, der hohe Erträge garantiert, dafür jedoch nur einen frischen, neutralen Weißwein liefert.

Am Fuße der Alpen liegen die Weinberge Südtirols

Italienische Weißweine werden zum überwiegenden Teil in gekühlten Stahltanks ausgebaut, um eine möglichst große Spritzigkeit, Frische und Fruchtigkeit zu erzeugen. Einfache Weine können süffig und angenehm, bessere auch elegant und delikat sein. Sie sollten jedoch durchweg in den ersten drei Jahren getrunken werden, denn selbst die teuersten unter ihnen beginnen danach langsam an Qualität zu verlieren. In den letzten Jahren haben einige herausragende Erzeuger damit begonnen, ihre besten Weißen in Barrique-Fässern auszubauen. Dabei entstehen charaktervolle, langsam reifende Weißweine, die allerdings meist sehr teuer sind.

Aus der Toskana kommen viele der besten Weine Italiens

Bei den Rotweinen ist die Entwicklung weg vom Massenwein und hin zum langsam reifenden Spitzenwein noch weiter fortgeschritten. In fast allen italienischen Anbaugebieten werden heute mit modernen Kellermethoden und dem Einsatz von Barriques kernige Rotweine internationalen Formats erzeugt – sei es mit oder ohne DOC-Status.

Im Bannkreis der Alpen: Norditalien

Die nördlichsten Anbaugebiete Italiens befinden sich allesamt in klimatisch besonders begünstigten Tälern der italienischen Alpen oder an deren Abhängen. Wir durchqueren Norditalien von Westen nach Osten und statten den Anbaugebieten Valle d'Aosta, Valtellina, Alto Adige/Südtirol und Trentino einen Besuch ab. In diesen alpinen Regionen müssen die Rebflächen terrassiert und den Bergen parzellenweise abgetrotzt werden. Gemessen an der Gesamtrebfläche Italiens sind diese Anbaugebiete winzig, qualitativ hingegen nehmen sie einen hohen Rang ein.

Von den terrassierten Steillagen des Valtellina kommen hervorragende Rotweine aus der Nebbiolo-Traube

Das kleinste Anbaugebiet Italiens: Valle d'Aosta (Aosta-Tal)

Jahrgangsbewertung	
1988	*außergewöhnlich*
1989	*gut*
1990	*außergewöhnlich*
1991	*mittel*
1992	*mittel*
1993	*gut*
1994	*gut*
1995	*gut*
1996	*sehr gut*
1997	*gut*
1998	*gut*

Das Valle d'Aosta erstreckt sich 35 Kilometer westlich und östlich des vom mächtigen Sankt Gotthard überragten Alpenstädtchens Aosta. Im Grenzgebiet zu Frankreich und der Schweiz liegen verstreut in der wildzerklüfteten Bergwelt die 1.000 Hektar Rebflächen des kleinsten Anbaugebietes Italiens. Der beste Wein des Aosta-Tals ist der kraftvolle und sehr feine rote Donnaz, der im unteren Bereich des Tals aus der Nebbiolo-Rebe erzeugt wird. Etwas leichter präsentiert sich der ebenfalls aus Nebbiolo produzierte Arnad-Montjovet. Aus der lokal verbreiteten roten Rebsorte Petit Rouge entsteht ein leichter, angenehmer Rotwein namens Enfer d'Arvier. Im Verschnitt mit Dolcetto, Pinot nero (Spätburgunder) und Gamay ergibt diese Traube den roten Chambave. Die höchsten Weinberge Europas liegen in den Orten Morgex und La Salle, wo bis zu einer Höhe von 1.200 Metern Weißwein wächst.

Feine Rotweine von steilen Hängen: Valtellina

Im äußersten Norden der Lombardei in direkter Nähe zur Schweizer Grenze liegt das Anbaugebiet Valtellina, in dem aus dem Nebbiolo mit Zusätzen von Pinot nero und Merlot ausschließlich Rotwein erzeugt wird. Die einfachen Gewächse sind zumeist sehr ansprechend. Bessere Tropfen tragen die Bezeichnung Valtellina Superiore und stammen aus den Ortschaften Sassella, Grumello, Inferno und Valgella. Hier befinden sich die sehr steilen Weinberge am Nordufer des genau in Ost-West-Richtung verlaufenden Alpenflüßchens Adda und sind exakt nach Süden ausgerichtet. Der Sassella gilt als der beste Wein dieses Quartetts. Er ist tanninreich, langsam reifend und entfaltet nach einigen Jahren der Flaschenreife eine würzige Feinheit. Der Grumello ist ähnlich fein, besitzt jedoch nicht die Kraft des Sassella. Der Inferno entwickelt sich nach einigen Jahren der Flaschenreife zum harmonischsten Valtellina Superiore. Sehr hoch liegen die Wein-

berge des Valgella, des feinsten der lombardischen Nebbiolo-Weine.

Alto Adige/Südtirol

Die Weinberge Südtirols liegen in der deutschsprachigen Provinz Bozen (ital. Bolzano) im oberen Etschtal, in dem über 60 Gemeinden Weinbau betreiben. Sie erzeugen eine große Vielfalt von Gewächsen. Insgesamt 18 verschiedene Rot- und Weißweine werden nach deutschem Vorbild unter Nennung der Rebsorte reinsortig abgefüllt. Darunter sind feine Rieslinge, körperreiche Chardonnays und hervorragende Rotweine aus Cabernet Sauvignon und Pinot nero. Auch Pinot grigio, Pinot bianco und Sauvignon bianco stehen im Anbau und liefern vorzügliche Tropfen. Die bekanntesten Weine Südtirols sind der Lagrein Kretzer und die Rotweine vom Kalterersee, einem kleineren Bergsee bei Bozen. Der Lagrein Kretzer (ital. Lagrein rosato) ist ein spritziger Roséwein, der in 32 Gemeinden rund um Bozen erzeugt wird. Der aus derselben lokalen Lagrein-Traube erzeugte tanninreiche Rotwein wird als Lagrein Dunkel (ital. Lagrein scuro) etikettiert. Am Kalterersee (ital. Lago di Caldaro) werden in 20 Weinbaugemeinden aus verschiedenen Rebsorten Rotweine erzeugt, die wegen ihrer Leichtigkeit, Frische und Unkompliziertheit weithin beliebt sind. Die einfacheren Weine Südtirols kommen als Etschtaler (ital. Valdadige) in den Handel.

Trentino

Südlich von Südtirol schließt sich das Anbaugebiet Trentino an. Rund um die malerische Stadt Trient (Trento) wachsen viele leichte, fruchtige Alltagsweine, die wie in Südtirol unter der Sammelbezeichnung Valdadige etikettiert werden. Es gibt aber auch einige bessere Gewächse aus den Rebsorten Chardonnay, Sauvignon bianco, Cabernet Sauvignon, Merlot und Lagrein. Eine norditalienische Spezialität ist die Rebsorte Marzemino, die einen vollmundigen, charaktervollen und samtigen Rotwein hervorbringt. Eine Rarität sind die Weißweine aus der nur im Trentino angebauten Rebsorte Nosiola. Der herausragende Wein des Trentino ist der rote Mori Vecio. Er wird in dem kleinen Weinbauort Mori aus Cabernet Sauvignon, Cabernet franc und Merlot erzeugt und ist nach einigen Jahren der Reife charaktervoll und fein. Neben diesen Stillweinen entsteht im Trentino eine große Anzahl von Schaumweinen nach der traditionellen Methode der Flaschengärung. Diese Vini Spumanti können sehr feinperlig und ausdrucksstark sein und zu den besten italienischen Schaumweinen gehören.

Im landschaftlich sehr reizvollen Südtirol entsteht eine große Vielfalt verschiedenster Weine

Venetien und Friuli-Venezia Giulia

Der italienische Nordosten hat eine abwechslungsreiche Landschaft, in der viele verschiedene Weine entstehen. Er beginnt mit den Weinbergen des Gardasees und reicht von dort nach Osten bis zu den Gebirgspässen, die Italien mit der Republik Slowenien verbinden. Dieses weitläufige Gebiet umfaßt die Provinzen Venetien und Friuli-Venezia Giulia. Die besten Rebflächen liegen hier an den südlichen Abhängen der Alpen zur norditalienischen Tiefebene hin.

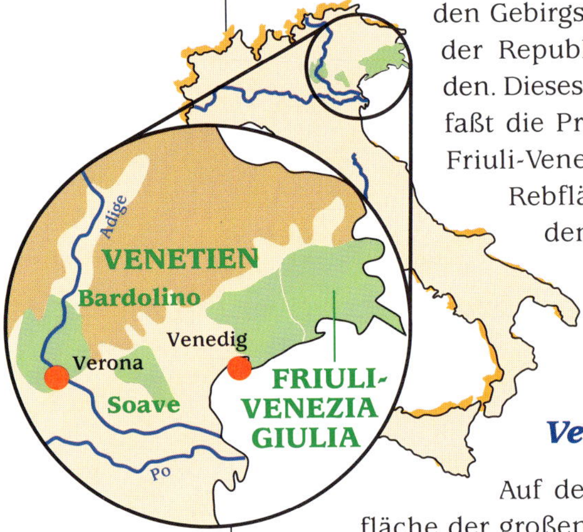

Venetien

Auf den 90.000 Hektar Rebfläche der großen Weinbauregion Venetien werden einige der bekanntesten Weine Italiens erzeugt. Darunter sind viele einfache Tropfen, die aufgrund ihrer Leichtigkeit auch an heißen Sommertagen Genuß ohne Reue bereiten. Die bekanntesten sind Soave, Bardolino und Valpolicella. Bei diesen Namen denkt man schnell an gesichtslose Massenprodukte, doch die besten Weine dieser Anbaugebiete können durchaus auf einer Stufe mit sehr guten Weinen aus anderen italienischen Regionen stehen.

Weinberge in Venetien

Lugana

Im Süden des wildromantisch gelegenen Gardasees wachsen die Trauben für den weißen Lugana. Er wird aus der in Italien weitverbreiteten Trebbiano-Traube erzeugt, die unter den klimatischen Bedingungen an der riesigen Wasserfläche ihr volles qualitatives Potential entwickeln kann. Der fruchtige und charaktervolle Lugana besitzt eine typische mineralische Geschmacksnote und zählt zu den besten Weißweinen der Region.

Bardolino

Aus dem malerischen Weinbauort am Südostufer des Gardasees kommt der blaßfarbene, leichte und charmante rote Bardolino. Der fruchtige und unkomplizierte Alltagswein wird in der Regel jung getrunken. Der bessere Tropfen ist jedoch der Bardolino Chiaretto, ein äußerst köstlicher, duftiger und spritziger Roséwein, der sich vorzüglich als Begleiter der vielfältigen norditalienischen Küche eignet.

Valpolicella

Östlich des Bardolino-Gebietes schließt sich das Anbaugebiet Valpolicella an. Die rund um die Metropole Verona erzeugten Rotweine sind in aller Regel leicht, fruchtig und säurebetont. Die als Superiore etikettierten Weine weisen eine höhere Qualität und mehr Gehalt auf. Aus luftgetrockneten Trauben werden wuchtige Rotweine erzeugt, die als Amarone in den Handel kommen. Die alkoholreichen Tropfen (bis 16 % vol.) sind schwer, aber auch samtig und tiefgründig.

Soave

Rund um die malerische mittelalterliche Stadt Soave wird der gleichnamige Weißwein aus Garganega und Trebbiano bereitet. Ein hervorragender Soave ist fruchtig, bukettreich und delikat. Er ähnelt einem guten Chablis und ist der ideale Begleiter jeglicher Fischgerichte und Meeresfrüchte. Leider sind derartige Weine heute nur sehr schwer zu finden, da die meisten Erzeuger ihren Reben zu hohe

Erträge zumuten, so daß die Weine oft säuerlich und dünn erscheinen.

Prosecco

Nahe der Grenze zu Friuli-Venezia Giulia entsteht rund um die Ortschaften Valdobbiadene und Conegliano einer der berühmtesten italienischen Weine, der Prosecco. Aus der gleichnamigen weißen Rebsorte wird hier Schaumwein, Perlwein und Stillwein bereitet. Die besten Erzeuger stellen den Schaumwein nach der traditionellen Methode der Flaschengärung her. Der Perlwein wird durch eine Kohlensäure-Infusion zum Schäumen gebracht. Die fruchtigen, stillen Proseccos gehören zu den besten Weißweinen Venetiens.

Friuli-Venezia Giulia

Diese Region im äußersten Nordosten Italiens verfügt über 23.000 Hektar Rebfläche. Die günstigen mikroklimatischen Bedingungen und die niedrigen Hektarerträge von unter 50 Hektoliter pro Hektar Rebfläche lassen hier einen überdurchschnittlichen Anteil an Qualitätsweinen entstehen. Schlichte Tropfen gibt es kaum, denn in den herausragenden Bereichen Collio, Colli Orientali del Friuli, Grave del Friuli und Isonzo entstehen Weine, die zu Italiens Spitzenklasse gerechnet werden müssen.

Grave del Friuli

Der größter DOC-Bereich von Friuli-Venezia Giulia liegt in der Ebene zwischen Alpen und Adria. In Grave del Friuli werden 15 ausgezeichnete reinsortige Rot- und Weißweine produziert. Diese Spitzenweine aus Cabernet Sauvignon, Merlot, Chardonnay, verschiedenen Pinot-Sorten, Gewürztraminer, Riesling und Sauvignon bianco sind den besten Weinen vom Collio oder den Colli Orientali del Friuli an Charakter, Finesse und Eleganz ebenbürtig.

Colli Orientali del Friuli

Ein qualitativ besonders hochwertiger Weinbaubereich der Region sind die Colli Orientali di Friuli an den Abhängen der Alpen nahe der slowenischen Grenze. Hier werden aus Cabernet Sauvignon, Cabernet franc, Merlot, Pinot nero, Picolit, Pinot bianco, Pinot grigio, Riesling und Sauvignon bianco sortenreine DOC-Weine erzeugt. Dabei handelt es sich durchweg um ausgezeichnete Tropfen, die zu den besten ihrer Art in ganz Norditalien zählen. Der beste Wein des Bereichs ist der rote Schiopettino.

Collio

Im Osten von Friuli-Venezia Giulia an der slowenischen Grenze liegen die Weinberge des Collio. Dieses Anbaugebiet wird als das beste der Region Friuli-Venezia Giulia angesehen. Neben fruchtigen DOC-Weißweinen aus dem Malvasia, Traminer, Riesling, Pinot grigio und Pinot bianco erzeugen manche Winzer einige „neue" Tafelweine aus dem Chardonnay, die den DOC-Weinen in nichts nachstehen. Auch die Rotweine aus dem Cabernet franc, Merlot oder Pinot nero sind vorzüglich.

Isonzo

Im Tal des Flusses Isonzo bereiten 21 Weinbaugemeinden aus den Cabernet-Sorten, dem Merlot, den Pinot-Sorten, dem Gewürztraminer, Riesling und Sauvignon-bianco reinsortige Weine. Diese überzeugen durch Frucht, Harmonie und Eleganz, auch wenn sie nicht die Qualität der Weine des benachbarten Collio erreichen.

Jahrgangsbewertung

1988	*außergewöhnlich*
1989	*mittel*
1990	*außergewöhnlich*
1991	*mittel*
1992	*schlecht*
1993	*mittel*
1994	*sehr gut*
1995	*gut*
1996	*sehr gut*
1997	*sehr gut*
1998	*gut*

Aus dem Anbaugebiet Soave kommen fruchtige Weißweine

Die Region Friuli-Venezia Giulia ist das östlichste Weinbaugebiet Italiens

Spezialitäten aus dem Westen Italiens: Das Piemont

Unter dem Gesichtspunkt der Weinerzeugung ist das Piemont herausragend und nimmt gemeinsam mit der Toskana in qualitativer Hinsicht wohl den ersten Rang in Italien ein. Von den gut 70.000 Hektar Rebfläche kommen Weine, die es in dieser Form nur hier gibt und die unvergleichlich sind. Grund dafür sind die Piemonteser Rebsorten, von denen die meisten entweder nur hier vorkommen oder eben in dieser Region am besten gedeihen. Der „Star" ist der überragende Nebbiolo, aus dem einzigartige Rotweine entstehen. Selbst die findigen und innovativen Winzer in den dynamischsten Weinbaugebieten in Übersee haben sich bisher an die Kultivierung des äußerst anspruchsvollen Nebbiolo kaum herangewagt. Dazu kommen als Piemonteser Spezialitäten die roten Sorten Grignolino, Dolcetto und Freisa, bei den Weißen Cortese, Favorita und Arneis. Doch auch die verbreiteten Sorten wie vor allem der Barbera gedeihen im Piemont besser als in allen anderen italienischen Weinbauregionen.

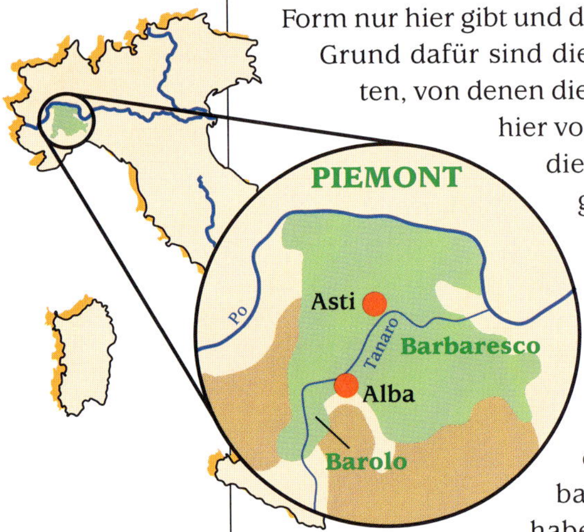

Der Weinbau im Piemont konzentriert sich vor allem auf vier Bereiche. Der nördlichste liegt südlich des Lago Maggiore an der Grenze zur Lombardei rund um die Städte Vercelli und Novara. Weiter westlich erstreckt sich um die kleine Stadt Ivrea ein Weinbaugebiet, das man als Fortsetzung des Valle d'Aosta in die Ebene hinein bezeichnen kann. Die berühmtesten Weinberge ganz Norditaliens liegen hingegen im Süden des Piemont. Um das Weinbauzentrum Asti erstrecken sich die Hügel des Monferrato, um das Dorf Alba die der Langhe. Hier entstehen all die Barolo-, Barbaresco-, Nebbiolo- und Barbera-Weine, die dem Piemont zu seinem Weltruhm verholfen haben.

Den piemontesischen Rotweinen steht auf der Seite des Weißweines nichts Vergleichbares gegenüber. Zwar ist der Asti Spumante wahrscheinlich der bekannteste Wein des Piemonts, doch handelt es sich dabei vornehmlich um qualitativ unbedeutende Massenware. Und auch die besten Gavi-Weine können bei weitem nicht an das Niveau der Rotweine heranreichen.

In den letzten Jahren haben fortschrittliche Winzer auch im Piemont begonnen, mit den klassischen französischen Rebsorten Cabernet Sauvignon, Cabernet franc, Merlot, Chardonnay und Sauvignon bianco zu experimentieren. Auch wenn diese Entwicklung in viel kleinerem Maßstab verläuft als in der Toskana, so sind auch im Piemont bereits einige „neue" Weine entstanden. Doch wie in der Toskana gelten diese teuren Gewächse rechtlich nur als Tafelweine.

Eine Besonderheit des Piemonts sind die vielen Castelli, in denen viele Weingüter residieren

Am Lago Maggiore

Im Südwesten des Lago Maggiore liegen sieben unterschiedlich große DOC-Weinbaugebiete, in denen aus dem hier als Spanna bezeichneten Nebbiolo Rotweine erzeugt werden. Diese sind jedoch im Gegensatz zu den Nebbiolo-Weinen des südlichen Piemont nicht sortenrein, sondern werden unter Verwendung von zwei weiteren, lokalen roten Rebsorten produziert. Die beiden besten Weine sind der Gattinara und der Ghemme. Sie müssen vor dem Verkauf vier Jahre ausgebaut werden, davon mindestens zwei Jahre im Holzfaß. Nach weiteren fünf Jahren Flaschenreife entwickeln sie sich zu harmonischen und feinen Rotweinen. Sehr ähnlich, wenn auch etwas leichter und etwas weniger langlebig sind die Weine namens Boca, Sizzano, Fara, Bramaterra und Lessona.

Der Weinbau von Ivrea

Der kleine, idyllische Ort Ivrea liegt 50 Kilometer nördlich von Turin am Fuße der Alpen, genau am Eingang zum Valle d'Aosta. Nördlich von Ivrea erstreckt sich an den Südhängen der Alpen das Anbaugebiet Carema. Der gleichnamige Rotwein wird aus dem Nebbiolo erzeugt. Vor dem Verkauf wird der Carema vier Jahre lang ausgebaut, davon zwei Jahre im Holzfaß. Anschließend verbessert er sich noch bis zu zehn Jahre lang in der Flasche.

In der Ebene südlich von Ivrea befindet sich das Anbaugebiet Erbaluce di Caluso. Aus der lokalen weißen Rebsorte Erbaluce entsteht hier ein trockener, körperreicher und ansprechender Weißwein, der zu den besseren des Piemonts zählt. Zudem erzeugen die Winzer rund um das kleine Weinbaudorf Caluso aus rosinenartig eingetrockneten Erbaluce-Trauben einen süßen, alkoholreichen Dessertwein.

Im Monferrato rund um Asti

Im Weinbaubereich Monferrato in der Provinz Asti dominiert der Barbera. Der Barbera del Monferrato sollte jung getrunken werden, da sein größter Vorzug in seiner Fruchtigkeit liegt. Nördlich des Barbera-Gebietes entsteht der Grignolino d'Asti. Der Grignolino ist eine wenig farbintensive Rotweintraube, die einen hellroten, eleganten Wein ergibt. Er eignet sich nicht für eine längere Lagerung und sollte sehr jung getrunken werden. Auf den höheren Lagen der Monferrato-Berge südlich von Asti wird Weißwein angebaut. Die Cortese-Traube bringt hier den frischen, fruchtigen und recht neutral schmeckenden Cortese dell'Alto Monferrato hervor. Aus derselben Rebsorte entsteht ganz im Süden des Monferrato, nahe der Grenze zu Ligurien, der bekannte Weißwein Gavi. Er ist fruchtig sowie säurebetont und schmeckt am besten an heißen Sommertagen. Die Weine aus der direkten Nähe der kleinen Stadt Gavi werden als Gavi di Gavi bezeichnet.

Zentrum des Weinbaus im Monferrato ist die berühmte Stadt Asti. Von hier kommt der neben dem toskanischen Chianti und dem Lambrusco aus der Emilia-Romagna wahrscheinlich bekannteste italienische Wein, der Asti Spumante. Neben diesem meist süßen und äußerst beliebten Schaumwein bringt Asti aber auch noch einige großartige Rotweine hervor. Die besten Barbera d'Asti werden heute in Holzfässern ausgebaut und unter Angabe von Lagenbezeichnungen in den Handel gebracht. Die körper- und säurereichen Rotweine entwickeln sich nach zehn Jahren der Flaschenreife zu vollmundigen Tropfen mit feinem Bukett. Dabei übertreffen sie an Statur so manchen leichteren Nebbiolo-Wein. Der Dolcetto d'Asti ist dagegen ein leichter, jung zu trinkender Rotwein, der einen delikaten Bitterton im Geschmack aufweist.

Die Hügel der Langhe

Die hügeligen Langhe sind der qualitativ beste Weinbaubereich des Piemont. Sie erstrecken sich rund um die Weinbaumetropole Alba 50 Kilometer südlich von Turin. Alba ist einer der bedeutendsten und außergewöhnlichsten Weinbauorte der Welt, denn im Umkreis wachsen einige der herausragendsten Weine Italiens. Einige Kilometer südwestlich von Alba entsteht der großartige Barolo, wenige Kilometer östlich dieser Weinmetropole der ebenbürtige Barbaresco. Im Süden der Stadt gedeihen der Nebbiolo d'Alba und der Barbera d'Alba, der beste der vielen hervorragenden Barbera-Weine des Piemont. Der Dolcetto d'Alba übertrifft mit seiner trockenen, charaktervollen Art alle anderen Dolcetto-Weine des Piemont. Allerdings darf er nicht lange gelagert werden, da er seinen Charme vor allem aus seiner Jugend bezieht.

Barolo

Der kleine Ort Barolo 15 Kilometer südwestlich von Alba ist weltberühmt. Grund dafür ist der gleichnamige wahrhaft große Rotwein, der auf 1.200 Hektar Rebfläche aus der Nebbiolo-Traube erzeugt wird. Viele Weinliebhaber bezeichnen den Barolo als den besten italienischen Wein schlechthin. Er entsteht aus dem Nebbiolo, der hier in direkter Nähe zum Fluß Tanaro mit der Luftfeuchtigkeit versorgt wird, die er benötigt, um Spitzenleistungen zu erbringen.

Das Weingut Fontanafredda ist einer der wichtigsten Erzeuger im Piemont

Ein guter Barolo besitzt einen mächtigen Körper und ist sehr alkoholstark (bis zu 14,5 % vol.). Je nach Qualitätsstufe reift er vor der Flaschenabfüllung zunächst drei bis fünf Jahre im großen Kastanienfaß, bevor er in den Handel gelangt. Aber auch jetzt ist er noch nicht trinkreif, denn der Barolo gehört zu den am langsamsten reifenden Weinen der Welt. Mit ihrem undurchdringlichen, herben und abweisenden Tanningerüst sind junge Barolo-Weine nahezu ungenießbar. Erstklassige Abfüllungen aus guten Jahrgängen brauchen oft über ein Jahrzehnt, um ihre Herbe zu verlieren und ihre gesamte Harmonie, Kraft und Tiefe zu entwickeln. Im Bemühen um frühere Trinkreife ist in den letzten Jahren auch ein leichterer Barolo-Typus entstanden, der allerdings an die Qualität der Spitzenerzeugnisse nicht heranreicht.

Barbaresco

Fünf Kilometer nordöstlich von Alba liegt direkt am Fluß Tanaro das Dörfchen Barbaresco. Auf knapp 500 Hektar Rebfläche entsteht hier der gleichnamige Rotwein, einer der großartigsten Italiens. Er besteht wie der nur wenige Kilometer entfernt gedeihende Barolo reinsortig aus Nebbiolo-Trauben, die in den herbstlichen Nebeln der Region eine lange Reifephase durchlaufen. Der Barbaresco besitzt nicht ganz die mächtige Statur des Barolo, ist etwas früher trinkreif und nicht so langlebig. Dafür entwickelt er oftmals eine größere Feinheit als der Barolo. Insgesamt steht der Barbaresco hinter dem Barolo qualitativ kaum zurück. Die Weine werden zwischen zwei und vier Jahre in durchweg großen Kastanienholzfässern ausgebaut, bevor sie abgefüllt werden. Erstklassige Tropfen aus guten Jahren entwickeln sich in der Flasche oft noch ein Jahrzehnt weiter, bevor sie ihre ganze Kraft, ihr Volumen und ihre Eleganz offenbaren.

Jahrgangsbewertung

1988	*außergewöhnlich*
1989	*außergewöhnlich*
1990	*außergewöhnlich*
1991	*mittel*
1992	*schlecht*
1993	*gut*
1994	*mittel*
1995	*sehr gut*
1996	*sehr gut*
1997	*gut*
1998	*gut*

Nebbiolo d'Alba

In den Gebieten der Langhe, die nicht zu den Anbaugebieten Barolo und Barbaresco gehören, gedeiht die anspruchsvolle Rebsorte Nebbiolo ebenfalls gut. Die Weine, die hier auf besonders guten, zumeist steilen Lagen entlang des Tals des Tanaro entstehen, sind weniger konzentriert und früher trinkreif als ein Barolo oder Barbaresco. Sie präsentieren sich körper-, alkohol- und tanninreich und entwickeln nach acht Jahren Flaschenreife eine große Feinheit.

Barbera d'Alba

Der beste der vielen piemontesischen Barbera-Weine ist der Barbera d'Alba. Traditionell handelt es sich dabei um einen körper-, alkohol- sowie säurereichen, äußerst fruchtigen und voluminösen Rotwein, der gut jung zu trinken ist und dann einen gewissen Charme offenbart. Es werden jedoch zunehmend charaktervolle faßgereifte Weine erzeugt, die sich noch über zehn Jahre in der Flasche verbessern können. Dabei nehmen sie ein charakteristisches Veilchenbukett an. Die besten stammen aus besonders guten Einzellagen und können qualitativ einen leichteren Nebbiolo-Wein durchaus übertreffen.

Von Bologna nach Rom: Mittelitalien

Der bekannteste Wein aus den Marken ist der Verdicchio dei Castelli di Jesi

Unter dem Begriff Mittelitalien werden hier die Regionen Emilia-Romagna, Marken, Umbrien, Abruzzen und Latium zusammengefaßt. Diese Regionen umfassen insgesamt mehr als 225.000 Hektar Rebflächen, von denen im Durchschnitt jedes Jahr über 13 Millionen Hektoliter Wein kommen. Aufgrund der geographischen, klimatischen und kulturellen Unterschiede zwischen den Regionen und ihren Traditionen entsteht dabei natürlich eine sehr breit gefächerte Palette von Weinen. Daher lohnt sich ein Blick in die einzelnen Regionen.

Emilia-Romagna

Die in der Po-Ebene gelegene Region mit der Hauptstadt Bologna bringt auf riesigen Flachlagen fast ausschließlich billige Massenweine hervor. Die Emilia-Romagna besitzt mit 76.000 Hektar über zehn Prozent weniger Rebfläche als die benachbarte Toskana, erzeugt darauf jedoch die doppelte Weinmenge. Der bekannteste Wein der Region ist der Lambrusco, der zu den billigsten italienischen Weinen zählt. Verbreitet ist auch der Sangiovese, der jedoch aufgrund der viel zu hohen Hektarerträge das Potential dieser hervorragenden Rebsorte nur sehr selten zur Geltung bringt.

Jahrgangsbewertung	
1988	*sehr gut*
1989	*sehr gut*
1990	*sehr gut*
1991	*schlecht*
1992	*gut*
1993	*sehr gut*
1994	*gut*
1995	*sehr gut*
1996	*sehr gut*
1997	*gut*
1998	*gut*

Marken

In der Region an der Adria um die Hafenstadt Ancona wird auf über 31.000 Hektar Weinbau betrieben. Der bekannteste Weißwein ist der Verdicchio dei Castelli di Jesi. Er wird aus der gleichnamigen weißen Rebsorte hergestellt und kann von herausragender Feinheit und Eleganz sein. Dann gilt er als einer der besten Weißweine Mittelitaliens. Der beste Rotwein der Marken ist der Rosso Conero, der in der Umgebung von Ancona aus den roten Rebsorten Montepulciano und Sangiovese entsteht. Der Rosso Conero ist samtig, weich und fruchtig.

Umbrien

Die Region Umbrien ist das qualitative Zentrum des Weinbaus in Mittelitalien. Der bekannteste Wein ist der weiße Orvieto aus dem Westen der Region. Er entsteht rund um die eindrucksvoll auf einem steilen Tuffsteinfelsen gelegene gleichnamige Stadt. Die besseren Orvieto-Weine überzeugen mit ihrer leichten, fruchtigen Art. Unter der Bezeichnung Decugnano dei Barbi wird ein würziger edelsüßer Orvieto erzeugt. Außerdem entsteht hier ein körper-

reicher und fruchtiger Rotwein aus Sangiovese und Montepulciano, der denselben Namen trägt.

Das Weingut Castello della Sala der italienischen Wein-Dynastie Antinori erzeugt neben Orvieto-Weißweinen auch hervorragende Tropfen aus dem Chardonnay, die jedoch lediglich als Tafelweine eingestuft sind. Das herausragendste dieser Gewächse ist der Cervaro della Sala. Er wird im Barrique ausgebaut und gilt als bester Wein Umbriens. Der Cervaro gehört zu den wenigen italienischen Weißweinen, die durch Flaschenreife an Qualität noch hinzugewinnen. Körperreich, robust und dennoch fein, steht er nicht nur preislich auf einem Niveau mit Weißweinen von der französischen Côte d'Or, sondern auch qualitativ.

Der beste Rotwein Umbriens ist der Sagrantino di Montefalco, der 40 Kilometer östlich von Orvieto entsteht. Rund um den malerischen Weinbau-

ort Montefalco wird die nur hier beheimatete rote Rebsorte Sagrantino angebaut. Sie bringt einen tiefroten, körperreichen und eleganten Rotwein hervor.

Die Abruzzen

In den Abruzzen werden zwei DOC-Weine erzeugt, der weiße Trebbiano d'Abruzzo und der rote Montepulciano d'Abruzzo, von dem es auch eine als Cerasuolo bezeichnete roséfarbene Variante gibt. Der Trebbiano d'Abruzzo entsteht aus der äußerst ertragsstarken weißen Trebbiano-Traube. Aufgrund der hohen Erträge von bis zu 140 Hektoliter pro Hektar Rebfläche handelt es sich beim frischen, etwas neutral schmeckenden Trebbiano d'Abruzzo beinahe ausschließlich um einfachen und billigen Massenwein. Besser ist der rote Montepulciano d'Abruzzo aus

der Rebsorte Montepulciano. Er sollte nicht mit dem wesentlich besseren Vino Nobile di Montepulciano aus der Toskana verwechselt werden. Die besten Tropfen kommen von ertragsbegrenzten Lagen und entwickeln sich in der Flasche zu körperreichen, vollmundigen Weinen mit einem typischen Veilchenaroma.

Der rote Montepulciano gilt als herausragender Wein der Abruzzen

Weinlandschaft in Umbrien

Latium

Die sanfte Hügellandschaft rund um die Landeshauptstadt und Weltmetropole Rom ist mit über 65.000 Hektar Rebfläche eine große Weinbauregion. Der populärste Wein Latiums ist der weltbekannte Frascati, der im gleichnamigen, malerischen Weinbauort in den Albaner Bergen südlich von Rom erzeugt wird. Er besteht aus einem Verschnitt aus Trebbiano und der Malvasia-Traube. Die besten Abfüllungen sind vollmundig, fruchtig und fein.

Das Frascati-Gebiet grenzt direkt westlich an das Anbaugebiet Fiorano an. Hier entstehen Rot- und Weißweine. Der Rotwein besteht aus Cabernet Sauvignon, Cabernet franc und Merlot und gilt als der beste Latiums.

Weit im Norden Latiums an der Grenze zur Toskana wachsen die Trebbiano-Trauben für einen fruchtigen Weißwein mit dem etwas pathetischen Namen Est! Est!! Est!!! di Montefascione (lat. est = das ist es). Der Name geht auf einen Bischof zurück, der auf der Durchreise von diesem Wein so überwältigt war, daß er seine Reise abbrach, seine Pflichten vergaß und sich an dem guten Tropfen zu Tode getrunken haben soll.

Zwischen Reben, Zedern und Zypressen: Die Toskana

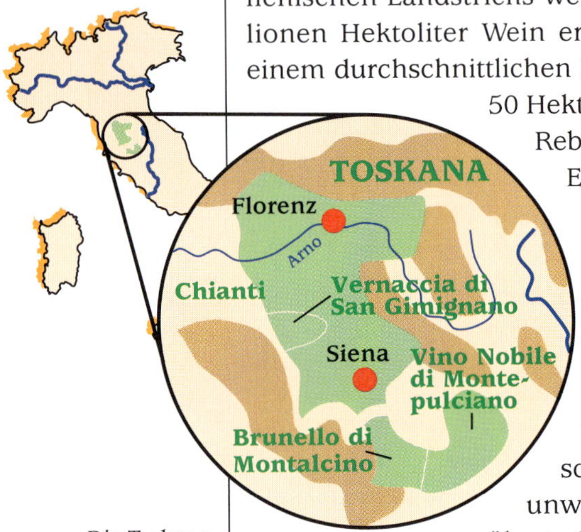

Die Toskana gehört zu den schönsten Weinlandschaften der Welt

Neben dem Piemont ist die Toskana das zweite herausragende Anbaugebiet des italienischen Weinbaus. Auf den insgesamt knapp 87.000 Hektar Rebfläche dieses überaus reizvollen mittelitalienischen Landstrichs werden jährlich vier Millionen Hektoliter Wein erzeugt. Das entspricht einem durchschnittlichen Ertrag von weniger als 50 Hektoliter Wein pro Hektar Rebfläche. Diese niedrigen Erträge kommen der Weinqualität zugute. In der Tat entstehen in der Toskana mehr Spitzenweine als in jeder anderen italienischen Region.

Wenn man an toskanischen Wein denkt, steht unweigerlich der weltberühmte Chianti im Vordergrund. Jede vierte Flasche Wein aus der Toskana ist ein Chianti. Doch daneben gibt es noch 20 weitere DOC- und DOCG-Weine und eine ständig wachsende Zahl an teilweise herausragenden „neuen" Weinen, die lediglich als Vino da Tavola (Tafelwein) eingestuft sind. Im Gegensatz zum Piemont hat die Toskana auch dem Weißwein-Freund einiges zu bieten.

Die kleineren Anbaugebiete der Toskana stehen in der Öffentlichkeit oft im Schatten von Chianti, Brunello und Vino Nobile di Montepulcino. Doch eine ganze Reihe von ihnen beweist regelmäßig, daß auch sie hervorragende Weine erzeugen können. Deshalb lohnt es sich, einmal einen Blick auf die Weinberge abseits der berühmten Rotweingebiete zu werfen.

Beginnen wollen wir nordwestlich der wunderschönen toskanischen Metropole Florenz, wo an den Ausläufern des Monte Albano der hervorragende DOC-Rotwein Carmignano entsteht. Er wird aus dem Sangiovese mit Zusätzen von Cabernet franc erzeugt. In seiner Jugend präsentiert er sich tanninreich und verschlossen, reift aber nach fünf Jahren zu einem differenzierten, charaktervollen Rotwein heran.

Die Weine aus Pomino

Östlich von Florenz, in der Nähe von Rufina, befindet sich das Anbaugebiet Pomino. Hier werden Rot- und Weißweine sowie aus rosinenartig getrockneten Trauben der orangefarbene, süße und alkoholreiche (bis 17 % vol.) Vino Santo erzeugt. Der rote Pomino rosso besteht aus dem San-

giovese, der aber üblicherweise mit bis zu 40 Prozent Cabernet Sauvignon, Merlot und Pinot nero verschnitten wird. Nach dreijähriger Lagerung kann er als Riserva in den Handel kommen. Der weiße Pomino bianco wird gewöhnlich aus Chardonnay und Pinot bianco erzeugt. Beide Weine sind körperreich und ausgezeichnet. Der beste Pomino-Wein ist der teure weiße Il Benefizio. Er besteht aus Chardonnay, Pinot bianco, Pinot grigio und Trebbiano und wird in Barriques ausgebaut. Der Il Benefizio ist einer der wenigen italienischen Weißweine, die sich in der Flasche noch verbessern. Nach zehn Jahren Flaschenreife erinnert er an hervorragende weiße Burgunderweine von der französischen Côte d'Or. Viele Weinfreunde bezeichnen ihn als den besten Weißwein der Toskana.

Vernaccia di San Gimignano

Als weiterer herausragender Weißwein der Toskana muß der Vernaccia di San Gimignano genannt werden. Er ist bereits seit über 800 Jahren bekannt. 1966 erhielt er als erster italienischer Wein das DOC-Prädikat. Sein Anbaugebiet erstreckt sich um das mittelalterlich anmutende Städtchen San Gimignano 40 Kilometer südöstlich von Florenz. Hier wird aus der weißen Vernaccia-Traube trockener und charaktervoller Weißwein erzeugt. Die feinfruchtigen, mineralisch schmeckenden Tropfen sind ideale Begleiter von Fischgerichten und Meeresfrüchten und gehören zu den besten Weißweinen Italiens. Vor allem der herausragende, in Barriques gereifte Terre di Tufi zeigt mit seiner nuancenreichen, konzentrierten Art, wie gut toskanische Weißweine sein können.

Chianti

Der Chianti ist neben Lambrusco und Asti Spumante der bekannteste italienische Wein. Auf ihn entfällt ein Viertel der toskanischen Weinerzeugung. Er wird hauptsächlich aus dem Sangiovese erzeugt, der jedoch mit geringen Mengen des lokalen roten Canaiolo und der weißen Rebsorten Trebbiano und Malvasia verschnitten wird. Als Reaktion auf die Dynamik der toskanischen Winzer hat der Gesetzgeber mittlerweile auch den Zusatz von maximal zehn Prozent Cabernet Sauvignon erlaubt. Dadurch haben sich zwei verschiedene Chianti-Stile herausgebildet. Die traditionsbewußten Erzeuger stellen ihren Chianti weiterhin nach der althergebrachten Methode des „Governo" her. Dabei wird dem fertigen Jungwein ein Anteil von zehn Prozent eines noch in Gärung befindlichen Mostes aus rosinenartig eingetrockneten Trauben beigemischt. Durch die Kohlensäure, die sich dabei im Wein löst, erhält der traditionelle Chianti einen köstlichen, leicht auf der Zunge prickelnden Geschmack. Der „moderne" Chianti hingegen wird ohne das Gover-

Die reizvollen Städte der Toskana stehen der Landschaft in nichts nach. Oben: Siena, links: San Gimignano

Jahrgangsbewertung	
1988	*außergewöhnlich*
1989	*gut*
1990	*außergewöhnlich*
1991	*schlecht*
1992	*mittel*
1993	*gut*
1994	*sehr gut*
1995	*sehr gut*
1996	*sehr gut*
1997	*gut*
1998	*gut*

no-Verfahren erzeugt. Er ist kerniger, tanninbetonter und stilistisch eher am Bordeaux orientiert. Nach drei Jahren der Lagerung dürfen Chianti-Weine als Riserva auf den Markt gebracht werden. Die besten Chianti-Weine beider Stile sind überaus köstlich und gehören zu den hervorragendsten Rotweinen Italiens.

Das DOCG-Gebiet Chianti ist in mehrere Bereiche eingeteilt. Aus dem Zentrum des Anbaugebietes kommt der Chianti Classico. Er entsteht in insgesamt neun Gemeinden einer landschaftlich überaus reizvollen, von Weinbergen, Wäldern, Feldern und Olivenhainen geprägten Landschaft zwischen Florenz und Siena. Neben der entsprechenden Bezeichnung auf dem Flaschenetikett ist der Chianti Classico am Gallo Nero zu erkennen, einem schwarzen Hahn, der sich auf einem Zusatzetikett am Flaschenhals befindet. Die einfachen Chianti-Weine hingegen, die nicht aus

Castello di Brolio, der Sitz des gleichnamigen Erzeugers eines hervorragenden Chianti Classico

dem Classico-Gebiet stammen, tragen am Flaschenhals ein kleines Etikett mit einer goldenen Putte. Die besten von ihnen dürfen ihre Herkunftsregion im Namen tragen. Sie heißen Chianti Rufina, Chianti dei Colli Senesi, Chianti dei Colli Fiorentini, Chianti di Montalbano, Chianti dei Colli Arentini und Chianti delle Colline Pisane. Insgesamt muß der Chianti Classico als qualitativ führend angesehen werden. Doch die Spitzen der anderen Chianti-Weine stehen den besten Classico in nichts nach und sind hervorragende Rotweine. Alle Chianti dürfen nach dreijährigem Ausbau als Riserva auf den Markt kommen.

Vino Nobile di Montepulciano

50 Kilometer südlich von Siena liegt der kleine malerische Ort Montepulciano. In seinem Umkreis entsteht der DOCG-Rotwein mit dem klangvollen Namen Vino Nobile di Montepulciano. Aus dem in der Toskana weitverbreiteten Sangiovese hat sich hier durch Mutation bereits vor langer Zeit eine Spielart herausgebildet, die die Einheimischen als Prugnolo gentile bezeichnen. In einem ähnlichen Verschnitt wie beim Chianti entsteht ein äußerst edler Rotwein, der seinem anspruchsvollen Namen in jeder Beziehung gerecht wird. Er wird frühestens nach zweijähriger Lagerung im Holzfaß in Flaschen gefüllt. Riservas müssen sogar drei Jahre lagern. In seiner Jugend ist der Vino Nobile recht herb und verschlossen. Nach zehn Jahren in der Flasche reift er dann zu einem höchst eleganten und feinen Rotwein heran, der auf dem qualitativen Niveau der teuersten Chianti-Weine steht. Er ist zwar nicht so wuchtig und körperreich wie ein erstklassiger Brunello di Montalcino, übertrifft diesen jedoch durchweg an Feinheit. Doch Vorsicht: Es besteht Verwechlungsgefahr mit dem zwar guten, jedoch wesentlich schwächeren Montepulciano d'Abruzzo.

Brunello di Montalcino

Einer der großen Rotweine Italiens entsteht in der Umgebung des Ortes Montalcino, nur 20 Kilometer westlich von Montepulciano. Auch hier hat der Sangiovese eine stabile lokale Unterart ausgebildet, den Sangiovese grosso, der hier als Brunello bezeichnet wird. Ohne Verschnitt mit anderen Rebsorten wird daraus ein wuchtiger, körperreicher Rotwein erzeugt, der vor dem Verkauf vier Jahre gela-

gert werden muß, davon mindestens dreieinhalb Jahre im Holzfaß. Der sehr langlebige Brunello erreicht auf seinem Höhepunkt vielfältige geschmackliche Nuancen und eine sehr komplexe Tiefgründigkeit. Aus dem Lesegut, das sich für den vierjährigen Ausbau zum Brunello nicht eignet, wird der leichtere Rosso di Montalcino bereitet. Der „kleine Bruder" des Brunello kommt bereits nach zweijähriger Lagerung in den Handel. Er ist weniger tanninreich und fruchtiger als der Brunello, aber dennoch ein hervorragender, charaktervoller Rotwein.

Die „neuen" Tafelweine der Toskana

Es gibt in der Toskana eine große Anzahl hervorragender Rotweine, die aufgrund der engen gesetzlichen Bestimmungen über die Herstellung von Qualitätsweinen lediglich als Tafelweine gelten. Nahezu alle großen toskanischen Erzeuger von Chianti, Brunello oder Vino Nobile produzieren heute solche als „Super-Toskaner" bezeichneten, in Barriques ausgebauten Rotweine, die oftmals teurer sind als die besten Qualitätsweine.

Angefangen hat alles auf dem Gut San Guido an der toskanischen Küste gegenüber der Insel Elba. Hier pflanzte der ehemalige Besitzer 1942 zum ersten Mal Cabernet Sauvignon an. Daraus entstand ein Wein namens Sassicaia, der nach zwei Jahren Barrique-Ausbau eine Qualität erreichte, die man sonst nur von den Spitzenweinen aus Bordeaux kannte. Viele Erzeuger zogen nach, und so entstand schnell eine Menge von Weinen, die heute zu den teuersten Italiens gehören, rechtlich als Vini da Tavola jedoch neben den billigsten Tafelweinen stehen.

Wie der Sassicaia auf der Basis des Cabernet Sauvignon entstehen sein direkter Nachbar Ornellaia sowie der Solaia aus dem Chianti Classico-Gebiet. Auf der Grundlage des Sangiovese mit Zusätzen von Cabernet Sauvignon wurde zuerst der legendäre Tignanello erzeugt, der ebenfalls aus dem Gebiet des Chianti Classico kommt. Ihm folgte rasch der Vigorello aus dem Süden des Chianti-Gebietes. Reinsortig aus dem Sangiovese werden der Le Pergole torte und der Fontalloro erzeugt. Dies ist jedoch nur eine kleine Auswahl unter der Vielzahl der „neuen" Tafelweine. Sie alle zu beschreiben oder auch nur zu nennen, ist aufgrund ihrer Menge kaum möglich, zumal die Anzahl dieser Weine ständig zunimmt. Der Erfolg der „Super-Toskaner" lockt auch ausländische Investoren. Jüngstes Ergebnis dieser Entwicklung ist der Lucente, eine Gemeinschaftsproduktion der Marchesi di Frescobaldi und des kalifornischen Wein-Patriarchen Robert Mondavi.

Die zahlreichen verstreut liegenden Dörfer prägen das Landschaftsbild der Toskana

Der Mezzogiorno: Süditalien, Sizilien und Sardinien

Im Süden Italiens und auf den beiden größten italienischen Inseln stehen fast 460.000 Hektar landwirtschaftlicher Nutzflächen unter Reben. Mit ca. 31 Millionen Hektoliter Wein jährlich stellt der Süden annähernd die Hälfte der gesamten italienischen Weinproduktion. Ein großer Teil davon wird faßweise in andere Regionen gebracht, zu billigsten Tafelweinen verschnitten oder mit Hilfe staatlicher Subventionen zu Weinbrand destilliert. Nur ein geringer Teil der Produktion besteht aus Qualitätsweinen, deren Spitzen allerdings hervorragend sein können. Diese edlen Tropfen haben den Vorteil, daß sie immer noch sehr preiswert sind.

Kampanien ist Herkunftsland des berühmtesten Weines der römischen Antike, des Falerno

Kampanien

Die besten Weine dieser landschaftlich reizvollen Region kommen aus der Nähe des Vesuvs im Umkreis der Hafenmetropole Neapel. Der legendäre Falerno war einstmals der berühmteste Wein der römischen Antike. Die heutigen guten roten und weißen Falerno-Weine sind ideale Begleiter der regionalen Küche. Sie werden jedoch bei weitem übertroffen vom roten Taurasi, dem besten Rotwein Kampaniens. Er wird aus der in Süditalien weit verbreiteten roten Rebsorte Aglianico erzeugt. Der Taurasi ist ein sehr langlebiger Wein, der zehn Jahre Flaschenreife braucht, in denen er zu einem tiefgründigen und konzentrierten Wein heranreift. Der beste Weißwein Kampaniens ist der fruchtige, gehaltvolle Greco di Tufo, der rund um den Weinbauort Tufo aus der regionalen Greco-Traube bereitet wird.

Apulien

Aus der Region Apulien kommt neben großen Mengen von gesichtslosem Massenwein eine ganze Reihe von ausgezeichneten Gewächsen. Westlich von Bari erstreckt sich rund um das berühmte Jagdschloß des Staufenkaisers Friedrich II. das Anbaugebiet Castel del Monte. Die körperreichen Roséweine werden noch übertroffen von den hervorragenden Rotweinen. Weiter südlich liegt der kleine Weinbauort Locorotondo, in dem der gleichnamige Weißwein erzeugt wird. Er gilt wegen seiner feinen Art als bester Weißwein Apuliens. Im Süden der Region, dem Absatz des italienischen Stiefels, entstehen die kraftvollen und schweren Rot- und Roséweine Salice Salentino. Die besten Roten präsentieren sich nach einiger Zeit der Reifung sehr fein, die Rosés hingegen sind körperreich und kräftig. Der berühmteste Salice Salentino ist der Five Roses, ein körperreicher und wuchtiger Roséwein mit hohem Alkoholgehalt.

Basilicata

In der kleinen Weinbauregion entsteht neben qualitativ unbedeutenden Massenweinen nur ein einziger Tropfen mit DOC-Status: der Aglianico di Vulture von den Abhängen des erloschenen

Vulkans Monte Vulture. Wie der Taurasi aus Kampanien wird er aus der Aglianico-Traube erzeugt, die nur hier im Süden Italiens gedeiht. Der Aglianico di Vulture ist in seiner Jugend tanninreich und verschlossen. Nach acht Jahren in der Flasche reift er zu einem konzentrierten und samtigen Rotwein heran, der zu den besten Süditaliens gehört. Etwas außerhalb der DOC-Zone liegen die Weinberge des roten Canneto, der deshalb lediglich als Tafelwein gilt, den Aglianico del Vulture an Qualität jedoch sogar noch übertreffen kann.

Kalabrien

Die Weinberge Kalabriens liegen verstreut an besonders günstigen Steilhängen der wilden und zerklüfteten Berglandschaft.

Der bekannteste und beste Wein ist der sagenumwobene Cirò. Aus der lokalen Rebsorte Gaglioppo werden körperreiche und alkoholstarke Rot- und Roséweine (mindestens 13,5 % vol.) bereitet, die dennoch nicht plump wirken, sondern nach einigen Jahren zu schweren, delikaten Tropfen heranreifen. Der Weißwein besteht aus dem Greco und zeichnet sich durch seine Feinheit aus, die ihn in eine Reihe mit den besten Weißweinen Süditaliens stellt. Um den roten Cirò rankt sich die Legende, römische Athleten seien in der Antike nach ihrer erfolgreichen Teilnahme an den olympischen Spielen mit diesem Wein belohnt worden.

Sizilien

Die größte Insel des Mittelmeers ist mit 165.000 Hektar Rebfläche die größte Weinbauregion Italiens. Traditionell ist Sizilien untrennbar mit dem Marsala verbunden, einem hervorragenden Likörwein, der in der gleichnamigen kleinen Hafenstadt an der Westküste Siziliens bereitet wird. Die besten Marsalas erinnern an einen hervorragenden Sherry.

Auf Sardinien dominiert die Cannonau-Rebe

Einer der besten Weißweine Siziliens ist der Alcamo, der innerhalb des Marsala-Gebietes in einem eigenen Anbaugebiet entsteht. Da es auf Sizilien ansonsten kaum DOC-Gebiete gibt, werden viele der besten Rot- und Weißweine lediglich als Tafelweine gehandelt, wie die ausgezeichneten Rapitalà, Regaleali und Donnafugata. Der bekannteste sizilianische Tafelwein ist der Corvo, der vor allem als Weißwein hervorragende Qualität erreicht.

Jahrgangsbewertung	
1988	*außergewöhnlich*
1989	*sehr gut*
1990	*außergewöhnlich*
1991	*gut*
1992	*mittel*
1993	*sehr gut*
1994	*sehr gut*
1995	*gut*
1996	*sehr gut*
1997	*sehr gut*
1998	*gut*

Sardinien

Die Weine Sardiniens haben einen ganz eigenen Stil, der sie von denen des restlichen Italiens deutlich abhebt und sie „französischer" erscheinen läßt. Der beste sardinische Wein ist der rote Cannonau di Sardegna, der im Süden der Insel aus dem hier als Cannonau bezeichneten Grenache bereitet wird. Die besten Weine sind körperreich, ausdrucksvoll und konzentriert und hätten mehr Beachtung verdient.

Ein Weinbauland mit vielen Gesichtern: SPANIEN

Mit knapp 1,6 Millionen Hektar Rebfläche ist Spanien das größte Weinbauland der Welt. Dennoch produzieren die spanischen Weinkellereien, die Bodegas, nur knapp 35 Millionen Hektoliter Wein jährlich. Damit liegt Spanien erst an dritter Stelle hinter Frankreich

und Italien. Die Hauptursache dafür liegt in den Böden, die in Spanien aufgrund des trockenen Klimas nicht besonders ergiebig sind. Unsere Reise nach Spanien folgt den verschiedenen Klimazonen des Landes. Sie beginnt im gemäßigten Norden und führt uns durch die heiße und trockene Mitte in den sehr heißen Süden des Landes.

Weinlandschaft bei Valencia

Rechts: Der Porrón ist ein traditionelles Trinkgefäß

Gemäßigtes Klima in Nordspanien

In Spanien herrscht eine große geographische und klimatische Vielfalt. So erzeugen die spanischen Winzer denn auch eine breite Palette unterschiedlichster Weine. Der Norden Spaniens unterliegt atlantischen Klimaeinflüssen mit teilweise hohen Niederschlagsmengen. Im weitgehend grünen Norden, am Oberlauf des Ebro, an den Ausläufern der Pyrenäen und im Hinterland der nördlichen Mittelmeerküste entstehen die feinsten spanischen Rot- und Weißweine.

Wuchtige Weine aus Mittelspanien

Weiter nach Süden hin wird es immer heißer und trockener. In Mittelspanien erreichen die Trauben derart hohe Reifegrade, daß die Weine Alkoholwerte von bis zu 16 Prozent erreichen. Nur wenige Winzer haben bisher hochwertigere Traubensorten angepflanzt und in die Kellertechnik investiert. Aus früher gelesenem Traubengut erzeugen sie sehr gute Rot- und Weißweine, die sich von der Masse der mittelspanischen Weine erfrischend abheben.

Likörweine aus Südspanien

In Andalusien brennt die Sonne noch heißer als in Mittelspanien. Hier hat man sich auf die Produktion hervorragender Likörweine und Weinbrände spezialisiert. Für die Erzeugung „normaler" Tischweine ist das Klima viel zu heiß. Die wenigen Tropfen, die dennoch hier entstehen, wirken meistens breit, undifferenziert und plump. Die Aperitifs, Dessertweine und Brandys aus Andalusien hingegen sind weltberühmt.

Die Qualitätsstufen des spanischen Weines

Das spanische Weingesetz berücksichtigt zwei grundlegende Kriterien für die qualitative Einstufung eines Weines. Das erste ist seine geographische Herkunft. Daneben entscheidet gleichberechtigt die Dauer des Ausbaus in den hier als Barricas bezeichneten 225-Liter-Eichenholzfässern sowie in der Flasche über die Qualität eines Weines. Fast alle spanischen Weinflaschen tragen ein kleines Rückenetikett, auf dem Herkunft und Qualitätsstufe garantiert werden.

Vino de Mesa

Gemäß den Richtlinien für den Weinbau in der Europäischen Union ist auch in Spanien der Tafelwein, der Vino de Mesa, die unterste Qualitätsstufe. Große Mengen einfacher Weine aus Zentralspanien und von der Mittelmeerküste fallen in diese Kategorie. Lediglich als Tafelweine werden aber auch einige hervorragende Gewächse eingestuft, nur weil sie außerhalb anerkannter Weinbaugebiete entstehen. Die bekanntesten dieser Tropfen sind die teuren Tafelweine der Bodega Marqués de Griñon aus der Umgebung von Toledo.

Vino de la Tierra

Über den einfachen Tafelweinen rangiert der Vino de la Tierra. Er entspricht dem Landwein, wie er von den Vorschriften der EU festgelegt ist. Im Vergleich zu Frankreich spielt der Landwein in Spanien kaum eine Rolle. Die spanischen Landweine erreichen in aller Regel nicht die Qualität der fruchtigen französischen Vins de Pays. Der bekannteste und beste spanische Landwein stammt aus dem Gebiet Tierro de Barros in der westspanischen Estremadura nahe der Grenze zu Portugal. Der Sprung zum Qualitätswein scheint hier nur eine Frage der Zeit zu sein.

Denominación de Origen (DO)

Die höchste geographische Qualitätsstufe spanischer Weine nimmt der Qualitätswein mit kontrollierter Herkunftsbezeichnung, Denominación de Origen (DO), ein. Insgesamt gibt es heute in Spanien über 50 solcher Anbaugebiete. Laut spanischem Weinbaugesetz besitzt jedes Weinbaugebiet ein eigenes Kontrollgremium. Dieser Consejo Regulador kontrolliert die Einhaltung der zulässigen Hektarerträge und den Anbau der zugelassenen Rebsorten. Außerdem vergibt er die begehrten Rücken- oder Halsetiketten, auf denen zusätzliche Qualitätsmerkmale jeder individuellen Flasche garantiert werden.

Die Bedeutung der Kellerbehandlung

Im Vergleich mit den anderen großen Weinbauländern Europas sind in Spanien alte, reife und abgelagerte Weine besonders beliebt. Der Hinweis „Vino viejo", alter Wein, steigert den Absatz eines Weines in der Regel. Dies gilt jedoch nicht nur für teure Qualitätsweine. Auch einfache Land- oder Tafelweine werden vor dem Verbrauch nicht sel-

In den 225 Liter fassenden Eichenholzfässern, den Barricas, reifen die besseren spanischen Weine

ten längere Zeit gelagert. Daher ist Spanien für Liebhaber solcher Tropfen ein Eldorado. Das spanische Weingesetz sieht mit den Kategorien Sin Crianza, Vino de Crianza, Reserva und Gran Reserva vier Qualitätsstufen bezüglich des Ausbaus der Weine vor.

Der erste Schritt zu einem guten Tropfen: die Weinlese, hier im katalanischen Gebiet Penedès, aus dem auch die als Cava bekannten Schaumweine kommen

Sin Crianza: die Vinos jovenes

Die niedrigste Stufe der Kellerbehandlung besteht darin, die Weine nach der Gärung nicht in Barricas zu lagern, sondern sie bereits im Frühjahr nach der Lese in Flaschen abzufüllen. Diese Tropfen werden als Sin Crianza („ohne Ausbau") oder Vinos jovenes („junge Weine") bezeichnet. Sie können je nach Anbaugebiet einfach und belanglos, aber auch sehr fruchtig und hervorragend sein. Auf diesem Niveau halten sie sich bis zu drei Jahre lang. Dann sollten sie spätestens getrunken werden.

Vino de Crianza

Die Vinos de Crianza müssen mindestens zwei Jahre gelagert worden sein. Für Rotweine ist ein Jahr im Eichenfaß vorgeschrieben, für Weiß- und Roséweine ein halbes Jahr. In der Realität werden diese Vorgaben von den besseren Erzeugern weit überschritten. Was eine hervorragende Bodega als Vino de Crianza verkauft, wäre bei einem weniger renommierten Konkurrenten möglicherweise bereits eine Reserva. Im allgemeinen sind Crianza-Weine nach fünf Jahren am besten. Ausnahmen können jedoch über zehn Jahre lang reifen und zu den besten spanischen Weinen gehören. Das Preis-Leistungs-Verhältnis ist in dieser Qualitätsstufe äußerst attraktiv.

Reserva

Für die Einstufung als Reserva müssen Rotweine mindestens drei Jahre gelagert worden sein, davon ein Jahr im Holzfaß. Die seltenen weißen und roséfarbenen Reservas werden zwei Jahre ausgebaut, davon ein halbes Jahr im Faß. In der Realität werden diese Vorgaben von den Spitzenerzeugern oftmals weit überschritten, auch wenn heute ein Trend zu verkürzten Faßlagerzeiten feststellbar ist. Die besten Reservas reifen in der Flasche noch bis zu 15 Jahre lang weiter, bevor sie an Geschmack verlieren.

Gran Reserva

Die Spitze der spanischen Weinbaukunst stellt die Gran Reserva dar. Rotweine müssen zur Erlangung dieses begehrten Prädikats mindestens fünf Jahre lang gelagert worden sein, davon zwei Jahre in der Barrica. Weiß- und Roséweine brauchen für diese Einstufung eine Lagerzeit von vier Jahren, davon ein halbes Jahr im Holzfaß. Allerdings gibt es heute kaum noch weiße und roséfarbene Gran Reservas. Besonders traditionsverbundene Erzeuger lassen ihre besten Weine oftmals Jahrzehnte reifen, bevor sie auf den Markt gelangen. Gran Reservas aus den besten Anbaugebieten und aus guten Jahrgängen sind nahezu unsterblich. Ausnahmeweine sind sogar nach 50 Jahren noch ein Genuß.

Zwischen Pyrenäen und Ebrotal: Navarra

Das ehemalige Königreich Navarra liegt in Nordspanien an den Abhängen der Pyrenäen. Bereits im Mittelalter war es für seine guten Weine bekannt. Die Pilger haben auf ihrem beschwerlichen Weg nach Santiago de Compostela stets gerne in Navarra Station gemacht und anschließend den Ruf der Weine in alle Welt hinausgetragen. Heute ist Navarra eine der 17 spanischen autonomen Regionen. Im Süden reicht es bis ins Tal des Ebro, wo es an das Rioja-Gebiet grenzt.

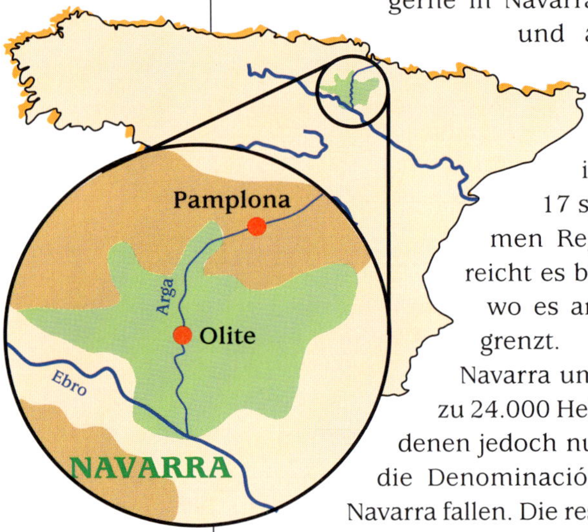

Navarra umfaßt derzeit nahezu 24.000 Hektar Rebfläche, von denen jedoch nur knapp 18.000 in die Denominación de Origen (DO) Navarra fallen. Die restlichen 6.000 Hektar gehören zur Rioja Baja im Süden, zu den Weinbergen des säuerlichen baskischen Weißweines Txakoli, oder sie dienen der Erzeugung einfacher Tafel- und Landweine.

Jahrgangsbewertung	
1985	*sehr gut*
1986	*gut*
1987	*gut*
1988	*sehr gut*
1989	*außergewöhnlich*
1990	*sehr gut*
1991	*sehr gut*
1992	*gut*
1993	*gut*
1994	*sehr gut*
1995	*außergewöhnlich*
1996	*außergewöhnlich*
1997	*sehr gut*
1998	*sehr gut*

Die Spitzenweine aus Navarra

Am bekanntesten ist Navarra für seine Roséweine, die fast ausschließlich aus der Garnacha-Traube erzeugt werden, wie der französische Grenache von der Rhône hier heißt. Die Gewächse sind fruchtig, dabei jedoch kräftig und sehr delikat. Die Roséweine aus Navarra gelten weithin als die besten spanischen Rosés und können einem hervorragenden Tavel der südlichen Côtes du Rhône ähneln. Die Weißweine werden weitgehend aus der weißen Viura-Rebe bereitet und sind

fast durchweg jung zu trinken. Dann bestechen sie durch ihre Frische und fruchtige Lebendigkeit. Es werden jedoch auch zunehmend ausgezeichnete Chardonnay-Weine erzeugt, die die Frucht, den Duft und die Kraft dieser edlen Rebsorte hervorragend zur Geltung bringen. Die besten Weine aus Navarra sind jedoch in der Regel die Rotweine, deren Spitzen gleichberechtigt neben den besten Weinen aus der Rioja oder dem Penedès stehen. Die Hauptrebsorten für die Rotweine sind Tempranillo, Garnacha und Cabernet Sauvignon, vereinzelt auch Merlot. Diese Trauben werden sowohl reinsortig ausgebaut als auch miteinander verschnitten, wobei der

Frei stehende Rebstöcke prägen das Bild im Ebrotal

Verschnitt von Tempranillo und Cabernet Sauvignon sich am besten in der Flasche weiterentwickelt. Die besten Gran Reservas auf dieser Grundlage sind auch nach über 15 Jahren noch ein großer Genuß.

Fünf Bereiche zwischen Pyrenäen und Ebro

In Navarra treffen verschiedene Klimazonen aufeinander, die sehr unterschiedliche Weine hervorbringen. Daher ist das Anbaugebiet in fünf

Am Ebro-Fluß wachsen einige der besten Tropfen Spaniens heran

Bereiche unterteilt. Im kühleren Norden liegen die vier Bereiche Baja Montaña, Valdizarbe, Tierra de Estella und Ribera Alta. Auf kalk-, in den Flußtälern auch kieselhaltigen Böden entstehen an den Ausläufern der Pyrenäen unter atlantischen Klimabedingungen feine, säurereiche und elegante Weine. Im Süden der Region stehen die Rebstöcke im heißen Ebrotal und bringen robuste und körperreiche Weine hervor.

Rund um Pamplona

Die Baja Montaña liegt im Osten der Region an der Grenze zu Aragón. Ihre Rebflächen befinden sich sehr hoch an den Abhängen der Pyrenäen und unterliegen den feuchten atlantischen Klimaeinflüssen. Hier entstehen einige der besten Roséweine Navarras, aber auch feine Rot- und Weißweine. Zentrum der Baja Montaña ist der kleine, südöstlich von Pamplona gelegene Weinbauort Las Campañas. Hier ist der Sitz des großen und bekannten Weinerzeugers Vinícola Navarra.

Das Weinbaugebiet Navarra erstreckt sich von den kühlen Bergen der Pyrenäen bis in das heiße Ebrotal

Direkt südlich von Pamplona erstreckt sich im Tal des Río Arga der Bereich Valdizarbe. Auf den kiesigen Böden wachsen kräftige Rosés sowie sehr elegante Rotweine, die das Niveau der feinsten Riojas erreichen können. Große Rebflächen rund um die Ortschaften Muruarte de Reta und Tiebas gehören den Bodegas de Sarría und Las Campañas.

Tierra de Estella und Ribera Alta

Weiter westlich, rund um die kleine Ortschaft Estella, liegt der Bereich Tierra de Estella. Er grenzt direkt an die Rioja Alavesa. Auf den kalkhaltigen Böden wachsen ähnlich feine Tropfen wie in Valdizarbe.

Der zentrale Bereich des Anbaugebietes Navarra um die Orte Olite und Puente la Reina ist die Ribera Alta. Die Weine sind hier moderat in Körper und Alkohol und können große Feinheit und Eleganz entwickeln. Olite ist Standort einiger angesehener Bodegas, darunter die Bodega Ochoa, die zu den absoluten Top-Erzeugern des gesamten Weinbaugebietes zählt. Nach dem berühmten Schloß Karls III., dem Castillo Olite, sind einige hervorragende Reservas der Vinícola Navarra benannt. Dabei handelt es sich um Weine aus Tempranillo und Garnacha, die relativ hell in der Farbe sind und köstliche vollmundige Beeren- und Kirscharomen entwickeln. Der am Jakobsweg gelegene Ort Puente la Reina ist eines der bedeutendsten Weinhandelszentren des Anbaugebietes. Mit der Bodega de Sarría ist hier ein weiterer Spitzenerzeuger angesiedelt.

Im heißen Ebrotal

Weiter nach Süden, zum heißen Ebrotal hin, ähnelt das Klima dem der Rioja Baja. Hier in der Ribera Baja überwiegen die mediterranen Klimaeinflüsse. Auf schwereren, eisenhaltigen Schwemmböden entstehen körperreichere, alkoholstärkere und robustere Weine als im Norden. Die bekanntesten Erzeuger sind die Bodegas Olarra, Chivite und Príncipe de Viana.

Spaniens ältester Rotweingarten: Die Rioja

Schon vor mehr als 3.000 Jahren brachten phönizische Händler die ersten Weinreben nach Nordspanien. Sie gediehen besonders gut im Tal des Río Oja, eines kleinen Nebenflusses des Ebro, dem die Rioja ihren Namen verdankt. Die Rebgärten der Rioja beginnen zehn Kilometer flußaufwärts der geschäftigen kleinen Weinmetropole Haro. Sie ziehen sich 120 Kilometer flußabwärts des Ebro und enden schließlich zehn Kilometer hinter dem Städtchen Alfaro. Insgesamt umfassen sie knapp 50.000 Hektar, das entspricht ungefähr der Hälfte des gesamten deutschen Reblandes.

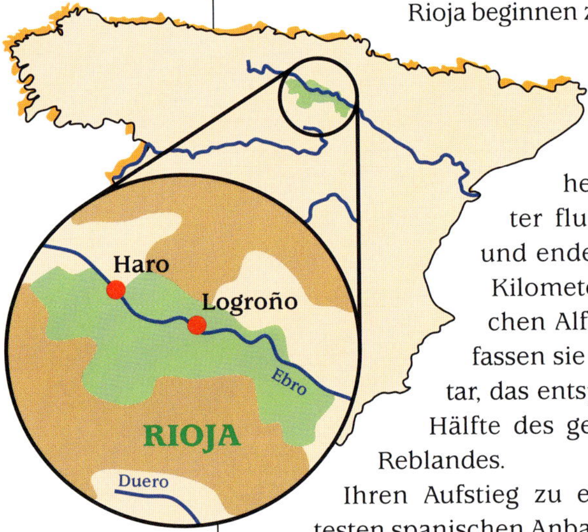

Ihren Aufstieg zu einem der bekanntesten spanischen Anbaugebiete erlebte die Rioja in der zweiten Hälfte des 19. Jahrhunderts. Dabei kam ihr die große französische Reblauskatastrophe von 1863 zur Hilfe, die überall nördlich der Pyrenäen die Weinberge vernichtete. Nach wenigen Jahren waren die Erträge in Frankreich durch die Verwüstungen der Reblaus bereits um zwei Drittel gesunken. Nun begannen sich die Franzosen um ihre Versorgung mit dem edlen Rebensaft ernsthafte Sorgen zu machen. Schon bald kamen Scharen von französischen Weinhändlern in das Ebrotal und ließen die Absatzmengen der spanischen Erzeuger in ungeahnte Höhen steigen. In diesen Jahren exportierte die Rioja monatlich fast doppelt soviel Wein wie heute in einem ganzen Jahr.

Die „Pioniertage“

Während die Exportmengen stiegen, wurde auch die Qualität der Riojaweine entscheidend verbessert. Unterstützt von Fachleuten aus Bordeaux, führten die spanischen Erzeuger deren Produktionsmethoden ein. Das bedeutete eine strikte Ertragsbegrenzung, den Verschnitt mehrerer Rebsorten sowie eine längere Reifung und Lagerung der Weine in kleinen 225-Liter-Eichenholzfässern, den „Barricas“. Schon bald gewannen die „neuen“ Rioja-Weine allerhöchste internationale Auszeichnungen. Dieser „Boom“ des Rioja-Weines ließ schlagartig viele neue Bodegas entstehen, darunter so ruhmreiche Namen wie Marqués de Murrieta, Marqués de Riscal, López de Heredia Viña Tondonia, Muga, La Rioja Alta und Riojanas. Viele von ihnen siedelten sich im Bahnhofsviertel der geschäftigen Kleinstadt Haro an, die dadurch zum Zentrum des Weinbaus in der Rioja wurde. Auch wenn die meisten Bodegas heute in größere, moderne Gebäude außerhalb der Stadt umgezogen sind, zeugen noch immer die eindrucksvollen Jugendstilgebäude im Bahnhofsviertel von jener stürmischen Zeit des Aufbruchs. Für den weininteressierten Spanien-

In solchen alten Holzpressen wurde der Most erzeugt, bevor modernste Kellertechnik Einzug gehalten hat

touristen besonders schön: Die meisten Bodegas sind an bestimmten Tagen für Besucher geöffnet. Oftmals finden sogar deutschsprachige Führungen statt.

Klimatische Vielfalt in der Rioja

Die klimatischen Bedingungen innerhalb des riesigen Weinbaugebietes Rioja sind sehr unterschiedlich. Bei kühlen bis mittleren Temperaturen gibt es im Norden oftmals leichten Nebel oder sogar Nieselregen. Nach Süden hin wird es immer wärmer, und in der staubigen Kleinstadt Alfaro an der Südgrenze der Rioja herrscht unter blauem Himmel meistens drückende Hitze. Diesen verschiedenen Klimazonen hat die halbstaatliche spanische Weinbau-Aufsichtsbehörde „Consejo Regulador“ durch die Einteilung der Rioja in die drei Bereiche Rioja Alta, Rioja Alavesa und Rioja Baja Rechnung getragen. Aufgrund der klimatischen Bedingungen kann die Qualität der Jahrgänge vor allem in der Rioja Alta und der Rioja Alavesa recht unterschiedlich sein. Allerdings fallen die Schwankungen geringer aus als etwa in Bordeaux, im Burgund oder in den deutschen Anbaugebieten. Wirklich schlechte Jahrgänge sind hier äußerst selten.

Die Rioja Alta

Die Rioja Alta („obere Rioja“) erstreckt sich südlich des Ebro bis hinter Logroño und umfaßt zudem das Seitental des Río Oja. Auf einer Höhe zwischen 400 und 600 Metern über dem Meeresspiegel entstehen hier auf kreide- und eisenhaltigen Lehmböden die meisten Spitzenweine der Rioja. Die besten Gewächse sind nicht übermäßig körperreich, sie sind tanninreich und sehr langlebig. Leichtere, kernige Gewächse werden von den Erzeugern zumeist in Bordeaux-Flaschen abgefüllt. Gehaltvollere, samtige Weine findet man hingegen eher in Burgunder-Flaschen.

Die Rioja Alavesa

Gegenüber der Rioja Alta, nördlich des Ebro, liegen in der baskischen Provinz Alava an den Abhängen der Sierra de Cantabria die Weinberge der Rioja Alavesa. Auf den kalkhaltigen Böden entstehen körperreichere Gewächse als in der Rioja Alta. Sie stehen diesen an Feinheit und Eleganz in nichts nach, reifen jedoch etwas schneller. Die Weine der Rioja Alavesa werden meist in Burgunderflaschen abgefüllt, um den gehaltvolleren Typ dieses Riojaweins zu kennzeichnen. Beide Bereiche werden von atlantischen Klimaeinflüssen beherrscht. Die Winter sind hart, aber kurz. Häufig kommt der Schnee aus den umliegenden Bergen bis ans Flußufer hinunter. Frühling und Sommer sind mild und feucht, der Herbst ist sonnig und trocken.

Die Rioja Baja

In der sich weiter flußabwärts anschließenden Rioja Baja („untere Rioja“) herrschen bereits mediterrane Klimaeinflüsse vor. Heiße, trockene und lange Sommer lassen hier auf lehmigen und sandigen Böden schwerere, alkoholreichere und robuste Weine entstehen. In der Regel erreichen sie nicht die Feinheit und Eleganz der besseren Gewächse aus der Rioja Alta und der Rioja Alavesa. Viele Moste aus der Rioja Baja werden als Verschnittweine in die beiden anderen, renommierteren Bereiche geliefert.

Die Weinberge der Rioja werden von der Sierra Cantabria begrenzt

Strenge Aufsicht durch den Consejo Regulador

In bezug auf die gesetzlichen Bestimmungen gibt sich der Consejo Regulador äußerst konservativ und sehr streng. Wer die vorgeschriebenen Höchsterträge von 40 Hektolitern pro Hektar überschreitet, wird hart bestraft und muß im Extremfall mit der Vernichtung seiner Ernte rechnen. So ist es kein Wunder, daß die allermeisten Erzeuger diese Grenze strikt einhalten oder sogar unterschreiten, was wiederum der Qualität der Weine sehr zugute kommt.

Die roten Rebsorten

Nur drei rote Rebsorten sind heute für die Rotweinerzeugung in der Rioja von Bedeutung. Die wichtigste ist die kleinbeerige Tempranillo-Traube, die vor allem in der Rioja Alta und der Rioja Alavesa ausgezeichnete Ergebnisse hervorbringt. Tempranillo-Weine sind säure- und tanninreich, oxidationsresistent und damit sehr alterungsfähig. Sie zeichnen sich zudem durch einen moderaten Alkoholgehalt aus. In ihrer Bedeutung für die Rotweine folgt an zweiter Stelle die Garnacha-Traube, die wiederum am besten in der Rioja Baja gedeiht. Sie liefert einen blaßroten, weniger tanninreichen Wein als der Tempranillo und spielt qualitativ nur eine untergeordnete Rolle. Lediglich bei den fruchtigen Roséweinen ist sie die Hauptsorte. Nur von den Spitzenerzeugern wird der sehr dunkle und tanninreiche Mazuelo verwendet. In jüngster Zeit scheint der Cabernet Sauvignon auch in der Rioja an Bedeutung zu gewinnen. Die ersten Verschnitte aus Tempranillo und Cabernet Sauvignon lassen für die Zukunft viel Gutes erwarten.

Jahrgangsbewertung	
1985	*sehr gut*
1986	*gut*
1987	*sehr gut*
1988	*gut*
1989	*sehr gut*
1990	*außergewöhnlich*
1991	*sehr gut*
1992	*gut*
1993	*gut*
1994	*außergewöhnlich*
1995	*außergewöhnlich*
1996	*sehr gut*
1997	*sehr gut*
1998	*sehr gut*

Der Charakter der roten Rioja-Weine

Die besten roten Riojas reifen sehr langsam und erreichen im Alter eine außerordentliche Feinheit, so daß man sie zu den großen Rotweinen der Welt zählen muß. Gran Reservas aus Spitzenjahrgängen und von zuverlässigen Erzeugern haben auch nach 25 Jahren noch nichts von ihrer Lebendigkeit eingebüßt. Viele Bodegas füllen ihre Reservas und Gran Reservas erst nach jahrelanger Faßlagerung und unter strenger Aufsicht des Consejo Regulador auf Flaschen. Doch gerade über die Dauer der Faßreife ist in den letzten Jahren eine Diskussion entbrannt, die die Weinwelt der Rioja nicht unerheblich verändert hat. So ist eine jahrelange Faßlagerung für Weine mit eher durchschnittlicher Qualität ungeeignet und bringt Tropfen hervor, die nur noch nach Holz schmecken. Bei den Spitzengewächsen hingegen verliert sich der Holzgeschmack mit zunehmender Reife und weicht jener Feinheit und Eleganz, für die Riojaweine weltberühmt sind. Unbestritten geht der Trend heute zu kürzerer Faß- und längerer Flaschenlagerung, wodurch die Weine früher genußreif werden, fruchtiger ausfallen und sich in der Flasche noch verfeinern können.

Weinlese in der Rioja

Die weißen Rebsorten

Die heute fast ausschließlich fruchtigen und säurebetonten Weißweine werden aus der Viura-Traube erzeugt. Sie eignen sich nicht für eine längere Lagerung, sondern sind für den baldigen Genuß bestimmt. Die herausragenden, im Eichenfaß gereiften weißen Riojas bestehen hingegen zu einem bedeutenden Anteil aus der Malvasia-Traube. Sie wird hier bereits seit dem Altertum hochgeschätzt und verleiht den Weißweinen Aroma, Alkoholstärke und gelegentlich sogar eine gewisse Öligkeit.

Gehaltvolle Weiße und fruchtige Rosés

Faßgereifte Weißweine muß man mittlerweile mit der Lupe suchen. Die dem heutigen Publikumsgeschmack viel eher entsprechenden, im Stahltank ausgebauten Weißweine sind zumeist säurebetont und leicht. Noch schwieriger ist es, Roséweine mit Faßreife zu finden. Die einfachen Rosados sind fruchtig und säurebetont. Sie stehen den besten Rosés aus Navarra kaum nach.

Rioja im Aufbruch

Noch vor wenigen Jahren schien es, als werde die Rioja von anderen spanischen Anbaugebieten, die mit Hilfe großangelegter Investitionen aufstrebten, etwas in den Hintergrund gedrängt. Doch die Bodegas der Rioja haben in der Zwischenzeit zum Gegenschlag ausgeholt: Riesige Geldsummen sind seitdem in die Modernisierung und Erneuerung der Kellertechnik geflossen. Große, blitzblanke Edelstahltanks, in denen die Moste bei strikter Temperaturkontrolle zu fruchtigen Weinen vergären, gehören heute zum Standard in der Rioja. Doch die Winzer haben die Traditionen nicht vergessen: In den riesigen unterirdischen Gewölben, die oft den Eindruck eines Kirchenschiffs erwecken, lagern nach wie vor in langen Reihen mehrstöckig übereinandergeschichtet Tausende von Barricas. Hier reifen jene berühmten Tropfen, die der Rioja auch in Zukunft einen Platz unter den ganz großen Anbaugebieten der Welt sichern werden.

In der Rioja entstehen ständig neue Weinberge

Die kleinen nordspanischen Anbaugebiete

Am nordwestlichen Ende der Iberischen Halbinsel: die Rías Baixas

Neben den großen Anbaugebieten Navarra, Rioja, Penedès und Ribera del Duero gibt es im klimatisch gemäßigten Norden Spaniens noch eine Vielzahl wenig bekannter kleinerer Anbaugebiete. Da die Weine aus diesen Regionen gerade in jüngster

Zeit immer öfter auch bei uns angeboten werden, lohnt sich ein genauerer Blick nach Nordspanien. Wir wollen unseren Streifzug im äußersten Westen an der Grenze zu Portugal beginnen und von dort aus bis zu den Pyrenäen gelangen.

Tief im Westen: Rías Baixas

Das westlichste Anbaugebiet Spaniens ist Rías Baixas, im grünen Galizien direkt an der Nordgrenze Portugals gelegen. In feucht-mildem Klima gedeiht hier die weiße Albariño-Traube. Auf den sandigen braunen Schwemmlandböden entsteht dar-

aus der gleichnamige fruchtige Weißwein, der sich durch Zartheit und Harmonie besonders auszeichnet. Die säurebetonten Albariños sind perfekte Begleiter von Fischgerichten und erlesenen Meeresfrüchten.

Galizien ist eine grüne Gegend mit feucht-mildem Klima

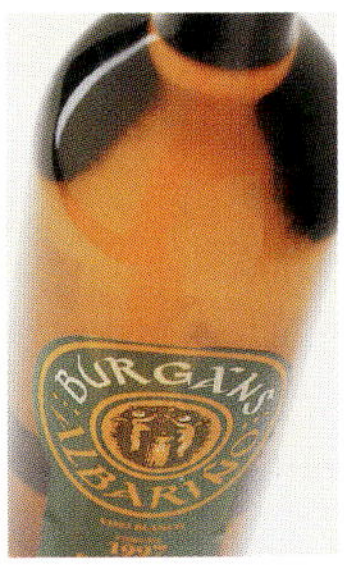

Im grünen Galizien: Ribeiro

Direkt östlich von Rías Baixas schließt das Anbaugebiet Ribeiro an. Hier werden sowohl Rot- als auch Weißweine erzeugt, die sich vor allem durch ihre Frische und charmante Leichtigkeit auszeichnen. Die Weißweine sind zart und feinduftig. Sie ähneln in ihrer etwas säuerlichen Art den im benachbarten Anbaugebiet Rías Baixas erzeugten Albariños und den Vinhos Verdes aus Nordportugal. Die Rotweine erreichen in dem feuchten, ozeanischen Klima selten einmal einen Alkoholgehalt von 12 Prozent.

Valdeorras

70 Kilometer östlich von Ribeiro liegt das galizische Anbaugebiet Valdeorras. Die Weinberge erstrecken sich entlang des Tals des Río Sil. Der Schwerpunkt der Weinbereitung liegt hier auf Weißwein, der vor allem aus der lokalen weißen Rebsorte Godello erzeugt wird. Die Roten werden aus der Garnacha-Traube hergestellt, die hier fruchtige, süffige Tropfen hervorbringt. Alle Weine sind ähnlich leicht wie die aus Ribeira, insgesamt jedoch etwas kräftiger im Körper.

Bierzo

Das Anbaugebiet Bierzo grenzt direkt an Valdeorras an, liegt jedoch bereits in der Region Castilla-León. Das Klima ist nicht mehr ganz so feucht wie in Galizien, und im Sommer macht sich hier auch schon einmal über einen längeren Zeitraum eine brütende Hitze bemerkbar. Die Weine sind insgesamt kräftiger und körperreicher als die aus den weiter westlich gelegenen Anbaugebieten. Vor allem die fruchtigen Weißweine besitzen nicht die Säuerlichkeit der galizischen Gewächse.

Schwere Tropfen aus Toro

Weiter südlich, zwischen Salamanca und Valladolid, erstrecken sich die Weinberge des mit knapp 16.000 Hektar Rebfläche recht großen Anbaugebietes Toro. Es gehört zu den trockensten spanischen Weinbaugebieten. Aus einer lokalen Spielart des Tempranillo und der Garnacha entstehen hier wuchtige, körper- und alkoholreiche Rotweine. Durch große Investitionen in moderne Kellertechnik ist vor allem die Bodega Farina heute in der Lage, charaktervolle, nicht übermäßig alkoholische (bis 13,5 % vol.) Rotweine zu erzeugen.

Elegante Weißweine aus Rueda

Östlich von Toro schließt sich das hervorragende Weinbaugebiet Rueda an. Hier wird hauptsächlich die lokale Verdejo-Traube angebaut, aus der im Verschnitt mit etwas Viura fruchtige, elegante und ausdrucksstarke Weißweine entstehen, die zu den besten Spaniens gehören. Marqués de Riscal aus der Rioja produziert hier in seiner modernen Bodega zudem noch einen herausragenden körperreichen Sauvignon blanco, der qualitativ auf dem Niveau exzellenter französischer Sauvignon-Weine steht.

Cigales

Nördlich von Valladolid liegt das kleine Anbaugebiet Cigales. Hier entstehen gute Weißweine aus der Verdejo-Traube und ansprechende Rote aus Garnacha und Tinto del País. Der beste Wein aus Cigales ist jedoch der körperreiche, spritzige Rosé.

Campo de Borja

Campo de Borja ist ein Anbaugebiet, das sich fast 250 Kilometer östlich von Cigales befindet. Es liegt am mittleren Ebro, etwas flußabwärts von Rioja und Navarra. Traditionell werden in dieser sehr trockenen Gegend aus der Garnacha-Traube schwere Rotweine mit bis zu 16 Prozent Alkoholgehalt erzeugt. Eine frühere Traubenlese und gekühlte Gärung erlauben heute zunehmend aber auch die Produktion leichterer Rotweine und kräftiger, spritziger Rosés.

Cariñena

Etwas südlich von Campo de Borja kommt man in das Anbaugebiet Cariñena. Auf gut 20.000 Hektar Rebfläche werden hauptsächlich Rotweine erzeugt, die aber vielfach zu schwer und alkoholreich sind, um mit den herausragenden Rotweinen Nordspaniens konkurrieren zu können. Cariñena ist außerdem die spanische Bezeichnung für die französische Rebsorte Carignan, die in Spanien sehr weit verbreitet, für den roten Cariñena-Wein jedoch nicht die einzige verwendete Rebsorte ist.

Jahrgangsbewertung	
1988	*sehr gut*
1989	*sehr gut*
1990	*sehr gut*
1991	*schlecht*
1992	*gut*
1993	*sehr gut*
1994	*gut*
1995	*sehr gut*
1996	*gut*
1997	*sehr gut*
1998	*sehr gut*

Im Schutze der Pyrenäen: Somontano

„Unter dem Gebirge" bedeutet der Name des kleinen nordspanischen Anbaugebietes Somontano. Es liegt an den Abhängen der Pyrenäen, die die Weinberge vor kalten Nordwinden schützen. Die steilen Rebflächen sind terrassiert, auf den lehm- und kalkhaltigen Böden gedeihen neben den lokalen Rebsorten auch Chardonnay und Cabernet Sauvignon sehr gut. Dabei entstehen kräftige, trockene Weißweine und feine Rote, die in jüngster Zeit auch bei uns verstärkt in den Handel gelangen.

Entlang der Mittelmeerküste: Katalonien

Katalonien im Herbst, wenn die Weinlese ansteht

Katalonien, die äußerste nordöstliche Ecke Spaniens, bringt eine größere Vielfalt an Weinen hervor als alle anderen Regionen des Landes. Neben erstklassigen roten, weißen und roséfarbenen Tischweinen entstehen in der weitläufigen, abwechslungsreichen Landschaft schwere Dessertweine nach der Art von Málaga und Jerez (Sherry). Zudem bringen die riesigen Sektkellereien im Hinterland der Metropole Barcelona über 90 Prozent der spanischen Schaumweine hervor. Schließlich gibt es hier einige hervorragende Weinbrände, Liköre und Wermutweine. Das vom Mittelmeer beeinflußte Klima ist sehr günstig für den Weinbau. In den langen, heißen Sommern regnet es zwar wenig, aber die Weintrauben werden stets durch eine frische Meeresbrise gekühlt. Ausgesprochen schlechte Jahrgänge sind in Katalonien viel seltener als in der Rioja, in Bordeaux oder gar am Rhein.

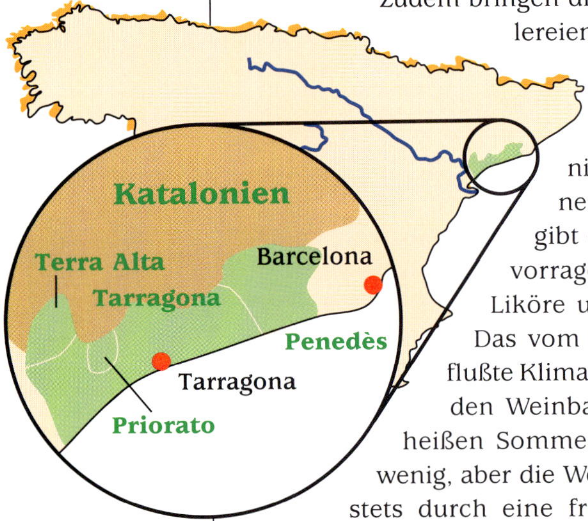

Richtig feine Weine werden hier jedoch erst erzeugt, seitdem die meisten Weinkellereien gekühlte Gärbehälter eingeführt haben. Seither besitzen die katalanischen Weine viel Bukett und reiche Frucht, die früher bei der traditionellen warmen Vergärung zumeist verloren gingen.

Die katalanischen Rebflächen sind in die zehn Anbaugebiete Ampurdán-Costa Brava, Alella, Penedès, Cava, Tarragona, Priorato, Terra Alta, Costers del Segre und Conca de Barberà aufgeteilt, in denen sehr unterschiedliche Weine entstehen.

Ampurdán-Costa Brava

Das nördlichste katalanische Anbaugebiet befindet sich an den Abhängen der Pyrenäen direkt an der Grenze zu Frankreich. Die knapp 5.000 Hektar Rebfläche liegen etwas abseits der beliebten Ferienorte am Mittelmeer. Das Klima wird vom Tramontana beherrscht, einem starken, kalten Nordwind, der nahezu ständig von den Gipfeln der Pyrenäen herunterweht. Er erreicht eine so große Kraft, daß die Reben an Pfählen festgebunden werden müssen. Die Rotweine von Ampurdán-Costa Brava sind von mittlerer Statur und moderat im Alkohol, die Weißen fruchtig und erfrischend. Der größte Teil der Weinerzeugung entfällt auf den hervorragenden Rosé, der in seiner fruchtigen, säurebetonten Art an die besten Roséweine aus Navarra erinnert.

Alella

Nördlich von Barcelona liegt an der Mittelmeerküste das winzige Anbaugebiet Alella. Es umfaßt nur knapp 400 Hektar Rebfläche und ist damit kleiner als das deutsche Anbaugebiet Ahr. Der

Weinbau wird in Alella ständig vom ungebremsten Flächenwachstum der katalanischen Metropole Barcelona bedroht. In den letzten dreißig Jahren ist die Anbaufläche von einst 1.600 Hektar um drei Viertel auf die heutige Größe geschrumpft, und ein Ende dieser Entwicklung ist nicht absehbar. Heute werden in Alella hauptsächlich Weißweine erzeugt, die sich durch einen gemäßigten Körper, eine schöne Frucht und einen moderaten Alkoholgehalt auszeichnen.

Das Penedès ist zugleich größtes und herausragendes Anbaugebiet im Nordosten Spaniens

Penedès

Das qualitativ herausragende und größte Anbaugebiet Kataloniens ist das Penedès. Es erstreckt sich südwestlich von Barcelona auf nahezu 25.000 Hektar Rebfläche. Von den hier erzeugten Gewächsen müssen einige zu den besten Weinen Spaniens gerechnet werden. An der Küste wachsen in der Glut der mediterranen Sonne herausragende Rotweine aus Tempranillo, Garnacha und Cabernet Sauvignon. Sie werden entweder reinsortig ausgebaut oder miteinander verschnitten. Im steil aufragenden Hinterland liegen die Rebflächen bis zu 700 Meter hoch in wesentlich kühlerem Klima. Hier wachsen die Trauben für die exzellenten Weißweine des Penedès, die entweder im Verschnitt oder sortenrein aus Parellada, dem hier als Macabeo bekannten Viura, Chardonnay und sogar Riesling bereitet werden. Ausgezeichnet können auch die Roséweine sein. Sie bestehen hauptsächlich aus dem Garnacha und zeichnen sich durch ihre fruchtige und gehaltvolle Art aus.

Pionier des modernen Weines im Penedès und gleichzeitig bekannteste und größte Bodega des Anbaugebietes ist Torres. Sie erzeugt eine ungewöhnlich breite Palette von Weinen. Viele von ihnen stehen qualitativ an der Spitze spanischer Weine. Das gilt für den superben Milmanda, den besten Chardonnay Spaniens, genauso wie für die herausragende Gran Reserva Gran Coronas Mas la Plana, die alle anderen spanischen Cabernet-Sauvignon-Weine übertrifft. Aber auch auf niedrigerem Niveau gehören Torres-Weine fast immer zu den Klassenbesten. Das gilt für den einfachen Coronas, den eleganten Gran Coronas Reserva Cabernet Sauvignon, den robusten Sangre de Toro und das Kraftpaket Gran Sangre de Toro Reserva. Der weiße Viña Sol ist leicht und fruchtig, der eichenfaßgereifte Gran Viña Sol Chardonnay besticht durch Körper und Statur. Kuriositäten sind der halbtrockene Viña Esmeralda aus Gewürztraminer und Muscat d'Alsace sowie der ebenfalls halbtrockene Waltraut-Riesling, die ausgezeichnet sind. Neben Torres gehören auch Masía Bach, Jean León, Marqués de Monistrol und René Barbier zu den Spitzenerzeugern.

Cava

Früher war Cava die Bezeichnung für einen Weinkeller oder einen Schaumwein produzierenden Betrieb. Seit 1986 bezeichnet Cava jedoch auch eine Denominación de Origen für Schaumweine. Dabei handelt es sich jedoch nicht um eine einheitliche Herkunftsbezeichnung. Sie unterliegt keinen geographischen, sondern anderen Kriterien wie der Auswahl der Rebsorten und der Art der Weinbereitung. Cava kann also prinzipiell aus ganz Spanien kommen, wenn nur die Regeln für die Herstellung dieser

In diesen Pulten werden die Cavas, die katalanischen Schaumweine, gerüttelt

Rechts: Das Lesegut wird im Kelter zu Most „vermahlen“

oftmals exzellenten Schaumweine beachtet werden. Ungeachtet dessen kommen jedoch 95 Prozent des Cava aus dem Penedès. Der Rest verteilt sich auf die Rioja und Valdepeñas. Die gesetzlichen Bestimmungen schreiben den Bodegas, die unter der DO Penedès auch Stillweine erzeugen, die räumliche Ausgliederung der Cava-Produktion vor. Cava wird nach dem in der Champagne üblichen Verfahren der Flaschengärung hergestellt. So entstehen hervorragende, bukettreiche und feinperlige Schaumweine. Die in Tanks vergorenen Schaumweine Gran-vas und durch Hineinpressen von Kohlensäure erzeugten Perlweine Gaseosos fallen nicht unter die DO Cava.

Die besten und teuersten Cavas gehören zu den edelsten Schaumweinen der Welt. Der Cava-Markt ist fest in der Hand der beiden Giganten Freixenet und Codorníu. Sie sind sehr besucherfreundlich und veranstalten ständig Führungen durch ihre beeindruckenden Anlagen. Unter den prachtvollen Jugendstilgebäuden von Codorníu in Sant Sadurni d'Anoia sind riesige Keller in den Felsen getrieben. Auf mehreren Etagen lagern hier in zahllosen Gängen von teilweise über hundert Metern Länge Millionen von Cava-Flaschen.

Jahrgangsbewertung	
1985	*sehr gut*
1986	*gut*
1987	*sehr gut*
1988	*außergewöhnlich*
1989	*sehr gut*
1990	*sehr gut*
1991	*sehr gut*
1992	*gut*
1993	*sehr gut*
1994	*sehr gut*
1995	*sehr gut*
1996	*außergewöhnlich*
1997	*sehr gut*
1998	*sehr gut*

Costers del Segre

1988 wurden die Weinberge rund um die Stadt Lleida zum DO-Gebiet Costers del Segre erklärt. Dieser Aufstieg war zweifellos das Verdienst des Weingutes Raimat, dem 80 Prozent der Rebfläche des Anbaugebietes gehören. Ein großer Teil der Ernte wird an den Besitzer von Raimat geliefert,

den Cava-Giganten Codorníu, der daraus Schaumwein herstellt. Darüber hinaus produziert Raimat teilweise herausragende Stillweine aus Cabernet Sauvignon, Merlot, dem in Katalonien als Ull de Llebre bekannten Tempranillo sowie Chardonnay.

Conca de Barberà

Die 10.000 Hektar Rebfläche von Conca de Barberà erstrecken sich im Hinterland von Penedès rund um die geschäftige Kleinstadt Montblanc. Die hügelige, steinige Gegend ist sehr karg: Die Erträge liegen hier weit unter 20 Hektoliter pro Hektar Rebfläche. Traditionell entstehen in Conca de Barberà einfache Weißweine, von denen der überwiegende Teil an die großen Cava-Häuser in Sant Sadurni d'Anoia geliefert wird. Seit sich jedoch die Bodega Miguel Torres hier niedergelassen und Cabernet Sauvignon, Pinot negro (Spätburgunder) sowie Chardonnay angepflanzt hat, ist das Niveau erheblich gestiegen. Von hier kommt seitdem ein Teil des Traubengutes für den Milmanda-Chardonnay von Torres, einen der besten spanischen Weißweine.

Tarragona

Die Provinzhauptstadt und Hafenstadt an der spanischen Mittelmeerküste ist altbekannt für Dessertweine. Auf 20.000 Hektar Rebfläche entstehen starke rote und weiße Süßweine, deren Vorzüge bereits die Römer zu schätzen wußten. Sie werden nach dem vor allem in den südspanischen Anbaugebieten Jerez (Sherry), Montilla-Moriles und Málaga verwendeten Solera-System hergestellt. In letzter Zeit scheinen sie jedoch nicht mehr dem Konsumentengeschmack zu entsprechen, so daß sie nur noch schwer zu finden sind. Die rund um Tarragona erzeugten „normalen“ Rot- und Weißweine sind moderat in Körper und Alkohol, doch fehlt ihnen etwas die Finesse und Eleganz der unter gemäßigteren Klimabedingungen im Norden Spaniens erzeugten Weine.

Nicht mit automatischen Lesemaschinen, sondern mit der Hand werden hier die Trauben geerntet

Priorato

Westlich des Anbaugebietes Tarragona liegen die Weinberge der DO Priorato (katalan. Priorat), die 3.000 Hektar Rebfläche umfassen. Der Weinbau konzentriert sich in dieser heißen und trockenen Gegend auf einzelne Steillagen an den Abhängen erloschener Vulkane. Der traditionelle Rotwein ist tiefdunkel, fast schwarz, überaus körperreich und alkoholstark (bis zu 16 % vol.). Durch moderne Kellertechnik sind die Weine in den vergangenen zehn Jahren leichter geworden (um 13,5 % vol.). Sie verbinden nun einen wuchtigen Körper mit reicher Frucht und haben den Sprung in die spanische Rotweinelite geschafft. Einige Bodegas – allen voran der Pionier Scala Dei – haben in jüngster Zeit für internationales Aufsehen gesorgt. Durch die verstärkte Nachfrage sind die Preise dieser nur in geringen Mengen erzeugten Tropfen derart gestiegen, daß die Rotweine aus dem Priorato heute zu den teuersten Spaniens gehören.

Terra Alta

Das Anbaugebiet Terra Alta liegt südwestlich des Priorato. Einst war es Teil des Weinbaugebietes Tarragona, wurde aber wegen der höheren Qualität seiner Weine ausgegliedert und ist nun eigenständig. Es umfaßt 10.000 Hektar Rebfläche. In Terra Alta entstehen in heißem Klima auf kargen Böden kraftvolle, robuste Rot- und Weißweine, die hervorragend zur ausgezeichneten katalanischen Küche passen. Sie finden ihre Anhängerschaft zum großen Teil unter den vielen Touristen der Costa Brava.

Jung und dynamisch: Ribera del Duero

Das Anbaugebiet Ribera del Duero ist das dynamischste in ganz Spanien. Es wurde erst 1982 geschaffen und hat innerhalb weniger Jahre den Anschluß an die qualitative Spitze der spanischen Rotweingebiete geschafft. Heute bringt es neben Navarra, Katalonien und Rioja die besten spanischen Rotweine hervor. Ermöglicht wurde diese Entwicklung durch massive Investitionen in neue Weinkellereien (Bodegas) und die weltweit wachsende Nachfrage nach körperreichen, kräftigen und dennoch fruchtigen Rotweinen.

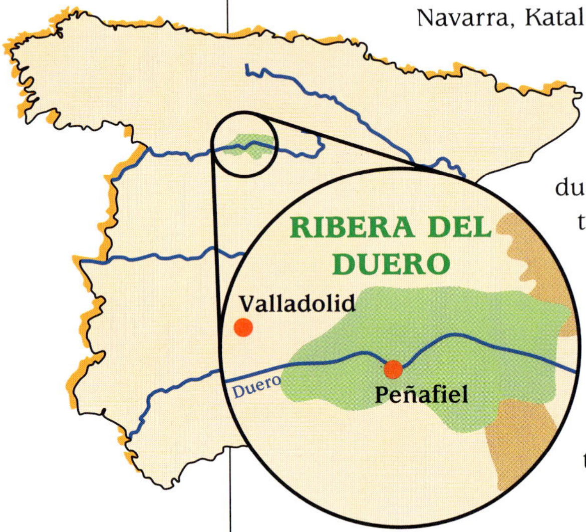

Der legendäre Pionier: Vega Sicilia

Begonnen hat alles bereits in der zweiten Hälfte des 19. Jahrhunderts. Während die Weinberge rund um die südfranzösische Wein-Metropole Bordeaux von der Reblaus vernichtet wurden, bepflanzte das Weingut Vega Sicilia große Flächen am Ufer des Duero nahe der kleinen Ortschaft Valbuena mit den Bordeaux-Rebsorten Cabernet Sauvignon, Merlot und Malbec. Schon die ersten Jahrgänge waren überwältigend, und so wurde Vega Sicilia bald zur Legende. Der Spitzenwein Unico lagert zehn Jahre in alten Holzfässern, bevor er in Flaschen gefüllt wird. Seine Haltbarkeit ist nahezu unbegrenzt. Preislich steht er auf dem Niveau der besten klassifizierten Bordeaux-Weine. Aber auch der Valbuena, der nach fünf Jahren Faßlagerung abgefüllt wird, gehört zur spanischen Rotwein-Elite.

Im Gebiet Ribera del Duero entstehen spanische Rotweine von Weltruf

Klima und Boden

Die klimatischen Verhältnisse sind im kargen, heißen und trockenen Nordkastilien eigentlich nicht gerade ideal für die Erzeugung hochwertiger Weine. Im nicht weit entfernten Anbaugebiet Toro entstehen unter ähnlichen Bedingungen schwere, alkoholreiche Tropfen, die oft etwas zur Plumpheit neigen. Die Rotweine aus Ribera del Duero profitieren von starken täglichen Temperaturschwankungen. Nachts kühlt es sich hier meist sehr stark ab, so daß die Verdunstung von Aromastoffen und Fruchtsäuren aus den Beeren verhindert wird. Dadurch werden die Weine bukettreich und fruchtig. Zudem kommt es durch den Duero und seine Nebenflüsse regelmäßig zu herbstlicher Nebelbildung. Der Nebel kühlt die Beeren und fördert ihre langsame, allmähliche Reifung. Ein weiteres Geheimnis von Ribera del Duero sind die Böden. Sie bestehen aus kreide- und lehmhaltigem Schwemmland, das die spärlichen Niederschläge wie ein Schwamm aufsaugt und dann nach und nach an die hier sehr tief wurzelnden Reben wieder abgibt. So entstehen trotz des heißen Klimas und der geringen Niederschläge Weine von Spitzenqualität.

Der Charakter der Weine

In Ribera del Duero wird nur Rotwein erzeugt. Auf über 17.000 Hektar Rebfläche ist hauptsächlich Tinto Fino (= Tinto del País) angepflanzt, die lokale Variante der großen spanischen Rotweinrebe Tempranillo. Im Gegensatz zum „Grandseigneur" Vega Sicilia erzeugen die meisten anderen Bodegas ihre Rotweine sortenrein aus Tinto Fino. Nur wenige Weingüter verwenden als Ergänzungssorte Cabernet Sauvignon. Die Weine von Ribera del Duero unterscheiden sich voneinander je nach ihrer genauen Herkunft und der Philosophie ihres Erzeugers.

Die besten Tropfen entstehen im weit flußaufwärts gelegenen Teil des Anbaugebietes rund um Peñafiel. Die malerische Kleinstadt am Duero ist das Zentrum der Weinerzeugung und des Weinhandels von Ribera del Duero. Der von einer beeindruckenden mittelalterlichen Burg beherrschte Ort ist zudem der Sitz einiger hervorragender Bodegas. Die Rotweine aus diesem Gebiet sind tiefdunkel in der Farbe und verfügen über eine sehr konzentrierte Frucht sowie eine dichte Tanninstruktur. Die Spitzenerzeuger, die wie Alejandro Fernández eine „neue" Philosophie der Weinbereitung verfolgen, lassen ihre Weine zwei Jahre in neuen Barricas reifen und füllen sie dann ab. Nun benötigen diese Tropfen je nach Qualität noch bis zu fünf Jahre Flaschenreife, bevor die dichte Tanninstruktur und der strenge Geschmack des neuen Eichenholzes weichen und die reiche Frucht in den Vordergrund tritt. Traditionsbewußte Hersteller wie Vega Sicilia lassen ihre Weine noch länger im Faß reifen, so daß sie nach der Abfüllung schon sehr bald trinkreif sind.

Weiter flußabwärts und in den Randbereichen des Anbaugebietes sind die Weine heller, feiner und leichter. Sie erreichen nicht die üppige, konzentrierte Frucht der Spitzengewächse, sind aber dennoch hervorragende Rotweine, die zu den besten Spaniens zählen.

Ribera del Duero ist eine weitläufige Landschaft am oberen Duero

Die lokale Variante der spanischen Rebe Tempranillo, der Tinto Fino, der auch als Tinto del País bekannt ist

Hohe Preise für Spitzenweine

Schon bald nach seiner Entstehung begann das Anbaugebiet Ribera del Duero zu „boomen". Seit die Spitzengewächse in der Fachwelt mit den besten Rotweinen aus Bordeaux auf eine Stufe gestellt wurden, hat sich eine breite Käuferschicht diesen exzellenten Tropfen zugewandt. Die große Nachfrage hat die Preise stark in die Höhe getrieben, so daß selbst einfache Weine aus Ribera del Duero mehr kosten als vergleichbare Erzeugnisse aus anderen spanischen Anbaugebieten. Die besten Rotweine aus Ribera del Duero liegen mittlerweile nicht nur qualitativ, sondern auch preislich auf einem Niveau mit den klassifizierten Gewächsen aus dem Bordeaux-Bereich Haut-Médoc.

Jahrgangsbewertung

1985	*sehr gut*
1986	*gut*
1987	*sehr gut*
1988	*gut*
1989	*sehr gut*
1990	*außergewöhnlich*
1991	*sehr gut*
1992	*gut*
1993	*gut*
1994	*außergewöhnlich*
1995	*außergewöhnlich*
1996	*sehr gut*
1997	*sehr gut*
1998	*sehr gut*

Im Lande Don Quijotes: Kastilien-La Mancha

In der kargen, steppenähnlichen Landschaft Kastilien-La Mancha wird ein Großteil des spanischen Weines produziert. Das Klima ist kontinental, die Bergketten rund um Kastilien-La Mancha schirmen das Inland von Einflüssen des Atlantiks und des Mittelmeers weitgehend ab. Die Sommer sind sehr heiß, lang und trocken. Im Durchschnitt scheint an 200 Tagen im Jahr die Sonne. Große Temperaturschwankungen sind die Regel: Während das Thermometer in der schattenlosen Hochebene im Sommer tagsüber bis zu 45 Grad anzeigt, sinken die Temperaturen nachts dramatisch ab. Die Beeren entwickeln in diesem Klima einen hohen Zuckergehalt und reifen früh. Traditionell werden hier sehr alkoholstarke, säurearme und schwere Tropfen erzeugt. Die Verwendung gekühlter Gärbehälter und weitere Neuerungen der Kellertechnik sorgen dafür, daß die Weine heute leichter und fruchtiger ausfallen.

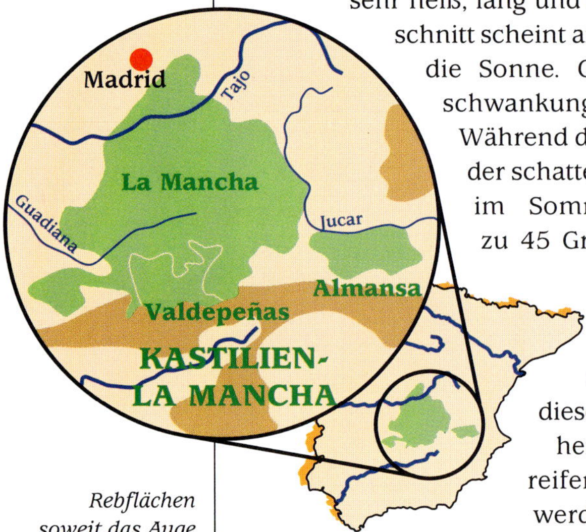

Zahlreiche Windmühlen gibt es in der spanischen „Kornkammer“ Kastilien-La Mancha

Ein unüberschaubares Rebenmeer

Die Hochebene Kastilien-La Mancha befindet sich 500 bis 800 Meter über dem Meeresspiegel. Die flachen Rebflächen dehnen sich gewaltig aus. Aufgrund der klimatischen Verhältnisse sind die Böden in Zentralspanien recht unfruchtbar. Mehr als 16 bis 18 Hektoliter Wein pro Hektar geben sie nicht her. Wenn diese Region dennoch 35 Prozent des spanischen Weines hervorbringt, liegt das an ihrer unüberschaubaren Größe. Kastilien-La Mancha ist in die fünf Anbaugebiete Vinos de Madrid, Méntrida, La Mancha, Valdepeñas und Almansa unterteilt.

Rebflächen soweit das Auge reicht prägen das Bild von Kastilien

Vinos de Madrid

Das Weinbaugebiet Vinos de Madrid erstreckt sich in einem Halbkreis südlich der Landeshauptstadt Madrid. Erst vor wenigen Jahren wurde es aus dem Stand eines Landweingebietes herausgehoben und mit einer eigenen Denominación de Origen bedacht. Ob die Weine dadurch besser werden, bleibt abzuwarten. Traditionell erzeugt man hier robuste, körper- und alkoholreiche Rotweine. Sie werden zum großen Teil in den vielen Restaurants, Bars und den als Bodegas bezeichneten Weinlokalen der Metropole vom Faß ausgeschenkt.

Méntrida

Das 14.000 Hektar große Anbaugebiet Méntrida liegt südwestlich von Madrid in der Provinz Toledo. Aus der Garnacha-Rebe entstehen breite, schwere und undifferenzierte Rotweine, die hauptsächlich zu Verschnittzwecken genutzt werden. Der Weinbau in Méntrida ist so rückständig, daß in Spanien immer wieder gefordert wird, dem Gebiet den DO-Status zu entziehen und es zum Landweingebiet herunterzustufen. Daß es in dieser Gegend jedoch auch anders geht, beweist die moderne Bodega Marqués de Griñon in Malpica de Tajo, etwas außerhalb der DO Méntrida. Mit modernsten Methoden erzeugt sie reinsortige Rotweine aus Cabernet Sauvignon, Merlot und Syrah, die in Zentralspanien ihresgleichen suchen und zu den besten des ganzen Landes zählen. Weinrechtlich gelten sie jedoch nur als Tafelweine.

La Mancha

Das Weinbaugebiet La Mancha umfaßt den größten Teil der Region Kastilien-La Mancha. 200.000 Hektar sind hier mit Reben bepflanzt. Damit ist La Mancha das größte einheitliche Anbaugebiet der Welt. Ohne die wasserspeichernde Eigenschaft der kreidehaltigen Böden wäre im heißen und trockenen Hochland Zentralspaniens gar kein Weinbau möglich. Die bevorzugte Rebsorte ist die weiße Airén, die mit ihren sehr dicken Traubenschalen den klimatischen Bedingungen trotzen kann. Ihre Weine sind traditionell schwer, alkoholreich und säurearm. Jahrhundertelang wurden sie zum Verschnitt oder zur Destillation in andere Regionen Spaniens gebracht. Neuerdings werden mittels moderner Gärtechnik jedoch fruchtigere, leichtere Weißweine und sogar spritzige Schaumweine erzeugt.

Mit 200.000 Hektar Rebfläche ist La Mancha das größte zusammenhängende Anbaugebiet der Welt

Valdepeñas

Innerhalb der spanischen Region La Mancha liegt das Anbaugebiet Valdepeñas mit eigener Denominación de Origen und 35.000 Hektar Rebfläche. Valdepeñas ist das dynamischste der mittelspanischen Weinbaugebiete. Große Investitionen in die Kellertechnik haben die Entwicklung weg von den schweren Tropfen hin zu eleganten faßgereiften Rotweinen ermöglicht. Dazu kam die erfolgreiche Anpflanzung neuer Rebsorten, allen voran Cabernet Sauvignon. So entstehen mittels temperaturkontrollierter Gärung bei Spitzenerzeugern Weine, die zu den besten Mittelspaniens zählen, auch wenn der Eichenholzgeschmack gelegentlich zu deutlich hervortritt.

Jahrgangsbewertung

1988	*sehr gut*
1989	*sehr gut*
1990	*außergewöhnlich*
1991	*gut*
1992	*gut*
1993	*sehr gut*
1994	*sehr gut*
1995	*sehr gut*
1996	*außergewöhnlich*
1997	*sehr gut*
1998	*sehr gut*

Almansa

Im Osten von La Mancha schließt sich das Anbaugebiet Almansa an. Auf 10.000 Hektar Rebfläche entstehen hier viele typische zentralspanische Rotweine. Mit ihrem Übermaß an Körper und Alkohol stehen sie an der Grenze zur Plumpheit und werden hauptsächlich als Verschnittweine verwendet. Einige fortschrittliche Erzeuger bereiten jedoch mit moderner Kellertechnik zunehmend straffe, kernige Rotweine mit moderatem Körper und Alkoholgehalt (12,5 % vol.), die zu großer Eleganz heranreifen. Vorreiter dieser Entwicklung sind die Bodegas Piqueras, deren Reservas und Gran Reservas mit dem Namen Castillo de Almansa auch bei uns zunehmend bekannt werden.

Rund um Valencia und Alicante: Die Levante

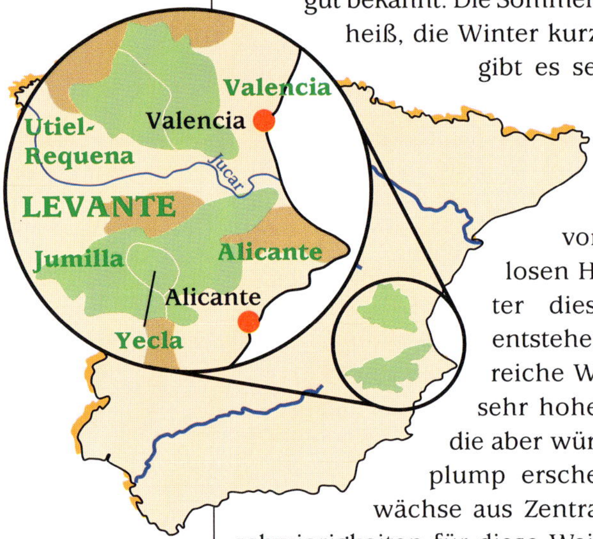

Die spanische Mittelmeerküste rund um die Städte Valencia und Murcia wird auch als Levante bezeichnet. Vielen Deutschen ist dieser Küstenabschnitt mit seinem Touristenzentrum Benidorm gut bekannt. Die Sommer sind hier lang und heiß, die Winter kurz und mild. Regen gibt es selten, statt dessen scheint im Jahresdurchschnitt an zwei von drei Tagen die Sonne von einem wolkenlosen Himmel herab. Unter diesen Bedingungen entstehen kräftige, körperreiche Weine mit teilweise sehr hohen Alkoholgraden, die aber würziger und weniger plump erscheinen als die Gewächse aus Zentralspanien. Absatzschwierigkeiten für diese Weine gibt es bei der großen Anzahl von Touristen in dieser wegen ihrer endlos langen Sandstrände berühmten Region kaum. In der Levante sind es die Anbaugebiete Valencia, Utiel-Requena, Alicante, Yecla und Jumilla, die durchaus Beachtung verdienen.

Abendstimmung an der Levante

Valencia

Die „Perle der Levante" ist die drittgrößte Stadt und das wichtigste Weinhandelszentrum Spaniens. Hier haben einige große Exportfirmen ihren Sitz, die den Wein faßweise in alle Welt schicken. Zudem werden hier viele billige, teilweise liebliche Rotweine verschnitten, die dann in Europas Supermärkte geliefert werden. Das Weinbaugebiet Valencia kann jedoch viel mehr. Es umfaßt vier Bereiche, aus denen recht unterschiedliche Weine kommen. In den heißeren, näher am Mittelmeer gelegenen Gegenden werden körper- und alkoholreiche Rot- und Weißweine erzeugt. Am besten sind die Tropfen aus dem recht

Terrassenförmig werden die Rebflächen in die Hügel an der Levante getrieben

kühlen Bereich Alto Turia. Er liegt etwas vom Meer abgewandt in den Bergen und bringt fruchtige, erdige Weißweine und mäßig alkoholische, robuste Rotweine hervor.

Utiel-Requena

Westlich des Anbaugebietes Valencia erstreckt sich um die beiden Ortschaften Utiel und Requena die DO Utiel-Requena. Auf über 35.000 Hektar Rebfläche reifen die Trauben der lokalen Sorte Bobal für den schweren, fast schwarzen Wein, der traditionell dem Verschnitt dient. Er wird erzeugt, indem man die Hälfte der Trauben auspreßt und den Most abpumpt, so daß die verbleibenden Trauben mit der doppelten Menge an Schalen vergären. Aus dem restlichen Most wird ein sehr fruchtiger und gehaltvoller Roséwein bereitet, der zu den besten Spaniens zählt. Heute werden zunehmend leichtere Rotweine erzeugt, die moderat in Körper und Alkohol (12,5 % vol) sind und in ihrer faßgereiften, kernigen und straffen Art köstlich sein können.

Alicante

Südlich von Valencia liegt rund um die Stadt Alicante das gleichnamige Weinbaugebiet. Aus der 14.000 Hektar Rebfläche umfassenden Region kommen jedes Jahr über 300.000 Hektoliter Wein, die man je nach genauerer Herkunft in zwei grundsätzlich verschiedene Typen einteilen kann. In der heißen Küstenregion werden aus der rund um das Mittelmeer verbreiteten Moscatel-Traube fast ausschließlich süße und alkoholstarke Weißweine erzeugt. Im dahinter gelegenen Bergland hingegen entstehen wuchtige, alkoholreiche Rotweine. Viele dieser Gewächse sind schlicht schwer, breit oder sogar plump. Die besten Weine in Gran Reserva-Qualität sind jedoch geradezu „unsterblich" und präsentieren sich selbst nach 30 Jahren Lagerung und mehr noch äußerst lebendig. Oftmals benötigen sie sehr viel Luftkontakt, um ihre Tiefgründigkeit und ihre Kraft zu entfalten. Dann gehören sie sicherlich zu den besten Rotweinen Mittelspaniens.

Yecla

Die Weinberge von Yecla liegen östlich von Alicante in den Bergen von Murcia an der Grenze zur kastilischen Hochebene. Die Abgeschiedenheit dieser Gegend hatte in der Vergangenheit zur Folge, daß die gefährliche Reblaus hier kaum aufgetreten ist und folglich nur geringe Schäden verursachen konnte. So sind in Yecla noch 40 Prozent der an der Levante verbreiteten Monastrell-Reben ungepfropft, also nicht mit den gegen die Reblaus resistenten amerikanischen Wurzelstöcken veredelt. Sie liefern einen sehr dunklen, alkoholstarken (bis zu 16 % vol.) und schweren Rotwein, der traditionell zu Verschnittzwecken benutzt wird. Die in den meisten ähnlichen Anbaugebieten längst angelaufene Modernisierung der Kellerwirtschaft läßt in Yecla noch weitgehend auf sich warten.

Alte Weinreben prägen die Landschaft um die Provinzhauptstadt Murcia

Jumilla

Jumilla ist mit 45.000 Hektar Rebfläche eines der größeren spanischen Weinbaugebiete. Es liegt südöstlich von Yecla im bergigen Hinterland von Alicante. Die Rotweine, die hier heranwachsen, stammen fast ausschließlich von ungepfropften Monastrell-Reben, denn bis in diese heiße Landschaft ist die Reblaus nie vorgedrungen. In den langen, heißen Sommern reifen die Trauben so weit aus, daß Rotweine mit einem mächtigen Körper und einem Alkoholgehalt von bis zu 16 Prozent entstehen. Im Gegensatz zu Yecla sind in Jumilla die Bemühungen um die Erzeugung leichterer, zeitgemäßer Weine viel weiter fortgeschritten. Vor allem durch moderne Kellertechnik und die Beimischung weißer Trauben zu den mächtigen Rotweinen werden hier erste Erfolge erzielt.

Jahrgangsbewertung

1988	*sehr gut*
1989	*sehr gut*
1990	*außergewöhnlich*
1991	*gut*
1992	*gut*
1993	*sehr gut*
1994	*sehr gut*
1995	*sehr gut*
1996	*außergewöhnlich*
1997	*sehr gut*
1998	*sehr gut*

Likörweine aus dem heißen Andalusien: Sherry (Jerez) & Co.

Die besten Sherry-Weine entstehen auf den als Albariza bezeichneten Kreideböden

Die Winzer in Mittelspanien stehen aufgrund der Klimaverhältnisse meistens vor dem Problem, daß ihre Weine allzu alkohol- und körperreich sowie säurearm ausfallen, wodurch sie schwer und oft sogar plump wirken. Im südspanischen Andalusien ist es noch heißer und trockener, so daß hier „normale" Qualitätsweine gar nicht erst produziert werden. Hier ist das Reich der Likörweine, der weltberühmten Aperitifs und Dessertweine. Die bekanntesten sind der Sherry (Jerez), der Montilla-Moriles und der Málaga.

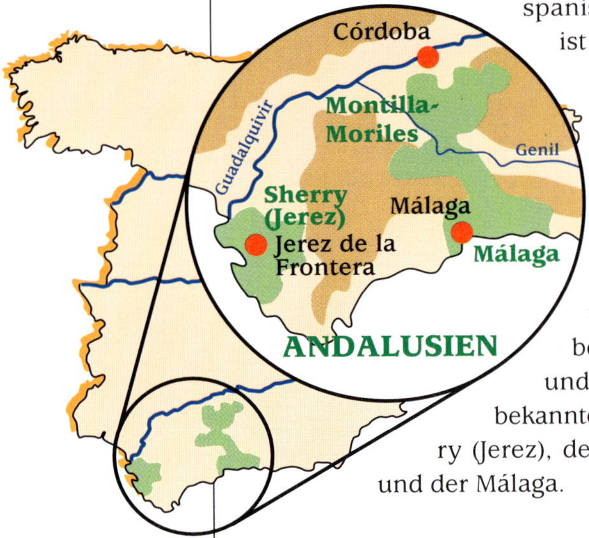

Sherry (Jerez)

Der weltberühmte Likörwein ist wahrscheinlich das bekannteste Produkt spanischer Weinbaukunst. Die Weinberge, in denen die Trauben für den Sherry wachsen, umfassen 20.000 Hektar Rebfläche rund um die Stadt Jerez de la Frontera. Wichtigste Weinbauzentren des Anbaugebietes sind neben Jerez die malerischen andalusischen Kleinstädte Sanlúcar de Barrameda, El Puerto de Santa María und Chiclana de la Frontera. 95 Prozent der Rebfläche sind mit der weißen Palomino-Traube bestockt. Den Rest teilen sich der Pedro Ximénez und der Moscatel, deren Moste für das Nachsüßen der Exportsherrys verwendet werden. Die besten Weine kommen von dem berühmten Albariza, einem schneeweißen Kreideboden.

Das erste Geheimnis des Sherry ist eine Schicht aus Hefepilzen, die sich während der Gärung an seiner Oberfläche bildet. Dieser „Flor" verleiht ihm seine typische, pikant-salzige Geschmacksnote. Dabei entstehen je nach Florbildung verschiedene Weintypen.

Der Fino ist ein strohgelber, bukettreicher Sherry mit 15 – 17 Prozent Alkohol, der seine unverwechselbare Art durch den starken Befall mit Hefepilzen erhalten hat. Eine lokale Besonderheit des Fino ist der Manzanilla aus Sanlúcar de Barrameda. Er ist noch etwas leichter als der Fino und besticht durch seine pikante, leicht salzige Note. Der Amontillado ist ein etwas gehaltvollerer Fino, auf dem sich nur wenig Flor gebildet hat. Er besitzt eine dunklere Färbung und ein typisches nußähnliches Bukett. Auf dem Oloroso hat sich während der Gärung kein Flor gebildet. Er ist körperreicher und dunkler und entwickelt ein überragendes Bukett von Walnuß-Düften.

Nach der Gärung werden alle Weine „aufgespritet", ihr Alkoholgehalt wird durch die Zugabe von Branntwein auf mindestens 15,5 Prozent erhöht. In Spanien werden alle Sherrys trocken getrunken. Nur für den Export werden sie mit süßem Most nachgesüßt. Dabei entstehen verschiedene Geschmacksrichtungen. Ein Cream Sherry ist ein gesüßter Oloroso, während zur Herstellung eines Pale Cream Sherry der Fino als Grundlage dient. In Deutschland sind die Medium Sherrys sehr beliebt, bei denen es sich um moderat gesüßte Amontillados handelt.

Das zweite Geheimnis des Sherry ist seine Alterung im Solera-System. Nach der Gärung und Spritung kommen die Weine in ein System übereinander angeordneter Holzfässer. Reifer Wein wird jeweils aus dem untersten Faß abgefüllt. Dadurch läuft die fehlende Menge aus den oberen Fässern nach. Der Jungwein wird immer in das oberste Faß eingebracht. Dies hat zur Folge, daß alle aufeinanderfolgenden Jahrgänge miteinander verschnitten werden. So kann der Erzeuger über Jahrzehnte und länger eine geschmackliche Einheitlichkeit seines Produktes garantieren. Die Verweildauer in der Solera beträgt im Durchschnitt um die acht Jahre, so daß jeder Sherry ein hochwertiger, lange im Holzfaß gelagerter Wein ist.

Diese Trauben werden eines Tages als gehaltvolle Likörweine in den Handel kommen

Montilla-Moriles

Südlich von Córdoba werden rund um die Ortschaften Montilla und Los Moriles auf Kreideböden ähnliche Weine wie im Sherry-Gebiet erzeugt. Sie entstehen ebenfalls im Solera-System und werden in dieselben Grundtypen eingeteilt wie der Sherry. In Montilla-Moriles dominiert die Rebsorte Pedro Ximénez. Die Weine aus Montilla-Moriles werden aus Trauben erzeugt, die in der Regel einen noch höheren Zuckeranteil aufweisen als die im Gebiet um Jerez. Völlig durchgegoren, erreichen die Weine einen Alkoholgehalt von 13–15 Prozent. Daher werden die Gewächse aus Montilla-Moriles nicht gespritet. Die besten Montilla-Moriles sind delikat, würzig sowie überaus köstlich und passen besser als Aperitif oder als Begleiter von Meeresfrüchten und Fischgerichten als fast alle anderen Weißweine der Welt. Spitzenweine sind den meisten Finos und Manzanillas aufgrund der größeren Leichtigkeit oftmals überlegen.

Málaga

Rund um die Provinzhauptstadt Málaga an der andalusischen Mittelmeerküste wird der gleichnamige weltberühmte Dessertwein erzeugt. Auf heute nur noch knapp 1.000 Hektar Rebfläche wachsen die verschiedenen Rebsorten, die den nach Sherry-Art gespriteten und in Soleras ausgebauten Málaga-Weinen ihre Vielfalt geben. So gibt es neben den vielen dunklen und sehr süßen Abfüllungen auch bernsteinfarbene trockene Weine in der Art eines Amontillado-Sherry. Málaga-Weine enthalten zwischen 15 und 23 Prozent Alkohol.

Raps und Wein bilden die Grundlage für die andalusische Landwirtschaft im Sherry-Gebiet

Von Portugal zum Schwarzen Meer

Es gibt viele Länder in Europa, deren Weinbautradition genauso alt, jedoch viel unbekannter ist als die französische, spanische, italienische oder deutsche. Ihre Zahl ist so groß, daß nicht alle hier Erwähnung finden können. In einigen von ihnen ist die Weinproduktion auch erst im Aufbau oder in einer experimentellen Phase. Bei diesen Ländern muß man die Entwicklung des Weinbaus noch beobachten, bevor man eine Beurteilung vornehmen kann.

Das Weinviertel ist Österreichs größtes Anbaugebiet

Die ehemalige Sowjetunion

Die Sowjetunion war bis zu ihrem Zerfall mit 1,4 Millionen Hektar Rebfläche nach Spanien das zweitgrößte Weinbauland der Welt. Der Zusammenbruch ihres staatlich gelenkten Wirtschaftssystems hat zum Verschwinden der Absatzmärkte geführt. Es ist jedoch vor allem der chronische Kapitalmangel, der verhindert, daß auf absehbare Zeit aus den Nachfolgestaaten der Sowjetunion Wein von internationalem Format zu uns gelangen wird. Nur der Weinbau in der Ukraine scheint sich von den Folgen des staatlichen Zerfalls langsam zu erholen. Die Schaumweine von der Krim erfreuen sich nach wie vor in der ganzen Welt großer Beliebtheit.

Rechts: Winterlich kahle Weinberge auf Kreta

Jugoslawien

Die meisten ehemals zu Jugoslawien gehörenden Staaten sind durch den jahrelangen Krieg noch sehr mit dem Wiederaufbau von Staat, Wirtschaft und Gesellschaft beschäftigt. In Slowenien hat sich die Lage zwar bereits weitgehend normalisiert, doch die produzierten Weine gelangen noch nicht in den Export. Die Absatzmärkte des vormals im Westen so beliebten süßen Massenweins Amselfelder aus dem Kosovo sind durch den Krieg verlorengegangen. Sie wurden von spanischen Rotweinen aus der Levante unter dem Etikett Amselkeller bei gleicher Flaschenaufmachung übernommen. Lediglich von der kroatischen Mittelmeerküste, aus Dalmatien, und aus der Republik Mazedonien kommen mittlerweile wieder Flaschenweine auf den deutschen Markt.

Eine Reise durch Europa

Wir wollen unsere Reise durch Europa auf die Weinbauländer beschränken, aus denen eine größere Anzahl bekannter Weine auf unsere Märkte gelangt. Dazu beginnen wir im äußersten Südwesten, in Portugal, wo außer dem weltberühmten Portwein auch viele andere gute Weine erzeugt werden. Anschließend besuchen wir die atemberaubend steilen Weinberge in der Schweiz. In Österreich erkunden wir die bei uns noch weitgehend unbekannte Vielfalt der Weine. Eine Visite in Ungarn, Bulgarien, Rumänien und Kroatien wird zeigen, wie der Weinbau in diesen Ländern nach dem Zusammmenbruch des Kommunismus wieder Fortschritte zu machen beginnt. Schließlich beenden wir unsere Reise in Griechenland, das neben dem bekannten Retsina und süßen Likörweinen viele gute Tropfen zu bieten hat.

Am westlichen Ende Europas: Portugal

Im westlichsten Weinbauland Europas erstrecken sich die Rebflächen über 400.000 Hektar. Die Erzeugung international konkurrenzfähiger Qualitätsweine konzentriert sich auf den regenreichen, klimatisch gemäßigten Norden. In der Mitte und im Süden des Landes entstehen – von einzelnen Ausnahmen abgesehen – einfache Landweine. Diese Produkte des portugiesischen Weinbaus sind bei uns immer noch recht unbekannt. Doch gibt es eine ganze Reihe von Weinen, die ausgezeichnet sind und weitaus mehr Beachtung verdienen. Kein europäisches Weinbauland bietet ein so attraktives Preis-Leistungs-Verhältnis wie Portugal. Die besten Rotweine werden als Reserva und Garrafeira auf den Markt gebracht, was den spanischen Qualitätsstufen Reserva und Gran Reserva entspricht.

Der Norden: Vinho Verde und Trás-os-Montes

Im regenreichen und kühlen äußersten Nordwesten Portugals, direkt an der spanischen Grenze, wird der Vinho Verde erzeugt, der „grüne Wein". Der Name bezieht sich nicht auf die Farbe des Weines, sondern darauf, daß es sich um einen sehr jungen Wein handelt, der noch prickelnde Kohlensäure von der Gärung enthält. Dabei kann es sich um Weiß-, Rosé- und Rotweine handeln, wobei die Weißweine deutlich in der Überzahl sind. Sie präsentieren sich leicht und spritzig und ähneln den nördlich der Grenze im spanischen Galizien erzeugten Albariños. Östlich des Anbaugebietes für Vinho Verde werden in der Region Trás-os-Montes die in Deutschland so beliebten lieblichen Marken-Rosés Lancers und Mateus erzeugt.

Der „Star": Portwein

Der gespritete und süße Likörwein ist der bekannteste und berühmteste Wein Portugals. Er entsteht in einem 26.000 Hektar großen Anbaugebiet am Douro-Tal. Die Süße des Portweins stammt aus dem natürlichen Traubenzucker, der verbleibt, wenn der gärende Most durch die Zugabe von hochwertigem Branntwein („Spritung") zum Gärstopp gebracht wird. Dabei entsteht ein Wein mit 18 – 21 Prozent Alkohol. Der beste Portwein ist der Jahrgangsport („Vintage Port"), der nur in besonders guten Jahren erzeugt und erst nach mindestens zehn Jahren Flaschenlagerung trinkreif wird. Er sollte vor dem Genuß auf jeden Fall dekantiert werden. Bereits nach fünf Jahren Flaschenreife trinkbar ist der Late Bottled Vintage (LBV). Dabei handelt es sich um einen Wein, dessen Qualität erst später entdeckt und der dann nachträglich zum Jahrgangswein deklariert wurde. Alle restlichen Portweine sind Verschnitte verschiedener Jahrgänge. Der größte Teil des Portweins kommt nach langer Faßreife als Tawny Port bereits trinkreif in den Handel. Beim Ruby Port handelt es sich um einen jugendlichen Wein, der sehr fruchtig sein kann.

Auf den steilen Terrassen am Douro wachsen die Reben, die für den Portwein Verwendung finden

Die Rotweine vom Douro

Auf den steilen, terrassierten Rebhängen am Douro entstehen neben dem Portwein auch „normale“, nicht gespritete rote Tischweine. Auf ihre Erzeugung wird die Hälfte der jährlichen Traubenernte verwendet. Kräftig, tanninreich und moderat in Körper und Alkohol (11,5 – 12,5 % vol.), können sie hervorragend sein und vor allem in Reserva- und Garrafeira-Qualität in der Flasche zu großer Feinheit heranreifen. Der beste unter ihnen ist der Barca Velha, der herausragende Rotwein Portugals. Der sehr rare Tropfen ist tanninreich, reift langsam und entwickelt dann eine tiefgründige, komplexe Eleganz.

Bairrada

Das auch bei uns bekannte Weinbaugebiet Bairrada erstreckt sich nahe der Atlantikküste nördlich der alten Universitätsstadt Coimbra. Auf knapp 20.000 Hektar werden weiße und rote Trauben angebaut. Der weiße Bairrada entsteht aus der Maria-Gomes-Traube und wird hauptsächlich zu Schaumwein weiterverarbeitet. Es gibt allerdings auch einige ausgezeichnete, vollmundige und robuste weiße Stillweine. Doch die besten Weine des Anbaugebietes sind die Roten. Diese in Körper und Alkohol stets moderaten, oft sehr eleganten und niemals schweren Tropfen können hervorragend sein.

Dão

Das Anbaugebiet Dão liegt in Mittelportugal rund um die Stadt Viseu. Es wird ringsum von bis zu 2.000 Meter hohen Bergketten umschlossen und gegen schädliche Klimaeinflüsse geschützt. Die Weißweine sind körperreich, moderat im Alkohol und robust. Auch hier erweisen sich die Roten als die besseren Weine. Sie präsentieren sich in ihrer Jugend tieffarben und körperreich, so daß einfachere Weine oftmals fast plump wirken. Doch aufgrund des stets moderaten Alkoholgehaltes (12 % vol.) und der guten Säure- und Tanninstruktur wirken bessere Abfüllungen niemals schwer. Als Reserva oder Garrafeira reifen sie zu äußerst feinen und eleganten Weinen heran.

Jahrgangsbewertung	
1988	*sehr gut*
1989	*gut*
1990	*außergewöhnlich*
1991	*mittel*
1992	*sehr gut*
1993	*mittel*
1994	*sehr gut*
1995	*sehr gut*
1996	*gut*
1997	*gut*
1998	*sehr gut*

Madeira

Fast so berühmt wie der Portwein ist der Madeira, ein gespriteter Likörwein von der gleichnamigen portugiesischen Insel im Atlantik. Es gibt vier Grundtypen, die nach der jeweiligen Rebsorte benannt sind, aus der sie bestehen. Der Sercial ist ein trockener, relativ heller Madeira. Im Charakter und der Art ähnlich, jedoch etwas süßer ist der Verdelho. Beide Typen eignen sich hervorragend als Aperitif. Der dunkle, schwere und süße Bual ist ein ausgezeichneter Dessertwein, der auch zu sehr kräftigen Käsesorten paßt. Noch dunkler, üppiger und süßer ist der Malmsey. Alle vier Madeiras eignen sich hervorragend als Kochweine, die vielen Gerichten erst die richtige Geschmacksnote verleihen.

Früher wurden die Portweine mit diesen Barcos rabelos in die Stadt Porto transportiert

Die schönsten Weinberge der Welt: Die Schweiz

Atemberaubend steil sind die Weinberge des Dézaley am Genfer See

Mit 15.000 Hektar Rebfläche gehört die Schweiz zu den kleinen Weinbauländern. Allein das deutsche Anbaugebiet Baden ist bereits größer. Aufgrund der zerklüfteten Landschaft der Schweizer Bergwelt fehlen größere zusammenhängende Anbauflächen. Schweizer Wein ist in der Regel leicht, unkompliziert und trocken. Die besten Tropfen übertreffen diesen Durchschnitt bei weitem und hätten größere Beachtung verdient. Die Verbreitung der Weine wird jedoch durch die Abschottung des schweizerischen Agrarmarktes und hohe Exportzölle behindert, die dafür sorgen, daß sie auf einem hohen Preisniveau angesiedelt sind. Auch weingeographisch wird die Schweiz in die französische West-, die deutsche Ost- und die italienische Südschweiz eingeteilt, wobei diese Einteilung auch die verschiedenen Stile der Weine bezeichnet.

Jahrgangsbewertung

1988	*gut*
1989	*sehr gut*
1990	*außergewöhnlich*
1991	*gut*
1992	*gut*
1993	*gut*
1994	*sehr gut*
1995	*sehr gut*
1996	*sehr gut*
1997	*gut*
1998	*sehr gut*

Die Westschweiz

85 Prozent der gesamten Weinerzeugung stammen aus der Westschweiz. Das Wallis (Valais) ist das größte Anbaugebiet des Landes. Hier ist der Chasselas (Gutedel) die verbreitetste Rebsorte, die den ausgezeichneten Fendant hervorbringt. Die häufigsten roten Rebsorten sind der Spätburgunder und der Gamay, aus denen der Dôle verschnitten wird. Im Waadt (Vaud) entstehen der rote Salvagnin und der weiße Dorin. Am Genfer See liegen die eindrucksvollen, steilen Weinberge des Dézaley, des besten Schweizer Weißweins. Er besticht durch Tiefe, Komplexität und Ausdruckskraft und beweist, welches Potential in der oftmals unterschätzten Rebsorte Chasselas steckt. Die Anbaugebiete Neuenburg (Neuchâtel) und Bielersee (Lac de Bienne) bringen elegante und säurebetonte Weißweine hervor. In Freiburg (Fribourg) schließlich werden auf nur 100 Hektar sowohl Weiß- als auch Rotweine erzeugt.

Der Osten und der Süden der Schweiz

In der Ostschweiz entstehen aus dem Spätburgunder viele blumige, samtige und elegante Rotweine. Die besten von ihnen reifen zu kraftvollen, tiefgründigen Gewächsen heran. Die leichten Weißweine werden aus dem hier als Riesling x Silvaner bezeichneten Müller-Thurgau erzeugt. Die Rebflächen der Südschweiz befinden sich südlich der Alpen im Tessin. Rebsorte Nummer eins ist hier der Merlot, der ausgezeichnete Rotweine hervorbringt.

Die Weinlese ist hier eine sehr anstrengende Arbeit

Vor den Toren der Alpen: Österreich

Für den Weinbau eignen sich in Österreich aus klimatischen Gründen nur die niedrigeren, maximal 400 Meter hoch gelegenen Landesteile. Deshalb befinden sich die österreichischen Rebflächen auch ausschließlich im weitgehend flachen Osten der Alpenrepublik.

Der bekannteste österreichische Wein ist sicherlich der Heurige, der neueste, „aktuelle" Wein. Ähnlich dem Primeur kommt er ab dem 11. November des Erntejahres in den Handel und in die Gaststätten. Es handelt sich in aller Regel um einen leichten, süffigen und unkomplizierten Alltagswein, der köstlich sein kann. Der überwiegende Teil des Heurigen entsteht aus dem Grünen Veltliner. Er wird vor allem in speziellen Ausschankstuben, den Buschenschanken, ausgeschenkt.

Die besten österreichischen Rieslinge und Grünen Veltliner kommen aus der Wachau

Die österreichischen Qualitätsstufen

Das österreichische Weinrecht ist stark an das deutsche angelehnt. Auch hier gibt es Tafelweine, Landweine, Qualitätsweine und Qualitätsweine besonderer Reife und Lesart, die den deutschen Prädikatsweinen entsprechen. Im Gegensatz zu den deutschen QbA-Weinen dürfen einfache österreichische Qualitätsweine zur Erhöhung des Alkoholgehaltes vor der Gärung nicht mit Mostkonzentrat oder Traubenzucker angereichert werden. Auslesen mit einem Anteil an überreifen oder edelfaulen Trauben heißen Ausbruch-Weine. Die höchsten Prädikatsstufen sind auch in Österreich Beerenauslese und Trockenbeerenauslese.

Das Klima in Österreich

Ähnlich wie in Deutschland besteht in Österreich in besonders kalten Wintern stets die Gefahr von Frostschäden. Doch die südliche Lage und kontinentale Klimaeinflüsse gewähren den Österreichern lange, warme Sommer. Sie sind heiß und trocken und ermöglichen der Weinrebe eine Vegetationsperiode von bis zu 250 Tagen. Daher entstehen im österreichischen Weinbau auch äußerst selten Reifeprobleme. Die Bodenverhältnisse sind im weitläufigen Niederösterreich sehr verschieden, doch große Flächen mit steinigen, kargen, kreide- oder kalkhaltigen Böden ermöglichen vielerorts die Erzeugung hervorragender Weine.

Lange, warme Sommer fördern die Vegetation der Rebstöcke und die Qualität der Beeren am Neusiedler See

Zahlreiche österreichische Spitzenweine stammen aus der Thermenregion

Die österreichischen Rebsorten

Die österreichischen Winzer pflegen die renommierten weißen Rebsorten Riesling, Weißer und Grauer Burgunder, Gewürztraminer, Chardonnay, Sauvignon blanc und Grüner Veltliner. Für die Rotweine werden Spätburgunder, Portugieser, Blaufränkisch, Sankt Laurent, Cabernet Sauvignon und Merlot verwendet. Einige der besten österreichischen Weine entstehen aus Rebsorten, die fast ausschließlich in Österreich angebaut werden. Dazu zählen die weißen Rebsorten Frühroter Veltliner, Roter Veltliner, Morillon, Neuburger, Rotgipfler, Zierfandler und Welschriesling. Die roten österreichischen Spezialitäten heißen Blauer Wildbacher und Blauer Zweigelt.

Die Weinbauregionen Österreichs

Die österreichischen Weinberge umfassen insgesamt eine Fläche von 60.000 Hektar. Sie sind in vier Weinbauregionen mit 13 Weinbaugebieten eingeteilt. Insgesamt bringt Österreich zu über 80 Prozent Weißwein hervor. Die besten österreichischen Weine stehen auf dem qualitativen Niveau anderer europäischer Spitzenweine.

Niederösterreich

Die größte Weinbauregion verfügt über 36.000 Hektar Anbaufläche. Mit seinen sechs Weinbaugebieten Wachau, Kremstal, Thermenregion, Kamptal-Donauland, Weinviertel und Donauland-Carnuntum erzeugt Niederösterreich eine sehr breite Palette verschiedener Weine.

Wachau

Die Wachau gilt allgemein als bestes österreichisches Anbaugebiet. Sie erstreckt sich zwölf Kilometer entlang der Donau zwischen Weißenkirchen und Krems. Auf den steilen, terrassierten Rebflächen über dem Strom wachsen die besten Grünen Veltliner und Rieslinge Österreichs.

Kremstal

Östlich der Wachau schließt sich das Kremstal an. Das Weinbaugebiet entstand 1985 durch die Verschmelzung der Anbaugebiete Krems und Langenlois. Hier entstehen in großer Zahl körperreiche Grüne Veltliner. Die besten Weine sind den Grünen Veltlinern aus der Wachau qualitativ kaum unterlegen.

Thermenregion

Südlich von Wien werden in der Thermenregion rund um die Orte Baden, Gumpoldskirchen und Bad Vöslau verschiedene Weine erzeugt. Die Weißen sind körper- sowie alkoholreich und teilweise lieblich, die Roten kernig und tanninbetont.

Kamptal-Donauland

Im Kamptal-Donauland entstehen überwiegend Weißweine aus dem Grünen Veltliner, dem Riesling und dem Weißen Burgunder. Die wenigen Rotweine werden aus Sankt Laurent und Spätburgunder produziert. Sie beeindrucken durch Körper und Frucht.

Weinviertel

Das mit 19.000 Hektar Anbaufläche größte Weinbaugebiet Österreichs bringt große Mengen des Heurigen hervor. Daneben entstehen aber auch hervorragende Spätlesen aus dem Grünen Veltliner sowie erstklassige Rotweine aus Cabernet Sauvignon und Merlot, die nach dem Vorbild von Bordeaux verschnitten werden.

Donauland-Carnuntum

Entlang der Donau, im östlich von Wien gelegenen Weinbaugebiet Donauland-Carnuntum, erzeugen die Winzer viel Heurigen. In der Gegend um den Ort Klosterneuburg werden jedoch aus dem Grünen Veltliner regelmäßig außergewöhnliche Weine erzeugt, die sich bis zu fünf Jahre in der Flasche verbessern können.

Wien

Auf den 700 Hektar Rebfläche der kleinen Weinbauregion Wien entsteht der Großteil des Heurigen, der in den Buschenschanken der österreichischen Hauptstadt konsumiert wird. Daneben gibt es jedoch auch einige Weißweine aus dem Grünen Veltliner, dem Weißen Burgunder und dem Riesling, die zu den österreichischen Spitzenweinen gehören.

Burgenland

Die weit im Osten an der ungarischen Grenze gelegene Weinbauregion umfaßt über 20.000 Hektar der österreichischen Rebfläche und teilt sich in die vier Weinbaugebiete Neusiedlersee, Neusiedlersee-Hügelland, Mittelburgenland und Südburgenland.

Neusiedlersee

Östlich und nördlich des Neusiedlersees entstehen auf 11.000 Hektar Rebfläche hauptsächlich Weißweine. Das warme Klima und die hohe Verdunstung des Sees begünstigen die herbstliche Nebelbildung und tragen so regelmäßig zur Erzeugung hochwertiger edelsüßer Ausleseweine bei.

Neusiedlersee-Hügelland

Im westlich des Neusiedlersees gelegenen Weinbaugebiet Neusiedlersee-Hügelland ähneln die Weine in Seenähe denen des Gebietes Neusiedlersee. In höheren Lagen werden zudem in einiger Entfernung vom See ausgezeichnete Rotweine erzeugt.

Mittelburgenland

Das kleine Weinbaugebiet Mittelburgenland bringt zu über 60 Prozent Rotweine hervor, die zu den besten Österreichs gehören. Die wichtigsten Rebsorten sind hier der Blaufränkisch (in Deutschland als Lemberger bekannt) und der Blaue Zweigelt. Zentrum des Weinbaus ist die kleine Gemeinde Deutschkreutz in der Nähe der Grenze zu Ungarn.

Südburgenland

Rund um den kleinen Weinbauort Deutsch-Schützen erstrecken sich die Weinberge des kleinen Anbaugebietes Südburgenland. Hier entstehen mehrheitlich Weißweine aus Grünem Veltliner, Riesling und Welschriesling. Am besten sind jedoch die hervorragenden Blaufränkisch-Rotweine.

Steiermark

Die südlichste Weinbauregion Österreichs ist die kleine Steiermark. Ihre 2.600 Hektar großen Rebflächen verteilen sich auf die drei Weinbauregionen Weststeiermark, Südsteiermark und Südoststeiermark.

Die Steiermark ist Österreichs kleinstes Anbaugebiet

Jahrgangsbewertung

1988	*sehr gut*
1989	*sehr gut*
1990	*außergewöhnlich*
1991	*gut*
1992	*sehr gut*
1993	*sehr gut*
1994	*außergewöhnlich*
1995	*gut*
1996	*gut*
1997	*gut*
1998	*sehr gut*

Weststeiermark

Auf nur 200 Hektar entsteht in der Weststeiermark rund um den Ort Deutschlandsberg aus dem Blauen Wildbacher der berühmte Schilcher. Dieser blaßfarbene, fruchtige und säurebetonte Roséwein gehört zu den besten Österreichs.

Südsteiermark

Die Südsteiermark verfügt über 1.500 Hektar Rebfläche. Auf teilweise sehr steilen Lagen wachsen Welschriesling, Muskateller und Gewürztraminer, aus denen charaktervolle, feine und säurebetonte Weißweine erzeugt werden.

Südoststeiermark

Rund um den kleinen Weinbauort Klöch in der Südoststeiermark entstehen hervorragende Weißweine aus Welschriesling, Riesling, Sauvignon blanc und Weißem Burgunder. Die edelsten Weine sind jedoch die Gewürztraminer, die zu den besten Europas gehören.

Neuanfang nach dem Wandel: Südosteuropa

Aus den ehemals sozialistischen Staaten kam schon immer viel Wein in die Bundesrepublik. Nach dem Untergang des Sozialismus mußten sich die staatlichen Weinproduzenten neu orientieren,

in moderne Kellertechnik investieren und sich neue Absatzmärkte erschließen. Auf einem guten Weg sind Ungarn, Bulgarien und Rumänien. Diese Länder exportieren heute wieder große Mengen unterschiedlichster Weine. Mazedonien, einst Teil Jugoslawiens, bringt massenweise billigste Verschnittweine in die deutschen Supermärkte. Kroatien hingegen exportiert heute wieder zunehmend Spitzenweine von der dalmatinischen Küste und verdient deshalb eine genauere Betrachtung. Das verbliebene Jugoslawien hingegen ist noch viel zu zerrissen, um den Weinexport fördern zu können.

Kroatien

Die ehemalige Teilrepublik Jugoslawiens hat sich weitgehend von den Folgen des Kriegs erholt. Im Inland werden nördlich und südlich der Hauptstadt Zagreb hauptsächlich weiche, süffige Weißweine aus dem Welschriesling und dem Riesling erzeugt. Die besseren kroatischen Weine sind die roten. Sie entstehen fast ausschließlich in Dalmatien, dem langen kroatischen Küstenstreifen am Mittelmeer zwischen Rijeka und Dubrovnik. Hier dominiert die hervorragende, kleinbeerige rote Rebsorte Plavac, die mit dem Cabernet Sauvignon verwandt ist. Auf der Halbinsel Pelješac im Süden Dalmatiens bringt sie den Dingač hervor, den besten Rotwein Kroatiens. Der schwere, körper- und alkoholreiche (13,5 % vol.) Tropfen enthält meist eine Spur Restsüße, gelegentlich ist er jedoch auch lieblich. Der bekannte süße Likörwein Prošek wird ebenfalls aus der Plavac-Traube gewonnen.

Neben dem berühmten Tokaj erzeugen die ungarischen Winzer, wie hier im Gebiet Szekszárd, gute Rotweine aus Merlot und Cabernet Sauvignon

Ungarn

Der Großteil der 110.000 Hektar Rebfläche Ungarns konzentriert sich auf die Gegend um den Plattensee (Balaton) und die weitläufige Tiefebene zwischen Donau und Theiß. Hier wachsen die Trauben für viele preiswerte, weiche und oftmals liebliche Exportweine. Die besten einheimischen Rebsorten Ungarns sind die weißen Sorten Furmint, Lindenblättriger und Mädchentraube sowie der rote Kadarka.

Der bekannteste ungarische Wein ist der Tokaji, der im äußersten Nordosten des Landes rund um die gleichnamige Stadt entsteht. Der gehaltvolle (13 – 13,5 % vol.) Auslesewein wird nach einem ganz speziellen, einzigartigen Verfahren erzeugt und klassifiziert. Der einfachste, ohne Auslese der Trauben bereitete Tokaji ist der Szamorodni. Für den besseren Tokaji, den Aszú, werden je einem Faß (à 136 l) einfachen Mostes zwischen einem und sechs Lesekörbe (Butten, ungar. Puttonyos) à 30 Liter Most aus edelfaulen Trauben hinzugefügt. Dabei entsteht ein körperreicher, kräftiger Wein mit edelsüßem Auslesecharakter. Die Anzahl der zugefügten Butten muß auf dem Etikett des Weines angegeben sein. Der edelste Tokaji wird nur aus edelfaulen Trauben erzeugt und als Essenzia bezeichnet.

Die Weinlese ist in Südosteuropa – wie hier in Ungarn – noch weitgehend Handarbeit

Zudem kommen aus Ungarn viele ausgezeichnete rote und weiße Tischweine. Der bekannteste ist der hervorragende Egri Bikavér (Erlauer Stierblut). Der tanninreiche und langsam reifende Rotwein wird aus den Rebsorten Kékfrankos (Lemberger, Blaufränkisch), Kadarka und Cabernet Sauvignon bereitet. Im Süden Ungarns, nahe der Grenze zu Jugoslawien, wachsen rund um die Stadt Szekszárd Merlot und Cabernet Sauvignon. Aus diesen beiden Rebsorten werden gehaltvolle, kräftige Rotweine nach dem Vorbild von Bordeaux verschnitten. Daneben erzeugen die Winzer schwere, körperreiche Rotweine aus dem Kadarka und gute Weißweine aus dem Chardonnay.

Rumänien

Mit einst 300.000 Hektar Rebfläche und einer Jahresproduktion von fast zehn Millionen Hektolitern Wein lag Rumänien in Osteuropa hinter der Sowjetunion auf dem zweiten Platz. Der Weinbau war verstaatlicht und völlig einseitig auf die Herstellung billiger süßer Massenware ausgerichtet. Die Nachfrage nach diesen Weinen fehlt heute weitgehend, ebenso wie das dringend benötigte Kapital zur Modernisierung des rumänischen Weinbaus. Dennoch lassen eine ganze Reihe von besseren rumänischen Tropfen erahnen, zu welchen Leistungen der Weinbau dieses Landes fähig sein könnte. Die besten rumänischen Weißweine bestehen aus dem Chardonnay und stammen aus dem Anbaugebiet Murfatlar nahe der Küste des Schwarzen Meeres. Die herausragenden Roten des Landes werden entweder sortenrein oder als Verschnitt aus Cabernet Sauvignon und Merlot erzeugt. Sie kommen zumeist aus der Tiefebene der Donau im Süden Rumäniens.

Bulgarien

Die bulgarischen Weinerzeuger produzieren pro Jahr vier Millionen Hektoliter Wein. Dazu stehen ihnen knapp 150.000 Hektar Rebfläche zur Verfügung. Auch vor dem Zusammenbruch des Sozialismus exportierten die Bulgaren schon einen beträchtlichen Teil der jährlichen Weinproduktion in den damaligen Westen. Neben einer großen Menge qualitativ unbedeutender, lieblicher Massenprodukte gelangen heute zunehmend faßgereifte Cabernet Sauvignon-, Merlot- und Chardonnay-Weine zu uns. Im Norden und Süden Bulgariens entstehen vorwiegend Rotweine. Die höheren Lagen des Balkangebirges und die Gegend an der Schwarzmeerküste liefern hingegen hauptsächlich Weißwein. Die besten bulgarischen Tropfen sind die Reserve-Weine, die vier Jahre in neuen Eichenfässern reifen müssen.

Im Reich der tausend Inseln: Griechenland

In Griechenland stehen 100.000 Hektar landwirtschaftlicher Nutzfläche unter Reben, fast so viel wie in Deutschland. Noch einmal dieselbe Fläche dient der Produktion von Tafeltrauben, Rosinen und Korinthen.

Der Weinbau findet im Einklang mit den Richtlinien der EU statt: Neben Tafelweinen gibt es Landweine (Traditioneller Wein) und Qualitätsweine (O.P.E. und O.P.A.P.). Leider sind selbst die besten griechischen Weine bei uns kaum bekannt oder erhältlich, obwohl sie durchaus Beachtung verdienen.

Peloponnes

Auf dem Peloponnes entsteht mit dem Mavrodaphne einer der bekanntesten griechischen Weine. Der Mavrodaphne ist ein süßer Likörwein, der aus der gleichnamigen Rebsorte erzeugt wird. Mit seiner dezenten Süße erinnert er an einen leichten Tawny-Port. Er stammt aus Patras, der reizvollen Hafenstadt im Nordwesten des Peloponnes, in der die meisten Fährpassagiere aus Italien ankommen. Außer dem Mavrodaphne bereiten die Winzer um Patras den Muskat, einen weißen Likörwein aus der weißen Muskateller-Traube, der durch seine samtige, süße und beinahe ölige Art besticht. Diese beiden Likörweine zählen zu den besten Griechenlands.

Im Nordosten des Peloponnes liegt der kleine Ort Nemea, Zentrum des gleichnamigen Weinbaugebiets. Neben gehaltvollen Weißweinen werden hier kraftvolle Rote aus der einheimischen Agiorgitiko-Traube mit Zusätzen von Cabernet Sauvignon erzeugt. Nach der griechischen Sage war es Rotwein aus Nemea, der Herkules die Kraft verlieh, einen Löwen zu besiegen.

Im heißen Griechenland hat sich der Weinbau – wie hier in Nemea – in höhere Lagen zurückgezogen

Attika und Euböa

Die Landschaften von Attika und der Insel Euböa sind die Herkunftsgebiete des berühmtesten, wenn auch nicht besten griechischen Weines, des Retsina. Es wird zwar überall in Griechenland Wein nach Retsina-Art hergestellt, doch die Heimat dieses Tropfens liegt eben hier, wo er auch am besten gelingt. Der Retsina ist ein aus der Savatiano-Traube

Die Antike ist in Griechenland immer noch allgegenwärtig, wie hier am Zeustempel in Nemea

bereiteter Weißwein, der zur besseren Haltbarkeit und Bekömmlichkeit mit dem Harz einer bestimmten Pinienart, der Aleppopinie, versetzt wird. Der Geschmack dieses leichten Weißweins ist gewöhnungsbedürfig. Die geharzten Rotweine heißen Kokkinelli. Beide Weine passen ausgezeichnet zur griechischen Küche.

Zentralgriechenland und der Norden

Die überwiegende Zahl der international konkurrenzfähigen griechischen Rotweine stammt aus Zentral- und Nordgriechenland. Die Anbaugebiete liegen meist hoch in den Bergen, wo es kühler ist. So sind die besten Rotweine aus Griechenland nie besonders alkoholreich (12 – 12,5 % vol.) und schwer. Ein herausragender Tropfen kommt aus dem Umland der kleinen Ortschaft Metsovo in Epirus in Zentralgriechenland. Auf den Abhängen des Pindus-Gebirges entsteht hier der Katoi de Metsovo, der zur ersten Garde griechischer Rotweine zählt. In guten Jahren ist der reinsortig aus Cabernet Sauvignon bereitete Wein tanninreich und kernig. Er reift in der Flasche noch zehn Jahre lang zu großer Feinheit heran. 100 Kilometer nordöstlich von Metsovo liegt die Kleinstadt Naoussa, Zentrum des gleichnamigen Weinbaugebietes. Aus der roten Rebsorte Xynomavron wird hier kräftiger, kerniger und robuster Rotwein erzeugt. Die besten Naoussa-Weine entwickeln im Alter eine bemerkenswerte, von der langen Lagerung in kleinen Holzfässern stammende delikate Geschmacksnote. Der auch bei uns bekannte Naoussa Grande Reserve von Boutari zählt zu den besten Rotweinen Griechenlands. 50 Kilometer weiter östlich liegt das Anbaugebiet Goumenissa, wo ebenfalls die rote Xynomavron-Traube im Anbau steht. Auch hier lagern die besten Weine in kleinen Holzfässern, bevor sie in den Handel kommen.

Das vom Briten John Carras gegründete Château Carras ist ein herausragender Erzeuger in Nordgriechenland. Es liegt auf der Halbinsel Chalkidike, wo 1981 das Anbaugebiet Côtes de Meliton eingerichtet wurde. Der Spitzenwein Côtes de Meliton Tête de Cuvée aus Cabernet franc mit Zusatzen von Cabernet Sauvignon gehört zu den großen Rotweinen Griechenlands. Er reift äußerst langsam und erreicht nach 15 Jahren eine ungeahnte Geschmacksfülle, Tiefe und Eleganz. Gute Weine kommen auch aus dem benachbarten Anbaugebiet Athos.

Die Weine der griechischen Inselwelt

Ein großer Teil der griechischen Weinproduktion stammt von den zahlreichen Inseln. Auf der westlich des Festlands gelegenen ionischen Insel Kefallinia entsteht der Robola de Cephalonia, ein ausgezeichneter trockener Weißwein. Er ist fruchtig, leicht sowie elegant und gehört zu den hervorragenden griechischen Weißweinen. Die besten Tropfen der ägäischen Inselwelt, die sich zwischen Griechenland und der Türkei erstreckt, sind der Weißwein von Santorini, der Rotwein von Paros sowie die süßen Muskateller-Likörweine von Rhodos und Samos.

Die größte Insel Griechenlands ist Kreta. Auf der 15.000 Hektar großen Rebfläche der Insel wird sehr viel Retsina und Kokkineli erzeugt, der zum großen Teil von den vielen Touristen getrunken wird. Der beste kretische Wein ist der rote Peza, der mit seinem mittleren Körper und Alkoholgehalt (12,5 % vol.) den besten Rotweinen des griechischen Festlandes nicht nachsteht.

Jahrgangsbewertung

1988	*sehr gut*
1989	*sehr gut*
1990	*sehr gut*
1991	*schlecht*
1992	*gut*
1993	*sehr gut*
1994	*gut*
1995	*sehr gut*
1996	*gut*
1997	*gut*
1998	*sehr gut*

Klassische Weine aus ÜBERSEE

Seit einigen Jahren füllen sich die Regale der Weinhandlungen zunehmend mit Produkten aus Kalifornien, Chile, Argentinien, Südafrika, Australien und Neuseeland. Selbst in Supermärkten werden immer mehr Weine aus diesen Ländern angeboten. Ein Ende dieser Entwicklung ist noch lange nicht abzusehen. Die Gewächse der genannten Länder und Regionen sind heute auf dem Weltmarkt fest etabliert. Doch daneben gibt es eine große Zahl von Weinbaugebieten in Übersee, die zur Zeit große Anstrengungen unternehmen, den Sprung auf die internationalen Weinmärkte ebenfalls zu schaffen.

Rechts: Frühling im Napa Valley, Kalifornien

Die wildzerklüftete Landschaft des neuseeländischen Anbaugebietes Central Otago auf der Südinsel

Ehrgeizige Projekte in Nord- und Südamerika

In den USA wird nicht nur in Kalifornien Wein produziert. Der Staat New York ist der zweitgrößte Weinerzeuger der Vereinigten Staaten. Im Bundesstaat Virginia, dem Weinbauzentrum an der Ostküste, entwickelt sich die Produktion international konkurrenzfähiger Tropfen zu einem bedeutenden Wirtschaftsfaktor. Sehr dynamisch ist der Weinbau in Texas. Hier liegen die Rebflächen aufgrund des heißen und trockenen Klimas in bis zu 2.000 Metern Höhe. An der Westküste reicht der Weinbau bis in den Bundesstaat Washington an der Grenze zu Kanada. Südlich von Washington schließt sich der Bundesstaat Oregon an. Die Rebflächen konzentrieren sich hier auf die Küstenregion vor den Abhängen der Cascades, wo der kühle Nordpazifik für ein feuchtes und gemäßigtes Klima sorgt. Hier entstehen in guten Jahren hervorragende Chardonnay- und Pinot noir-Weine, die zu den besten Gewächsen der Vereinigten Staaten gehören. Sie sind auch bei uns erhältlich.

Noch mehr Vielfalt in der Zukunft

In jüngster Zeit gelangen auch Weine aus Mexiko und Uruguay in die deutschen Weinhandlungen. Die mexikanischen Weinberge konzentrieren sich auf den mexikanischen Teil von Kalifornien, Baja California. Ebenso wie in Uruguay stehen der spanische Tempranillo sowie Cabernet Sauvignon im Anbau. In Peru werden zwar Rebflächen bewirtschaftet, doch verhindern bisher massive Reblausprobleme eine günstige Entwicklung. Noch seltener in den Regalen deutscher Händler sind Weine aus Brasilien, obwohl die Brasilianer bereits jährlich sechs Millionen Flaschen in die USA und nach England exportieren. In diesem weitgehend tropisch heißen Land ist der Anbau von Weinreben nur ganz im Süden an der Grenze zu Uruguay und Argentinien möglich. Das größte Problem all dieser Länder ist jedoch der chronische Kapitalmangel, der die Produktion international konkurrenzfähiger Weine bisher weitgehend verhindert.

Uralte Cabernet-Sauvignon-Rebstöcke prägen die Weinberge in vielen Anbaugebieten Chiles

Rund um San Francisco: Weinbau in Kalifornien

Rotwein-Faßprobe in einer kalifornischen „Winery“

Die Prohibition in den USA behinderte von 1919 bis 1933 auch den kalifornischen Weinbau stark. Bereits wenige Jahre nach ihrem Ende begannen die Winzer des südwestlichsten Bundesstaates der USA jedoch damit, ihre Weinberge mit hochwertigen Reben zu bestocken. Ihre besten Weine werden aus den europäischen Sorten Chardonnay, Chenin blanc, Gewürztraminer, Riesling, Sauvignon blanc, Cabernet Sauvignon, Merlot und Pinot noir erzeugt. Eine kalifornische Spezialität hingegen sind die Rotweine aus der Zinfandel-Traube. Ab 1970 statteten die Weingüter ihre Keller mit modernster Technik aus. Seither entwickelte sich Kalifornien zu einem der ganz großen Weinbaugebiete der Welt. 90 Prozent der nordamerikanischen Weine stammen aus Kalifornien. Hier stehen nahezu 300.000 Hektar unter Reben, dreimal soviel wie in Deutschland. Damit ist Kalifornien vor Argentinien der größte Weinerzeuger auf dem amerikanischen Doppelkontinent. Ein Grund für diese Entwicklung ist sicherlich die Entdeckung, daß vor allem hochwertige Rotweine eine gesundheitsfördernde Wirkung haben. Dies hat die Nachfrage nach solchen Tropfen bei den traditionell sehr gesundheitsbewußten Amerikanern stark ansteigen lassen.

Die kalifornischen Weine sind meist alkoholstärker (13 – 14,5 % vol.), körperreicher und schwerer als vergleichbare europäische Weine. Die besseren Tropfen geraten dadurch trotzdem nicht plump, sondern gleichen die Schwere durch ihre typische Fruchtigkeit und Kraft aus.

Spitzenweine aus dem Napa Valley

Die besten kalifornischen Weine stammen aus dem Napa Valley. Darunter sind einige Tropfen, deren Erscheinen auf dem internationalen Markt die Weinwelt in helle Aufregung versetzt haben. Die beiden herausragenden Tropfen sind der Opus One und der Dominus.

Gemeinsam mit dem inzwischen verstorbenen Baron Philippe de Rothschild aus Bordeaux (Château Mouton-Rothschild) gründete der Winzer Robert Mondavi das neue Weingut Opus One. Seit 1979 stellt Opus One Rotweine von internationalem Ruf aus Cabernet Sauvignon mit Zusätzen von Cabernet franc und Merlot her. Der Opus One verfügt über einen konzentrierten Charakter, ist kraftvoll, reich an Tanninen und reift zu großer Feinheit heran.

Impression aus dem Napa Valley

Nicht weniger legendär ist der von Christian Moueix aus Bordeaux (Château Pétrus) erzeugte Dominus-Wein aus dem Napa Valley. Seit 1983 auf dem Markt, besteht er zu drei Vierteln aus Cabernet Sauvignon und zu einem Viertel aus Cabernet franc und Merlot. Beim Dominus handelt es sich um einen tanninreichen, konzentrierten Wein, der mit den Jahren zu einem weichen und luxuriösen Tropfen heranreift. Auch wenn der Opus One und der Dominus nicht das überragende Bukett, die Eleganz und Ausdruckskraft der besten Gewächse aus Bordeaux erreichen, gehören sie sicherlich zu den ganz großen Rotweinen der Welt.

Die Klimabedingungen in Kalifornien

Kalifornien ist ein heißer und sehr trockener Landstrich, was für die Erzeugung feiner Weine eigentlich keine ideale Voraussetzung darstellt. So entstehen hier auch große Mengen schwerer, allzu körperreicher Weine. In den besten Anbaugebieten jedoch werden die Reben vom nahegelegenen Meer gekühlt. Der Pazifische Ozean ist vor der kalifornischen Küste nicht besonders warm. Das liegt an einer kalten Meeresströmung aus den nördlichen Polargebieten, dem Kalifornien-Strom, der hier auf das nordamerikanische Festland trifft. Er sorgt dafür, daß die Rebstöcke von einer beständigen frischen Meeresbrise gekühlt werden. So bleiben Bukettstoffe und flüchtige Fruchtsäuren in den Weinbeeren erhalten, die bei höheren Temperaturen verdunsten würden. Der kühlende Effekt durch den Pazifik ist so stark, daß in den besten kalifornischen Anbaugebieten sogar die Gefahr frühmorgendlicher Fröste besteht. Daher werden die Pflanzen am frühen Morgen mit einer schützenden Wasserschicht besprüht.

Zudem kommt es durch den kühlen Kalifornien-Strom regelmäßig zu starker Nebelbildung. Sie versorgt die Rebstöcke mit Feuchtigkeit und sorgt dafür, daß die Weintrauben nicht zu schnell reifen, sondern langsam und allmählich zur Vollreife gelangen. Doch der fast jeden Morgen auftretende Nebel allein reicht nicht aus, um die Rebstöcke ausreichend mit Feuchtigkeit zu versorgen. Daher werden die Weinberge in Kalifornien zusätzlich künstlich bewässert, damit sie nicht verdorren. Wenn nämlich gegen Mittag die Sonne den Nebel vertrieben hat, steigen die Temperaturen sehr schnell auf bis zu 35 Grad an. Dann beginnt die automatische Tröpfchenberieselung, die die Rebwurzel ständig mit kleinen Mengen der hier so kostbaren Flüssigkeit versorgt. So entstehen trotz Hitze und Trockenheit bukettreiche, fruchtige Weine.

Die kalifornischen Weinberge liegen allesamt auf dem 100 Kilometer breiten Küstenstreifen zwischen dem Pazifik und den bis zu 4.400 Meter hohen Bergen der Sierra Nevada. Weingeographisch kann man Kalifornien in drei große Bereiche einteilen: die North Coast nördlich von San Francisco, die Central Coast zwischen San Francisco und Los Angeles und das Central Valley im Landesinneren südlich von Sacramento.

Regenbogen über einem Weinberg im Napa Valley

Weinlandschaft in Los Carneros

North Coast

Die North Coast umfaßt alle Weinberge nördlich von San Francisco. Sie erstreckt sich von San Francisco aus 150 Kilometer nach Norden bis in die Mendocino County. Vier Regionen innerhalb der North Coast bringen ihre Weine durchweg unter ihrer eigenen Herkunftsbezeichnung auf den Markt: Mendocino, Sonoma, Napa Valley und Los Carneros. Die oftmals sehr guten, als North Coast etikettierten Weine können ein Verschnitt aus der gesamten Region sein.

Mendocino

Das 4.000 Hektar große Weinbaugebiet Mendocino liegt 150 Kilometer nördlich von San Francisco. Damit ist es das nördlichste Anbaugebiet Kaliforniens. Von seinen Rebflächen kommen ausgezeichnete Weine aus dem Zinfandel, Cabernet Sauvignon und Chardonnay. Sie erreichen jedoch nicht die Qualität der Weine aus Sonoma, Napa Valley und Los Carneros. In schlechteren Jahren nehmen sie zudem ein wenig den erdigen Geschmack des Bodens an, auf dem sie wachsen.

Sonoma

Die 12.000 Hektar Weinberge Sonomas liegen nördlich von San Francisco zwischen dem Napa Valley und der Pazifikküste. Sie erstrecken sich auf den Talhängen entlang des Russian River und seiner kleinen, als Creeks bezeichneten Nebenflüsse. Hier entstehen aus Cabernet Sauvignon, Chardonnay, Riesling und Zinfandel kraftvolle, aber dennoch feine Weine. Die besten Tropfen aus Sonoma können sich qualitativ durchaus mit Weinen aus dem Napa Valley messen, so daß Sonoma heute in Kalifornien qualitativ als Nummer zwei gilt.

Napa Valley

Das bedeutendste Weinbaugebiet Kaliforniens ist das 12.000 Hektar große Napa Valley. Es liegt 80 Kilometer nördlich von San Francisco etwas landeinwärts von Sonoma. Die Weinberge ziehen sich nördlich der Kleinstadt Napa 40 Kilometer entlang des Napa River bis in die Ortschaft Calistoga. Hier dominieren Chardonnay, Cabernet Sauvignon, Pinot noir und Zinfandel. Von Napa in Richtung Calistoga wird das Klima im Tal zunehmend heißer, da sich hier der kühlende Effekt des Pazifischen Ozeans immer mehr abschwächt. Die einfachen Weine sind von schwankender Qualität und können würzig und kräftig, aber auch robust und schwer ausfallen. Die besseren Napa Weine sind durchweg hervorragend: Sie sind alkohol- sowie körperreich und voller Kraft und Frucht.

Los Carneros

Das kleine Anbaugebiet Los Carneros liegt nördlich von San Francisco direkt an der San Pablo Bay, dem Nordteil der San Francisco Bay. Es ist den Regionen Sonoma und Napa Valley vorgelagert und riegelt diese von der Bay ab. Im relativ kühlen und feuchten Klima von Los Carneros gedeihen Riesling, Sauvignon blanc (in Kalifornien auch als Blanc Fumé bekannt), Chardonnay und Pinot noir besonders gut und bringen feine Weine hervor.

Terrassierte Weinberge in Sonoma

Central Coast

Die Central Coast ist sehr weitläufig. Sie erstreckt sich südlich von San Francisco bis nach Los Angeles und umfaßt die Anbaugebiete Salinas Valley, San Luis Obispo und Santa Barbara.

Salinas Valley

Das große Weinbaugebiet Salinas Valley südlich von San Francisco verfügt über 14.000 Hektar Rebfläche. In relativ kühlem Klima werden hervorragende Weißweine aus Chardonnay, Chenin blanc, Gewürztraminer und Riesling erzeugt. Die Rotweine sind von eher durchschnittlicher Qualität. Sie entstehen im Süden des Anbaugebietes unter wärmeren Klimabedingungen.

Central Valley

Die größte kalifornische Weinbauregion ist das Central Valley. Es erstreckt sich über 250 Kilometer lang von Sacramento aus südlich bis in die Kleinstadt Bakersfield. Weit über 200.000 Hektar Rebflächen liegen hier an den Talhängen am San Joaquín River. Früher wurden in dieser Region aufgrund des heißen, trockenen Klimas hauptsächlich Tafeltrauben und schwere Likörweine erzeugt. Durch den massiven Einsatz modernster Kellertechnik und hochwertiger Rebsorten wie Cabernet Sauvignon, Sauvignon blanc, Merlot und Chardonnay entstehen hier heute körperreiche, kräftige Weine mit reifer Frucht. Sie gehören zu den preiswertesten kalifornischen Weinen.

Jahrgangsbewertung

1988	*sehr gut*
1989	*sehr gut*
1990	*sehr gut*
1991	*schlecht*
1992	*gut*
1993	*sehr gut*
1994	*gut*
1995	*sehr gut*
1996	*gut*
1997	*gut*
1998	*sehr gut*

San Luis Obispo

Auf halber Strecke zwischen San Francisco und Los Angeles gelangt man in das Weinbaugebiet San Luis Obispo. Die Weinberge erstrecken sich entlang des Salinas River. Im nördlichen Teil des Gebietes hat die kühle Meeresluft keinen direkten Zutritt zum Tal. Hier entstehen in größerer Höhe wuchtige Zinfandel-Weine. Im klimatisch gemäßigteren Südteil wachsen Trauben der Sorten Cabernet Sauvignon und Chardonnay, die bukettreiche Weine hervorbringen.

Santa Barbara

Weiter südlich schließt an San Luis Obispo die Santa Barbara County an. Das Anbaugebiet Santa Barbara ist klimatisch zweigeteilt. Unter dem kühlenden Einfluß des Pazifischen Ozeans gedeihen Chardonnay und Pinot noir besonders gut. Vor allem der Pinot noir bringt hier ausgezeichnete Weine hervor, die neben denen aus Neuseeland als beste Tropfen aus dieser Rebsorte außerhalb des französischen Burgunds gelten. Im heißeren Landesinneren dominieren Cabernet Sauvignon und Merlot.

Auf den Rebflächen im heißen Central Valley entstehen zunehmend fruchtige Weine

An den Abhängen der Anden: Chile

Das Valle Maipo (Maipo-Tal) ist das beste chilenische Anbaugebiet

Auf einem nur 100 Kilometer breiten, dafür aber über 4.000 Kilometer langen Streifen zwischen den Gipfeln der Anden und dem Pazifischen Ozean erstreckt sich Chile. Der wüstenähnliche Norden des Landes grenzt an die tropische Klimazone, Feuerland im Süden Chiles hingegen ist von kalten, subpolaren Klimaeinflüssen beherrscht. Für den Weinbau günstig sind die Witterungsverhältnisse nur in der Mitte des Landes. Hier erstrecken sich bis 50 Kilometer nördlich und 160 Kilometer südlich der Hauptstadt Santiago die chilenischen Weinberge.

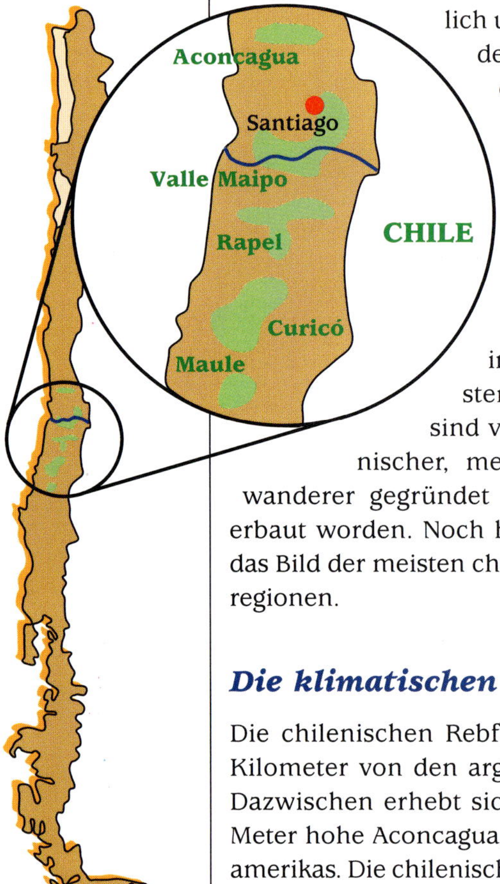

Chile ist ein traditionsreiches Weinbauland. Hier wird bereits seit der Mitte des 16. Jahrhunderts Wein erzeugt. Die lange chilenische Weinbautradition spiegelt sich auch in der Architektur der meisten Weingüter wider. Sie sind von Nachfahren spanischer, meist baskischer Einwanderer gegründet und im Kolonialstil erbaut worden. Noch heute dominieren sie das Bild der meisten chilenischen Weinbauregionen.

Die klimatischen Bedingungen

Die chilenischen Rebflächen sind nur 120 Kilometer von den argentinischen entfernt. Dazwischen erhebt sich allerdings der 6958 Meter hohe Aconcagua, der höchste Berg Südamerikas. Die chilenischen Weinberge befinden sich vorwiegend an den westlichen Abhängen der Anden. Ähnlich wie in Kalifornien trifft auch in Chile eine kalte Meeresströmung, der Humboldt-Strom, auf die Küste. Auch hier lindert diese Strömung die Hitze und trägt durch Nebelbildung zu einer langsamen, allmählichen Reifung der Weinbeeren bei. Der Nebel versorgt die Weinreben zudem mit lebenswichtiger Feuchtigkeit. Dennoch müssen die Reben in allen chilenischen Anbaugebieten zusätzlich künstlich bewässert werden.

Weinbau in Chile

Die chilenischen Winzer sind stolz darauf, daß sie Wein aus unveredelten Reben produzieren können, denn die Reblaus ist nie in die für sie zu heißen, trockenen chilenischen Weinberge vorgedrungen. Ebenso froh können sie über die Tatsache sein, daß die in Europa gefürchtete Pilzerkrankung Mehltau hier nicht auftritt.

Insgesamt stehen in Chile 110.000 Hektar Fläche unter Reben. In den klimatischen Randbereichen des chilenischen Weinbaus werden auf 20.000 Hektar vorwiegend Likörweine und Lesegut zur Branntweindestillation erzeugt. In den qualitativ besten Anbaugebieten stehen die europäischen Edelreben Cabernet Sauvignon, Cabernet franc, Merlot, Malbec, Chardonnay, Riesling, Sauvignon blanc und Sémillon im Ertrag. Die chilenischen Spitzenweine kommen aus den Anbaugebieten Aconcagua, Valle Maipo, Rancagua, Colchagua, Curicó, Rapel und Maule. Hier liegen die Weinberge zumeist an den Ufern der zahlreichen kleinen Schmelzwasserflüsse, die sich ihren Weg von den eisigen Gipfeln der Anden in den Pazifik bahnen. Die Böden in den Flußtälern sind stark mit Kies durchsetzt und schaffen damit für den Weinbau ideale Bedingungen.

Das Geheimnis: Faßreife

Die chilenischen Winzer legen viel Wert auf Qualität. Die Spitzenerzeuger importieren französische Fässer aus Bordeaux, die berühmten Barriques, um den Wein darin drei Jahre lang reifen zu lassen. Nach drei Jahren sind die teuren Barriques ausgelaugt. Nun werden sie ausrangiert und durch neue ersetzt. Nur so erhält der Wein die zusätzlichen Tannine aus dem frischen Holz, die sein Potential für eine lange Flaschenreife erhöhen. Die chilenischen Spitzenweine verbessern sich nach der Abfüllung noch zehn Jahre lang. Viele preiswerte chilenische Rotweine wirken jedoch durch das Eichenholz lediglich etwas „gewürzt". Traditionsbewußte Erzeuger lassen ihre Weine vielfach auch in Fässern aus Rauli reifen, einer südamerikanischen, rotbraunen Buchenart.

Sehr gute Weine für jeden Geldbeutel

Der chilenische Wein kann sich heute auf den internationalen Weinmärkten sehr gut behaupten. Ein wichtiger Grund dafür ist das hervorragende Preis-Leistungs-Verhältnis, das er bietet. Gegenüber preislich vergleichbaren argentinischen, aber auch kalifornischen Erzeugnissen zeichnen sich chilenische Cabernet Sauvignon-Weine durch eine geringere Robustheit und eine größere Feinheit aus.

Europäische und kalifornische Weingiganten haben dieses Potential erkannt und massiv in modernste Kellertechnik investiert. Pionier war Miguel Torres aus dem Penedès, der als erster temperaturkontrollierte Gärbehälter aus Edelstahl in Chile einführte. Damit leitete er eine neue Ära der

Gewitterstimmung im Anbaugebiet Rapel

bukettreichen, fruchtigen Weine ein. Auch die Domaines Rothschild (Château Lafite-Rothschild) aus Pauillac investierten in Chile. Im Anbaugebiet Colchagua produzieren sie den fruchtigen, eleganten und feinen Cabernet Sauvignon Los Vascos, der zu den bekanntesten chilenischen Rotweinen zählt. Der Baron Philippe de Rothschild (Château Mouton-Rothschild) hat sich mit dem größten chilenischen Erzeuger, Concha y Toro, verbündet und den sehr teuren roten Almaviva geschaffen, den die Fachwelt mit den großen Rotweinen aus Bordeaux auf eine Stufe stellt. Ähnlich edel und teuer ist auch der Seña, eine Gemeinschaftsproduktion von Robert Mondavi aus Kalifornien und dem Mitbesitzer des exzellenten Weingutes Caliterra, Eduardo Chadwick. Sehr gute Weine erzeugen auch die Bodegas Centenarios, José Canepa, Santa Mónica, Viña Maipo, Viña Tarapacá, Mont Gras, Cousiño Macul, Santa Rita und Ochagavia.

Die besseren chilenischen Weine reifen in Holzfässern

Jahrgangsbewertung

1988	*sehr gut*
1989	*sehr gut*
1990	*sehr gut*
1991	*mittel*
1992	*gut*
1993	*sehr gut*
1994	*gut*
1995	*sehr gut*
1996	*gut*
1997	*sehr gut*
1998	*gut*

Zwischen Himmel und Wüste: Argentinien

Weine aus Argentinien sind in Deutschland noch nicht allzu lange Zeit bekannt. Erst seit einigen Jahren füllen sich die Regale der Weinhandlungen zunehmend mit argentinischen Rot- und Weißweinen. Es lag an der Konsumfreudigkeit der Argentinier, daß ihre Weine außerhalb des Landes lange Zeit weitgehend unbekannt waren. Der statistische Durchschnittsverbrauch lag

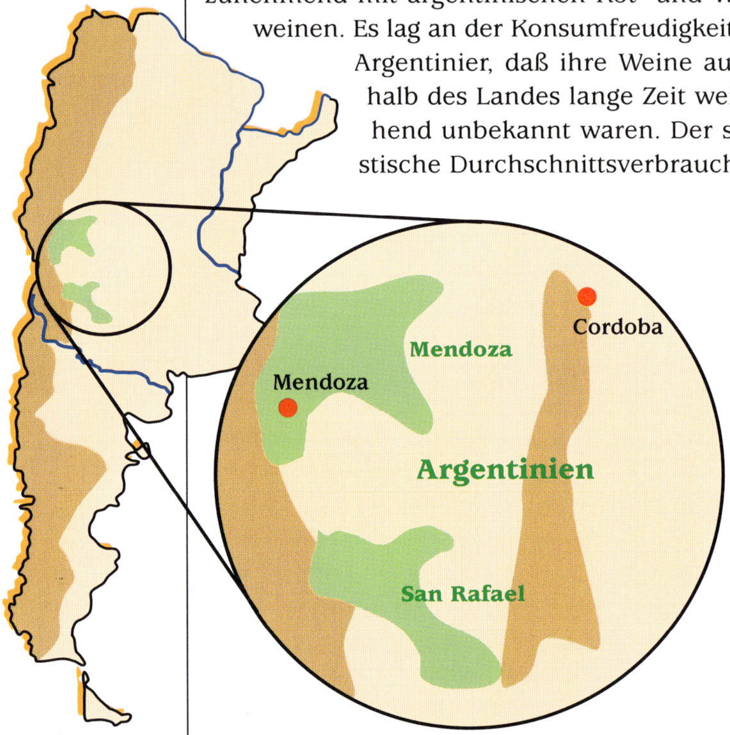

noch vor wenigen Jahren pro Kopf und Jahr bei stolzen 60 Litern. Da blieb von den durchschnittlich jährlich erzeugten 18 Millionen Hektolitern Wein einfach nichts mehr für den Export übrig. Mit anderen Worten: Die Argentinier tranken ihren Wein lieber selbst.

Vom Massenwein zum Flaschenwein

Bis heute ist der Pro-Kopf-Verbrauch auf 40 Liter im Jahr gesunken. Gleichzeitig wurden die Rebflächen ausgeweitet und ihre Nutzung intensiviert. In Argentinien stehen nun 300.000 Hektar unter Reben, die pro Jahr 18 Millionen Hektoliter Wein hervorbringen. Zwei riesige Kellereien beherrschen den argentinischen Weinmarkt: Santa Ana und Peñaflor. Der größte Erzeuger, Peñaflor, läßt seinen Wein in riesigen Fässern gären. Das größte Faß hat ein Fassungsvermögen von fünf Millionen Litern. Unter der Marke Peñaflor wird allerdings zumeist

einfacher Tafelwein in den Handel gebracht, der äußerst selten exportiert wird. Die besseren Tropfen namens Medalla und Andean tragen auf dem Etikett die Bezeichnung Bodega Trapiche. Insgesamt orientiert sich die argentinische Weinwirtschaft weg von den bisher erzeugten Massenprodukten und hin zum individuellen, hochwertigen Flaschenwein.

Qualitätsstufen argentinischer Weine

Das argentinische Weininstitut „Instituto Nacional de Vitivinicultura" (INV) wacht über die Einhaltung der argentinischen Gesetze zur Weinerzeugung. Von ihrem Hauptsitz in Mendoza überprüft es die korrekte Etikettierung der Weine und sorgt für die Klassifizierung der Tropfen in einfache Tischweine (Vino de Mesa, Vino Común), Vino Reserva (Qualitätswein von Edelrebsorten) und Vino Fino, einen Qualitätswein mit längeren Lagerzeiten. Die Denominación de Origen Controlada wird nur an Weine vergeben, die mindestens acht Monate im Eichenfaß

und 12 Monate in der Flasche gereift sind. Daneben klassifizieren die Argentinier ihre Weine auch nach ihrer geographischen Herkunft. In Argentinien gibt es drei DOC-Gebiete: Luján de Cuyo und San Rafael in der Provinz Mendoza sowie Alto Valle in der Provinz Río Negro (Patagonien).

Das argentinische Weinbauzentrum Mendoza

Aus klimatischen Gründen liegt der argentinische Weinbau weit im Landesinneren an den Abhängen der Anden. 200.000 Hektar der argentinischen Rebfläche befinden sich in der Provinz Mendoza rund um die gleichnamige Stadt in der Nähe der chilenischen Grenze. Von hier kommen bei umfangreicher und aufwendiger künstlicher Bewässerung zwei Drittel der jährlichen argentinischen Weinproduktion. Die besten Rotweine entstehen aus Barbera, Cabernet Sauvignon, Malbec, Merlot, Pinot noir und Syrah, während für die Weißweine Chardonnay, Chenin blanc, Palomino, Pedro Ximénez, Riesling und Sémillon im Anbau stehen. Drei von vier argentinischen Weinen sind Rotweine, nur ein Viertel der Produktion besteht aus Weißwein. Ein großer Teil des Weißweins wird zu Schaumwein vergoren.

Im Windschatten der Anden

Im Windschutz des Gebirges herrscht ein heißes und trockenes Klima, das die Entstehung körperreicher sowie alkoholreicher und robuster Rotweine fördert. In den letzten Jahren sind die Rebflächen jedoch weiter in die Anden hinein auf Lagen von bis zu 1.200 Metern Höhe ausgedehnt worden, wo das kühlere Klima nun zunehmend die Entstehung kräftiger Weiß- und Roséweine begünstigt. Am Fuße des mächtigen, fast 7.000 Meter hohen Aconcagua, der die Grenze zwischen Chile und Argentinien bildet, entstehen aus dem Chardonnay kräftige Weine mit intensivem Bukett. In dieser Höhenlage werden die Reben immer wieder durch regelmäßige Hagelschauer gefährdet. So groß wie Taubeneier sind die Hagelkörner, die von den Einheimischen als „Piedras" (Steine) bezeichnet werden.

Weitere 50.000 Hektar befinden sich nördlich von Mendoza in der Provinz San Juan und noch einmal 40.000 Hektar in der noch weiter nördlich gelegenen Provinz La Rioja. Das Klima ist hier noch heißer und trockener als in Mendoza, so daß in San Juan und La Rioja fast ausschließlich Likörweine und Lesegut für die Branntweinerzeugung produziert werden.

Jahrgangsbewertung

1988	*sehr gut*
1989	*sehr gut*
1990	*sehr gut*
1991	*mittel*
1992	*gut*
1993	*sehr gut*
1994	*gut*
1995	*sehr gut*
1996	*gut*
1997	*sehr gut*
1998	*sehr gut*

Weinlandschaften in Mendoza, dem wichtigsten Anbaugebiet Argentiniens

Argentinische Weine auf dem Vormarsch

In jüngster Zeit sind die Exportbemühungen vor allem für höherwertige Gewächse verstärkt worden. So erscheinen nun auch bei uns argentinische Weine, die fast durchweg erkennen lassen, warum die Argentinier ihre Weine bisher so gerne für sich behalten haben. Es handelt sich um sehr gute Rot- und Weißweine aus Cabernet Sauvignon, Malbec und Chardonnay, die durch ihr ausgesprochen günstiges Preis-Leistungs-Verhältnis überzeugen. Beachtenswerte Erzeuger sind vor allem Pascual Toso, Castell Vollmer, Bodegas Esmeralda, Nicolas Catena und die Bodegas Chandon aus Mendoza, ein Tochterunternehmen des französischen Champagnerhauses Moët & Chandon.

Am Kap der Guten Hoffnung: Südafrika

Das Weinbau gebiet Paarl liegt am Fuße des südafrikanischen Kapgebirges

Bereits vor über 300 Jahren brachten weiße Siedler die ersten Reben aus Europa nach Südafrika und pflanzten sie mit Erfolg an. Am besten gediehen die Weinreben schon damals in einem Gebiet im Umkreis von 200 Kilometern um Kapstadt herum. Hier befinden sich über drei Viertel der südafrikanischen Rebflächen. Jahrzehntelang litt der Weinbau an der Südspitze des afrikanischen Kontinents an dem internationalen Embargo, das wegen der menschenverachtenden Politik von der internationalen Staatengemeinschaft über Südafrika verhängt worden war. Nach dem Ende der Apartheid 1993 konnten sich die südafrikanischen Weine leicht einen beachtlichen Marktanteil erobern, denn sie bieten auf einem moderaten Preisniveau ausgezeichnete Qualität.

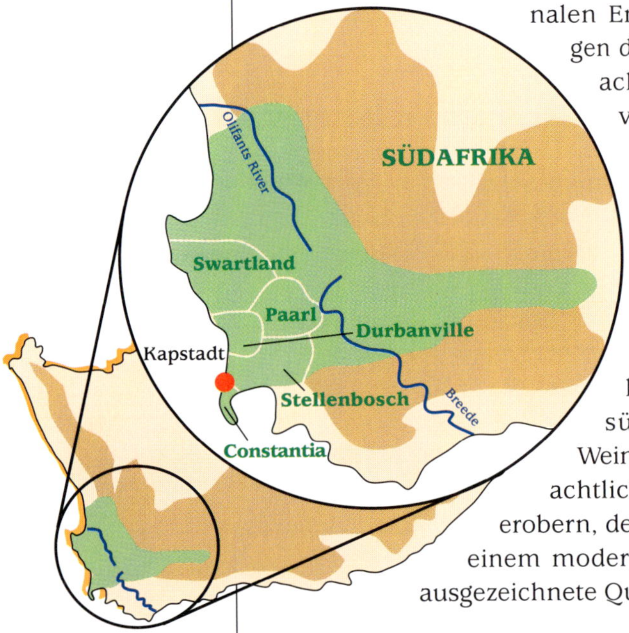

Die wichtigsten Rebsorten

Sonnenuntergang in der Coastal Region

In Südafrika gibt es heute 225 private Weingüter – als Weinfarmen bekannt – und 80 Winzergenossenschaften. Sie erzeugen auf über 120.000 Hektar Rebfläche zehn Millionen Hektoliter Wein. Drei Viertel der gekelterten Menge ist Weißwein.

Eine südafrikanische Spezialität ist die rote Rebsorte Pinotage, die nur hier angebaut wird. Es handelt sich beim Pinotage um eine Neuzüchtung aus dem Pinot noir und dem Cinsaut. Der Pinotage bringt weiche, samtige Rotweine hervor, die in guten Jahren eine große Feinheit entwickeln können.

Große Rebflächen sind mit dem Colombard bepflanzt. Diese ergiebige französische weiße Rebsorte bringt säurebetonte Weine hervor, die sich hervorragend zur Erzeugung von Branntwein eignen. In Frankreich wird aus dieser Rebsorte der herausragende Cognac erzeugt. In Südafrika ist der Colombard sehr beliebt, auch wenn seine Weißweine eher von durchschnittlicher Qualität sind und schnell verderben.

Eine weitverbreitete weiße Rebsorte ist der Steen, bei dem es sich um den französischen Chenin blanc von der Loire handelt. Der Steen liefert eine breite Palette von Weißweinen, die von einfachen, fruchtigen und trockenen bis hin zu gehaltvollen und süßen Tropfen reicht. Unter den Südafrikanern erfreut sich traditionell auch ein leicht gesüßter Weißwein aus Riesling und Gewürztraminer namens „Liebenstein“ großer Beliebtheit, doch haben inzwischen die „Weinsorten von Welt“ das Land erobert.

Seit 1990 liegt das Hauptgewicht der südafrikanischen Weinerzeugung auf sortenrein ausgebauten Gewächsen aus Cabernet Sauvignon, Pinotage, Shiraz (Syrah), Steen, Chardonnay, Sauvignon blanc und Riesling. In jüngster Zeit experimentieren die Winzer auch mit dem anspruchsvollen Pinot noir. Unter Einsatz modernster Kellertechnik werden aus diesen Rebsorten ausgezeichnete Weine bereitet. Die besten Tropfen lagern einige Jahre in kleinen Eichenholzfässern und entwickeln eine sehr große geschmackliche Qualität.

Stetige Kühlung durch die Antarktis

Das Klima ist an der Südspitze des afrikanischen Kontinents für den Weinbau ideal. Die winterlichen Durchschnittstemperaturen sind hier ausgesprochen mild. Sie liegen im Juli bei 10 Grad Celsius und entsprechen damit den winterlichen Temperaturen des europäischen Mittelmeerraums. Doch im Sommer wird es in der Kapregion lange nicht so heiß wie in Südeuropa. Das Geheimnis des südafrikanischen Klimas liegt im Meer. Ähnlich wie Kalifornien und Chile wird auch Südafrika durch eine kalte Meeresströmung beeinflußt. Durch den gewaltigen kalten Benguela-Strom aus der Antarktis wird das Kap der Guten Hoffnung im Januar durchschnittlich auf angenehme 25 Grad Celsius „heruntergekühlt“.

Die besten klimatischen Bedingungen finden die Rebpflanzen in der Küstenregion. So liegen die qualitativ herausragenden Weinbaugebiete Südafrikas auch alle in diesem nur 50 Kilometer breiten Streifen zwischen der Küste und dem steil bis über 2.000 Meter ansteigenden Kapgebirge. Hier herrscht ein feuchtes und gemäßigtes Klima. Weiter im Landesinneren ist es hingegen heiß und trocken, und die hier bereiteten alkohol- und körperreicheren Weine erreichen nicht die Qualität der Tropfen aus der Küstenregion.

Jahrgangsbewertung	
1988	*sehr gut*
1989	*sehr gut*
1990	*sehr gut*
1991	*sehr gut*
1992	*gut*
1993	*sehr gut*
1994	*gut*
1995	*sehr gut*
1996	*gut*
1997	*gut*
1998	*sehr gut*

Qualitätskontrolle in der Kap-Republik

Seit 1972 gibt es in Südafrika ein Kontrollsystem für die Herkunftsbezeichnung der Weine, die „Designation of Origin“. Die staatliche Behörde „Wine and Spirit Board“ vergibt nach Prüfung der Weine die Ursprungsbezeichnung „Wine of Origin“ (W.O.) und versieht sie mit einem Prüfsiegel. Dabei nimmt allerdings die allgegenwärtige und mächtige Kooperatieve Wijnbouwers Vereniging (KWV) stets gewichtigen Einfluß. Diese 1918 gegründete nationale Vereinigung der Winzergenossenschaften kontrolliert zudem über 90 Prozent der südafrikanischen Weinproduktion, setzt die Preise für die Trauben fest und überwacht den gesamten Weinexport.

Die besten südafrikanischen Anbaugebiete liegen auf dem schmalen Küstenstreifen zwischen dem Meer und dem Kapgebirge

Die Coastal Region

Rund um Kapstadt erstreckt sich die bedeutendste Weinbauregion Südafrikas, die Coastal Region. Hier liegen die wichtigsten Anbaugebiete für feine Weine. Das berühmteste ist das direkt am Kap der Guten Hoffnung gelegene Constantia. Sein traditionsreichstes Weingut, Groot Constantia, wurde bereits 1684 gegründet. Im 19. Jahrhundert erzeugte es hervorragende edelsüße Weißweine, die damals in Europa in hohem Ansehen standen. Heute versucht man, diesen Ruhm wiederzubeleben. Ebenso wie das nördlich angrenzende Durbanville ist Constantia wegen seiner direkten Nähe zur Küste ein sehr gutes Anbaugebiet für Weißwein.

Die Weinlese ist in Südafrika noch weitgehend Handarbeit

Ein großes Anbaugebiet ist das östlich von Constantia gelegene Stellenbosch. Es erstreckt sich rund um die 50 Kilometer östlich von Kapstadt gelegene gleichnamige Stadt. Neben sehr guten Weißweinen aus dem Chardonnay bringt Stellenbosch vor allem ausgezeichnete Rotweine aus Cabernet Sauvignon hervor. Die besten Tropfen sind komplex, tiefgründig und würzig. Sie reifen ausgezeichnet in der Flasche weiter und erreichen ihren geschmacklichen Höhepunkt nach zehn Jahren.

Etwas vom Meer abgewandt liegt am Fuße des Kapgebirges die Kleinstadt Paarl. Sie ist das Zentrum des bekannten gleichnamigen, bereits im 17. Jahrhundert von ausgewanderten französischen Hugenotten gegründeten Anbaugebiets. In Paarl residiert die mächtige Kooperatieve Wijnbouwers Vereniging (KWV). Qualitativ gehört Paarl zu den besten südafrikanischen Weinbaugebieten. Die hier erzeugten Weißweine sind körperreich, kräftig und fruchtig. Sie sollten jung getrunken werden, da sie schnell reifen und bereits nach drei Jahren an Qualität zu verlieren beginnen. Haltbarer sind hingegen die Roten. Die besten entwickeln sich wie die Rotweine aus Stellenbosch über zehn Jahre zu großer Feinheit.

Im nördlich an Paarl grenzenden Anbaugebiet Swartland ist es etwas wärmer und trockener als in den anderen Anbaugebieten der Kapregion. Hier sind die Weißweine alkoholreicher und wirken gelegentlich schwer. Die Rotweine sind kraftvoll und tanninreich. Sie besitzen allerdings nicht die Feinheit der Roten aus Stellenbosch und Paarl, sondern wirken robuster. Dennoch handelt es sich um sehr gute Tropfen.

Auf den anderen Rebflächen in den Randbereichen der Küstenregion und weiter im Landesinneren entstehen unter heißen, trockenen Klimabedingungen schwere, alkoholreiche Weine, die fast nie in den Export gelangen. Sie werden oftmals zu Likörweinen in der Art eines Portweins oder Sherrys verarbeitet. Einen großen Teil der Moste aus dem Landesinneren destillieren die Winzer auch zu Branntwein.

Die großen Weingüter Südafrikas besitzen Weinberge in allen wichtigen Anbaugebieten des Landes. Zuverlässige Erzeuger sind Allesverloren, Bergkelder, Buitenverwachting, Drostdy Hof, Fairview Estate, Fredericksburg, Louisvale, Meerlust, Morgenhof, Nederburg und Rust en Vrede.

Der fünfte Kontinent: Australien

Kritisch überprüft ein australischer Winzer die Qualität seines Rotweins

Schon die ersten Schiffe, die nach den vielen Strafgefangenen am Ende des 18. Jahrhunderts die ersten „richtigen" Siedler nach Australien brachten, hatten auch Weinreben an Bord. Wenige Jahre nach ihrem Eintreffen wurden auf dem fünften Kontinent dann die ersten Weine erzeugt. Damit ist der australische Weinbau älter als der nordamerikanische, aber jünger als die südamerikanische und südafrikanische Weinkultur.

Die klimatischen Verhältnisse

Der größte Teil des riesigen Landes ist viel zu heiß und zu trocken für den Anbau von Reben. Lediglich ein schmaler Streifen im äußersten Süden Australiens eignet sich klimatisch für den Weinbau. Die kalten Meeresströmungen aus der Antarktis werden kurz vor ihrem Auftreffen auf die südaustralische Küste von einer warmen Strömung abgedrängt. Dennoch lindern sie die Hitze Südaustraliens ein wenig und schicken eine beständige kühle Meeresbrise an die Küste.

Aufgrund dieser klimatischen Verhältnisse gedeihen die Reben am besten im äußersten Südosten des Kontinents, im Süden der Bundesstaaten Südaustralien, Victoria, Neusüdwales sowie auf der Insel Tasmanien. Kleinere Rebflächen finden sich noch in Westaustralien südlich der Großstadt Perth.

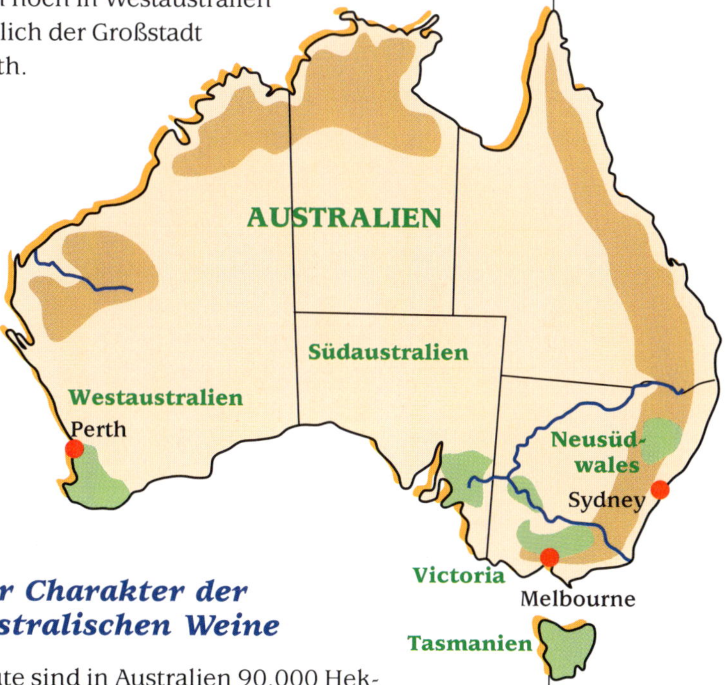

Der Charakter der australischen Weine

Heute sind in Australien 90.000 Hektar Fläche mit Rebstöcken bepflanzt. Im Durchschnitt erzeugen die australischen Winzer pro Jahr vier Millionen Hektoliter Wein. Ein großer Teil davon ist einfacher Alltagswein, der von den großen Kellereien in Kartonbehälter abgefüllt wird. Die besseren Tropfen wurden früher zum großen Teil als Typenweine etikettiert und – ähnlich wie in Kalifornien früher üblich – unter dem Namen ihrer großen Vorbilder wie „Sherry", „Chablis" und „Port" vermarktet. Heute sind die Australier jedoch stolz auf ihre

Jahrgangsbewertung

1988	*sehr gut*
1989	*sehr gut*
1990	*sehr gut*
1991	*mittel*
1992	*gut*
1993	*sehr gut*
1994	*gut*
1995	*sehr gut*
1996	*gut*
1997	*sehr gut*
1998	*sehr gut*

eigenen Anbaugebiete, so daß die Imitate der europäischen Weine weitgehend verschwunden sind. Es gibt in Australien bis heute noch kein gesetzlich abgesichertes System der Herkunftsbezeichnungen und Klassifizierung der Weine. Die auf den Etiketten angegebenen Regionen und Orte beziehen sich meist nur auf die Herstellung und den Ausbau der Tropfen, nicht aber auf die Herkunft des Traubenguts. Zudem werden üblicherweise Trauben aus unterschiedlichsten Regionen miteinander verschnitten. Ein umfangreiches australisches Weingesetz ist jedoch in Arbeit.

Die wichtigsten Rebsorten

Die häufigste rote Rebsorte in Australien ist der Cabernet Sauvignon, der hier würzige, kraftvolle Rotweine hervorbringt. Doch auch der in Australien als Shiraz bezeichnete Syrah von der Rhône ist weit verbreitet. Die Australier nennen ihn in Anlehnung an den berühmten Rhône-Wein auch Hermitage. Der beste und teuerste australische Rotwein, der Grange, wird von der Weinkellerei Penfolds reinsortig aus Shiraz erzeugt. Eine australische Besonderheit ist der populäre Verschnitt von Cabernet Sauvignon und Shiraz, der zahlreiche hervorragende Rotweine liefert. In jüngster Zeit setzen die australischen Winzer auch verstärkt auf die sehr gute rote Rebsorte Mourvèdre aus Südfrankreich, die hier als Mataro bezeichnet wird.

Für die Weißweine stehen Riesling, Sémillon, Chardonnay und Sauvignon blanc im Anbau. Vor allem die üppigen Chardonnay-Weine mit reifer Frucht und leichtem Eichenholzaroma haben sich als große Exportschlager erwiesen. Sie werden häufig auch mit Sémillon verschnitten. Die australischen Rieslinge sind ganz anders als die deutschen. Weniger fein, verfügen sie meist über mehr Alkohol und Körper als die Riesling-Weine aus unseren Breitengraden. Gute australische Weinerzeuger sind Bailey's, Brokenwood, Cape Mentelle, Château Tahbilk, Henschke, Coldstream Hills, Hardy's, Moss Wood, Penfolds, Lindemans und Rosemount.

Südaustralien (South Australia)

Der australische Bundesstaat Südaustralien liegt im zentralen Süden des Kontinents. Der Weinbau konzentriert sich hier um die im Südosten des Bundesstaats an der Küste gelegene Hauptstadt Adelaide. Die qualitativ besten Anbaugebiete sind das Barossa Valley und Coonawarra. Das Barossa Valley befindet sich 50 Kilometer nordöstlich von Adelaide. In trockenem und heißem Klima wurden hier früher hauptsächlich Likörweine nach Sherry-Art erzeugt. Heute liegt der Schwerpunkt auf dem Shiraz, dem Cabernet Sauvignon und dem Riesling. Zudem werden im Barossa Valley viele Weine aus den anderen australischen Anbaugebieten verarbeitet und miteinander verschnitten.

Qualitativ herausragender Wein kommt aus Coonawarra im äußersten Süden Südaustraliens. Das kleine Anbaugebiet liegt auf der Hälfte der Strecke zwischen Adelaide und Melbourne und ist nur wenige Kilometer von der Küste des Indischen Ozeans entfernt. Hier reifen auf den berühmten roten, krümeligen Terra-Rossa-Böden in recht kühlem Klima ausgezeich-

Auf den hervorragenden Terra-Rossa-Böden in Coonawarra werden ständig neue Rebflächen angelegt

nete Tropfen heran, die zu den besten Australiens gehören. Vor allem Cabernet Sauvignon, Shiraz und Riesling bringen exzellente Ergebnisse.

Neusüdwales (New South Wales)

An der Südostküste Australiens liegt der Bundesstaat Neusüdwales mit der Hauptstadt Sydney. Hier nahm der australische Weinbau 1788 seinen Anfang. Als bedeutendstes Anbaugebiet gilt das Hunter Valley. Diese nördlichste und wärmste australische Weinbauregion befindet sich 150 Kilometer nördlich von Sydney im Tal des Hunter River. Bei künstlicher Bewässerung entstehen hier körperreiche, robuste und langsam reifende Rotweine aus dem Shiraz und hervorragende Weißweine aus dem Sémillon. Während der Chardonnay im Hunter Valley mittlerweile größere Rebflächen besetzt und ausgezeichnete Weine liefert, spielt der Cabernet Sauvignon nur eine untergeordnete Rolle.

Das Hunter Valley gilt als bestes Anbaugebiet in Neusüdwales

Victoria

Der Bundesstaat Victoria mit der Hauptstadt Melbourne grenzt südlich an Neusüdwales und erstreckt sich entlang der südaustralischen Küste. 100 Kilometer nördlich von Melbourne liegt das Château Tahbilk, das aus 140 Jahre alten Shiraz-Reben einen dunkelroten, komplexen und sehr ausdrucksvollen Rotwein erzeugt. Das bekannteste Anbaugebiet in Victoria ist das direkt an Melbourne angrenzende Yarra Valley. Hier ist das Klima kühler als in den meisten anderen australischen Weinbauregionen. Sogar der anspruchsvolle Pinot noir gedeiht hier und liefert feine, elegante Rotweine. Zudem wird viel Schaumwein erzeugt.

Aus 140 Jahre alten Shiraz-Reben erzeugt Château Tahbilk in Victoria herausragenden Rotwein

Tasmanien

Auch auf der zu Australien gehörenden Insel Tasmanien wird Wein erzeugt. Dieser kleinste australische Bundesstaat liegt 350 Kilometer südlich von Melbourne in der Tasman-See. Das Klima ist hier stärker von den antarktischen Meeresströmungen beeinflußt. Auf Tasmanien gedeihen Rebsorten besonders gut, die das kühlere, gemäßigte Klima lieben. Deshalb wächst auf den verstreut liegenden Rebflächen der Insel besonders feiner Pinot noir und Riesling. Auch der Cabernet Sauvignon und der Chardonnay erzielen gute Ergebnisse.

Westaustralien (Western Australia)

Die Weinberge des australischen Bundesstaates Westaustralien liegen 2.500 Kilometer von denen im Osten des Kontinents entfernt. Aufgrund der heißen und trockenen Witterungsverhältnisse ist der Weinbau nur auf einem schmalen Küstenstreifen südlich der westaustralischen Hauptstadt Perth möglich. Als herausragendes Anbaugebiet gilt Margaret River, dessen Weinberge sich 300 Kilometer südlich von Perth auf der kleinen Halbinsel Cape Mentelle befinden. Hier entstehen sehr gute Rotweine aus Shiraz und Merlot sowie Weißweine aus Sémillon, Sauvignon blanc und Riesling. Hervorragend sind jedoch die würzigen, kräftigen Rotweine aus dem Cabernet Sauvignon und die fruchtigen weißen Chardonnays.

Am anderen Ende der Welt: Neuseeland

Seit einigen Jahren kommt immer mehr Wein aus Neuseeland zu uns. Viele Konsumenten nehmen den kleinen Inselstaat südöstlich von Australien erst jetzt als Weinbauland wahr. Dabei wird in Neuseeland bereits seit etwas mehr als 150 Jahren Wein angepflanzt. Entscheidende Impulse bekam der Weinbau auf dem Inselstaat jedoch erst um 1985, als schwere Reblausprobleme die Rebflächen mit dem bis dahin vorwiegend angebauten Müller-Thurgau zerstörten und umfangreiche Neuanpflanzungen erforderlich machten. Statt des Müller-Thurgau pflanzten die neuseeländischen Winzer nun Cabernet Sauvignon, Merlot, Chardonnay, Sauvignon blanc, Pinot noir und Riesling. Gute Erzeuger sind Villa Maria, Giesen, Coopers Creek und Cloudy Bay.

Die Nordinsel

Die Nordinsel Neuseelands ist der alte Kern der neuseeländischen Weinproduktion. Sie liegt nördlich des 40. südlichen Breitengrades, der allgemein als die Klimagrenze des Weinbaus auf der Südhalbkugel angesehen wird. Mit Auckland, Gisborne und Hawke's Bay umfaßt die Nordinsel drei wichtige Anbaugebiete. Die Weine der Nordinsel sind moderat in Körper und Alkohol und insgesamt eher leicht. Die besseren Tropfen reifen zu großer Feinheit heran.

Die Weinberge von Auckland mußten aufgrund einer Reblaus-Epidemie neu bepflanzt werden

Auckland

Das älteste Anbaugebiet der Nordinsel erstreckt sich rund um die Hauptstadt Auckland. Zahlreiche Niederschläge mildern das recht heiße Klima. Dadurch entsteht jedoch eine derart hohe Luftfeuchtigkeit, daß die Weinreben hier stets von Fäulnis und Pilzerkrankungen bedroht sind. Die Rebflächen in Auckland sind rückläufig, da der vornehmlich angepflanzte Müller-Thurgau – wie bei uns – auch in Neuseeland an Bedeutung verliert.

Die meisten Anbaugebiete Neuseelands liegen, wie Marlborough, in einer weitgehend unberührten Landschaft

Gisborne

Gisborne ist ein aufstrebendes Weinbaugebiet an der Ostküste der Nordinsel. Auch hier beeinträchtigen regelmäßige starke Regenfälle den Reifeprozeß der Trauben. Deshalb sind die Winzer in Gisborne zu einer frühen Lese gezwungen. Hauptsorte ist heute der neu gepflanzte Chardonnay, seitdem die Reblaus die alten Bestände des Müller-Thurgau fast vollständig vernichtet hat. Der Chardonnay liefert in Gisborne körperreiche, üppige Weißweine mit reifer Frucht.

Hawke's Bay

150 Kilometer südlich von Gisborne befindet sich das Anbaugebiet Hawke's Bay. Hier werden die Weinberge durch die Gipfel von bis zu 2.800 Meter hohen, erloschenen Vulkanen vor dem Regen geschützt. So profitiert der Weinbau in Hawke's Bay von einem warmen, trockenen Klima. Deshalb wächst das Anbaugebiet auch ständig. Auf den sand- und kieshaltigen Lehmböden, die ideal für die Erzeugung hochwertiger Rot- und Weißweine sind, werden ständig neue Rebflächen angelegt. So entstehen in Hawke's Bay Neuseelands beste Rotweine aus dem Cabernet Sauvignon und dem Merlot, die nach dem großen Vorbild Bordeaux miteinander verschnitten werden.

Die Südinsel

Die neuseeländische Südinsel liegt jenseits des 40. südlichen Breitengrades. Hier bereitet das bereits deutlich kühlere Klima dem Cabernet Sauvignon erhebliche Reifeprobleme. Deshalb dominiert in der Rotweinerzeugung der Pinot noir, der selbst unter kühleren Bedingungen noch hervorragende Weine liefern kann. Darüber hinaus entstehen in den drei Anbaugebieten Marlborough, Canterbury und Central Otago ausgezeichnete Weißweine.

Marlborough

Marlborough im Norden der Südinsel ist das größte Anbaugebiet Neuseelands. Seine kiesigen Böden, die kein Wasser speichern können, zwingen die Reben dazu, ihre Wurzeln sehr tief in den Untergrund zu treiben. Mit diesen langen Wurzeln nehmen die Pflanzen viele Mineralstoffe aus dem Boden auf. So entstehen körperreiche, fruchtige Weine mit einer pikanten Säure. Ein echter Geheimtip sind die Sauvignon-blanc-Weißweine. Sie bestechen durch ihr überragendes Bukett und ihre pikante Frucht. Damit bringen sie das Potential dieser Rebsorte in einer delikaten Weise zum Ausdruck, wie man es sonst nur von den französischen Spitzengewächsen aus Sancerre und Pouilly-Fumé an der Loire kennt.

Der Weinbau in Hawke's Bay profitiert von einem warmen, trockenen Klima

Jahrgangsbewertung

1988	*sehr gut*
1989	*sehr gut*
1990	*sehr gut*
1991	*mittel*
1992	*gut*
1993	*sehr gut*
1994	*gut*
1995	*sehr gut*
1996	*gut*
1997	*gut*
1998	*sehr gut*

Canterbury

Weiter südlich liegt an der Ostküste im Wind- und Regenschutz der bis zu 2.400 Meter hohen Neuseeländischen Alpen das Anbaugebiet Canterbury. Es erstreckt sich rund um die Hafenstadt Christchurch. Hier herrscht ein recht kühles, trockenes Klima. Die Frostgefahr ist sehr groß, so daß die Reben geschützt werden müssen. Canterbury bietet vor allem dem Pinot noir beste Wachstumsbedingungen. Auf den kalkhaltigen Böden entstehen auch sehr gute Rieslinge und Chardonnays.

Central Otago

Das südlichste Anbaugebiet Neuseelands liegt auf dem 45. südlichen Breitengrad. Die Weinberge von Central Otago befinden sich in den südlichen Ausläufern der Neuseeländischen Alpen. Hier ist es recht kühl und sehr trocken, weshalb die Weinberge künstlich bewässert werden müssen. In Central Otago gibt es größere Jahrgangsschwankungen als in den anderen neuseeländischen Anbaugebieten. In guten Jahren entstehen sehr gute Rotweine aus dem Pinot noir und noch bessere Weiße aus Chardonnay und Riesling.

Die Rebflächen in Central Otago müssen regelmäßig künstlich bewässert werden

Aus dem Keller auf den Tisch: Der Umgang mit Wein

Für jeden Weinliebhaber ist es eine Herausforderung, einen Wein seiner Wahl in geselliger Runde zu präsentieren. Dabei gibt es einige Punkte zu bedenken, wenn man Gäste zu einer kleinen privaten Weinprobe einlädt. Man muß sich überlegen, wieviel Wein man benötigen wird, wie man

ihn vor dem Servieren behandelt, wie man ihn am besten serviert und schließlich, in welcher Reihenfolge man die verschiedenen Tropfen anbietet.

Wieviel Wein?

Die Frage nach dem Wieviel ist nur sehr schwer zu beantworten, da hier mehrere Faktoren relevant sind. Man muß einschätzen, wie trinkfreudig die Gäste voraussichtlich sein werden. Dabei spielt auch die Frage eine Rolle, ob die Weinprobe im Rahmen eines Menüs stattfindet. Bei einem gehaltvollen Essen steigt ein guter Tropfen schließlich lange nicht so schnell zu Kopfe, als wenn man ihn außerhalb einer Mahlzeit genießt. Eine bekannte Faustregel empfiehlt, eine Flasche mehr bereit zu halten, als die Anzahl der Gäste beträgt.

Rechts: Terrassierte Steillagen an der Ahr im Schnee

Die richtige Trinktemperatur

Einer der verbreitetsten Fehler bei privaten Weinproben ist die Wahl einer falschen Trinktemperatur. Gerade bei Rotweinen unterscheiden sich die ideale Lager- und die beste Trinktemperatur erheblich. So werden Weiß- und Roséweine immer wieder zu warm serviert, so daß sie ihre Frucht nicht zur Geltung bringen können und ihre Säure geschmacklich unangenehm in den Vordergrund tritt. Es empfiehlt sich, eine Weinprobe vorausschauend zu planen. Die Weine, die zur Verkostung ausgesucht werden, sollte man mindestens eine Woche vorher aus dem Keller holen und an einem geeigneten Ort in der Wohnung lagern. Rotweine werden dabei schonend temperiert. Hat der Wein ein starkes Depot, ist es sogar günstig, ihn kurzfristig stehend zu lagern. Dadurch kann das Depot langsam zum Flaschenboden wandern und wird durch den Vorgang des Entkorkens nicht mehr aufgewirbelt. Das Dekantieren wird dadurch wesentlich erleichtert. Die alte Regel, Rotwein bei Zimmertemperatur zu servieren, ist heute so nicht mehr gültig. Sie stammt aus einer Zeit, als es in den Wohnstuben im Durchschnitt zwei bis drei Grad kühler war als heute in unseren zentralbeheizten Wohnungen. So werden Rotweine häufig zu warm serviert, wodurch sie müde und schwer wirken können.

Auch Weiß- und Roséweine sollten möglichst frühzeitig auf die richtige Trinktemperatur gekühlt werden. Je länger sie diese Temperatur bereits halten, desto besser präsentieren sie sich. Nichts schadet dem Wein so sehr wie gewaltsame Radikalkuren zur Herstellung der optimalen Trinktemperatur. Kein Weinliebhaber wird einen Weiß- oder Roséwein im Eisfach oder in der Tiefkühltruhe gewaltsam und schnell auf Trinktemperatur kühlen.

Weinart	Trinktemperatur
Schaumweine	5 – 8 Grad
einfache Weißweine mit Restsüße	5 – 8 Grad
einfache Roséweine	5 – 8 Grad
edelsüße Weißweine	9 – 13 Grad
junge trockene Weißweine	9 – 11 Grad
gehaltvolle Roséweine	10 – 11 Grad
trockener Sherry	8 – 12 Grad
einfacher Beaujolais	10 – 12 Grad
Primeur-Weine	10 – 12 Grad
reife trockene Weißweine	12 – 14 Grad
Crus du Beaujolais	12 – 14 Grad
Junge, fruchtige Rotweine	13 – 16 Grad
Gute, reife Rotweine	16 – 18 Grad
rote Likörweine	18 – 20 Grad

Die Empfehlungen gelten für den Wein im Glas. Innerhalb kurzer Zeit können sich insbesondere gekühlte Weine im Glas um mehrere Grad erwärmen. Deshalb empfiehlt es sich, auch im privaten Bereich einen Sekt- und Weinkühler zu benutzen, damit man jederzeit richtig temperierten Wein nachschenken kann. Zur Kontrolle der Trinktemperatur empfiehlt sich die Anschaffung eines Weinthermometers.

Das perfekte Servieren

Der stilvolle Genuß von Wein beginnt mit dem Servieren. Dabei sind einige Dinge zu beachten. Die Kapsel der Flasche, die den Flaschenhals umschließt und den Korken schützt, sollte nicht einfach heruntergerissen werden. Dabei könnte es zu starken Schüttelbewegungen kommen, die ein eventuell vorhandenes Depot aufwirbeln würden. Deshalb lohnt es sich, einen Kapselschneider zu erwerben, mit dem man jede Kapsel sauber abtrennen kann. Dabei sollte mindestens ein halber Zentimeter der Kapsel abgeschnitten werden. Das gilt vor allem für Metallkapseln, denn der Wein kann durch die Berührung mit Metall seinen Geschmack verändern.

Es ist nicht sehr elegant, den Korken mit einem Ruck oder einem lauten Geräusch aus dem Flaschenhals zu entfernen. Dies gilt übrigens auch für Schaumweine. Zum Entfernen des Flaschenkorkens eignen sich Korkenzieher mit einem Hebelmechanismus, z.B. Kellnermesser, besonders gut. Wichtig ist vor allem, daß das Gewinde des Korkenziehers mit einer „Seele" ausgestattet ist. Das bedeutet, daß er nicht die Form einer Schraube besitzt, sondern wie eine offene Spirale geformt sein sollte. Damit kann man auch alte, bröckelige Korken entfernen, ohne sie zu zerschneiden.

Das Dekantieren

Viele ältere Rotweine setzen während ihres Reifeprozesses ein Depot aus Schwebeteilchen auf dem Flaschenboden ab. Durch das Öffnen der Flasche kann das Depot aufgewirbelt werden, gelangt dann beim Einschenken ins Glas und trübt den Wein. Deshalb sollten solche Tropfen besonders vorsichtig entkorkt und dann dekantiert werden. Dabei gießt man den Flascheninhalt vorsichtig in eine Karaffe. Über einer Lichtquelle – am besten einer Kerze – kontrolliert man dabei, daß nichts vom dem Depot in die Karaffe gerät. Auch bei vielen jüngeren Rotweinen lohnt sich das Dekantieren. Sie brauchen nämlich oftmals den Kontakt mit dem Luftsauerstoff, um ihre noch schlummernden Qualitäten zu entfalten. Es wird häufig empfohlen, den Wein zwei Stunden vor dem Genuß zu entkorken, um den Zutritt des Sauerstoffs zu ermöglichen. Diese Methode bietet aber bei weitem nicht die Vorteile des Dekantierens, da durch den engen Flaschenhals nur sehr wenig Sauerstoff an den Wein gelangt.

Das richtige Glas

Um die Vorzüge eines Weines zur Geltung zu bringen und darüber hinaus den Weingenuß auch zu einem ästhetischen Erlebnis zu machen, ist die Wahl des richtigen Weinglases von entscheidender Bedeutung. Das Glas sollte farblos sein. Nur so kann man die Farbe und die Klarheit eines Weines richtig beurteilen. Zudem sollte es einen langen Stiel besitzen. Ist der Stiel zu kurz, neigt man dazu, das Glas am Kelch anzufassen. Dadurch erwärmt sich der Wein. Außerdem wird das Glas durch Fingerabdrücke unklar. Der Kelch sollte an seinem oberen Rand etwas verengt sein, damit sich das Bukett im Glas konzentrieren kann. Aus nach oben hin weit geöffneten Gläsern entweicht das Bukett hingegen schnell. Auf keinen Fall sollte das Glas bis zum oberen Rand gefüllt werden, weil dann gar kein Bukett entsteht. Ideal ist es, ein Weinglas maximal bis zu seiner breitesten Stelle zu füllen. Je aromatischer und bukettreicher ein Wein ist, desto größer sollte das Glas sein, damit er sich perfekt entfalten kann.

Die richtige Reihenfolge

Wichtig für eine gelungene Weinprobe ist auch die richtige Reihenfolge, in der man die verschiedenen Tropfen probiert. Orientiert man sich dabei an den Weinarten, empfiehlt sich die Reihenfolge: Schaumwein vor Weißwein vor Roséwein vor Rotwein. Stehen jedoch die Geschmacksrichtungen im Vordergrund, sollte man mit den säurereichsten Weinen beginnen und sich langsam zu den edelsüßen Gewächsen „vorarbeiten". Schließlich gibt es noch die Möglichkeit, Weine verschiedener Qualitätsstufen zu verkosten. Dabei beginnt man mit den einfachsten Weinen und steigert die Qualität stetig. Zum Abschluß einer solchen Probe präsentiert man dann einen Spitzenwein. Zur Neutralisierung der Geschmacksnerven sollte man Weißbrot, Mineralwasser und einen milden Käse bereithalten.

Guter Wein muß ruhen: Der eigene Weinkeller

Selbst der teuerste Wein verliert nach dem Kauf durch den Heimtransport erst einmal an Qualität, denn durch die Erschütterungen des Transports wird er regelrecht „krank“. Gerade bessere oder ältere Weine, die möglicherweise durch die Aufwirbelung des Depots zusätzlich noch stark getrübt sind, können bis zu drei Monate der absoluten Ruhe benötigen, um ihre Harmonie wiederzuerlangen. Doch auch einfachere Weine sollten in jedem Fall mindestens drei Wochen ruhen, damit sie ihre Qualitäten voll zur Geltung bringen können.

Lagermöglichkeiten für einfache Weine

So stellt sich für jeden Weinfreund die Frage nach einem geeigneten Ort für die Lagerung seiner „Schätze“. Es gibt viele trinkfertige Weine, die sich in der Flasche nicht mehr sonderlich verbessern. Bei ihnen lohnt sich eine jahrelange Lagerung kaum. Hier genügt es, eine gewisse Vorratshaltung zu organisieren, die garantiert, daß die Weine wenigstens Zeit haben, sich nach dem Transport zu erholen. Die verbrauchten Flaschen werden ersetzt; die neuen ruhen lange genug, bis sie „an die Reihe kommen“. Diese Vorratshaltung kann außer in stark beheizten Räumen oder unter intensiver Sonneneinstrahlung nahezu überall stattfinden.

Die Lagerfähigkeit von Wein

Es gibt eine ganze Reihe von Weinen, die noch nicht trinkfertig sind, wenn sie auf den Markt kommen. Andere wiederum sind bereits zum Genuß geeignet, können ihre Qualität jedoch durch eine weitere Reifung in der Flasche noch wesentlich verbessern. Wichtig ist an erster Stelle die liegende Lagerung der Flaschen, um das Austrocknen des Korkens und die Oxidation des Weines zu vermeiden. Bei den anderen Risikofaktoren kann man davon ausgehen, daß die meisten Weine auf-

Die Lagerfähigkeit ausgewählter Weine

Riesling Spätlese Rheingau, Mosel-Saar-Ruwer, Pfalz	*10 – 15 Jahre*	*Graves blanc*	*7 – 10 Jahre*
Silvaner Spätlese Rheinhessen, Franken	*4 – 7 Jahre*	*Grands Crus aus Bordeaux*	*10 – 30 Jahre*
Spätburgunder Spätlese Baden	*5 – 10 Jahre*	*Barolo*	*15 Jahre*
Spitzen-Champagner	*8 – 15 Jahre*	*Barbaresco*	*10 – 15 Jahre*
Elsässer Riesling	*5 – 8 Jahre*	*Chianti Classico Riserva*	*7 – 10 Jahre*
Sancerre und Pouilly-Fumé	*1 – 3 Jahre*	*Brunello di Montalcino*	*10 – 15 Jahre*
Chablis	*3 – 10 Jahre*	*Rioja Gran Reserva*	*15 – 20 Jahre*
Bourgogne blanc, Côte d'Or	*8 – 15 Jahre*	*Rioja Reserva*	*10 – 15 Jahre*
Bourgogne rouge, Côte d'Or	*8 – 15 Jahre*	*Vintage Port*	*20 – 50 Jahre*
Grands Crus, Côte d'Or	*12 – 30 Jahre*	*Grüner Veltliner Spätlese aus Österreich*	*3 – 5 Jahre*
Crus de Beaujolais	*2 – 8 Jahre*	*Griechische Spitzen-Rotweine*	*8 – 15 Jahre*
Côtes du Rhone-Villages	*5 – 8 Jahre*	*Einfacher Cabernet aus Übersee*	*3 – 5 Jahre*
Crus des Côtes du Rhone	*10 – 15 Jahre*	*Spitzen-Cabernet aus Übersee*	*10 Jahre*
Haut-Médoc	*10-15 Jahre*	*Australischer Shiraz*	*5 – 15 Jahre*
Saint-Émilion	*10 – 15 Jahre*	*Chardonnay aus Übersee*	*3 – 5 Jahre*
		Sauvignon blanc aus Übersee	*2 – 3 Jahre*

grund der Fortschritte in Weinberg und Kellerei gegenüber Umwelteinflüssen wesentlich unempfindlicher sind als noch vor 20 Jahren.

Risikofaktor Helligkeit

Wein soll dunkel lagern, lehren uns die althergebrachten Kellerregeln. Das ist deshalb richtig, weil die direkte Sonneneinstrahlung den Wein erwärmt und dadurch schneller altern läßt. Zudem beeinträchtigt der schnelle tägliche Rhythmus dieser Erwärmung und Abkühlung die Weinqualität. Sind die Flaschen jedoch nicht dem direkten Sonnenlicht ausgesetzt, schädigt der tägliche Helligkeitswechsel die Weine auch nach einigen Jahren nicht erkennbar. Bei sehr alten und empfindlichen Weinen sollte jedoch über die Möglichkeit einer Abdeckung, beispielsweise mit einer alten Wolldecke, nachgedacht werden.

Risikofaktor Temperatur

Auch die Fortschritte in der Haltbarkeit von Flaschenweinen konnten die eiserne Regel nicht außer Kraft setzen, daß Wein um so langsamer reift, je kühler er lagert. Durch eine ständige Lagerung über 20 Grad altert Wein zu schnell, so daß viele Gewächse ihren qualitativen Höhepunkt gar nicht erst erreichen. Ein ganz normaler Kellerraum eignet sich hingegen ausgezeichnet zur Weinlagerung. Die in Kellern üblichen, durch die Jahreszeit bedingten Temperaturschwankungen von 10–15 Grad schädigen die Weine nicht.

Risikofaktor Vibrationen

Ständige Vibrationen lassen einen Wein nie zur Ruhe kommen. Er wird ständig in Aufruhr versetzt, so daß er sich nicht in Bestform präsentieren wird. Schließlich sei noch darauf hingewiesen, daß es dem Wein auch nicht förderlich ist, wenn er bei der Suche nach einem bestimmten Tropfen im Keller allzu oft angefaßt, bewegt und umgepackt wird.

Risikofaktor Fremdgerüche

Fremdgerüche stellen ein gewisses Risiko für die Lagerung von Flaschenweinen dar. Intensive Gerüche können dazu führen, daß der Wein nach einigen Jahren eine eigentümliche Geruchs- und Geschmacksnote annimmt, die ihn sogar ungenießbar machen kann. Vor allem der für viele Keller typische Heizölgeruch, der Geruch von Waschmitteln und einigen Gemüsesorten – vor allem Kartoffeln oder Zwiebeln – sowie Fäulnisgerüche sind besonders schädlich.

Raum für individuelle Entfaltung

Bei der Beachtung dieser wenigen Regeln ist es jedem Weinfreund möglich, bei Bedarf aus seinem Keller edle, reife Tropfen hervorzuzaubern, deren Genuß für den geringen Aufwand der Kellereinrichtung vielfach entschädigen. Dem handwerklich begabten Weinliebhaber sind dabei kaum Grenzen gesetzt. Gerade die Ausstattung des eigenen Weinkellers und die Organisation der Weinlagerung lassen breiten Raum für individuelle Entfaltung. So sind es in der Regel eher finanzielle Kriterien, die eine professionelle Ausstattung des Weinkellers mit Stapelelementen, Kühlgeräten und Temperaturkontrolle bestimmen.

Das gelungene Menü: Wein und Speisen

Auch wenn heute immer mehr Weinfreunde bei der Zusammenstellung von Weinen und Speisen zunehmend nach ihrem individuellem Geschmack vorgehen, gelten doch nach wie vor gewisse grundsätzliche Empfehlungen. Sie besagen folgendes: Weißer Wein paßt zu Fisch und hellem Fleisch, roter Wein zu Käse und dunklem Fleisch und süßer Wein zum Dessert. Doch selbst bei Beachtung dieser Regeln gibt es niemals nur einen einzigen Wein zu einem Gericht. Meist passen zu jeder Speise viele verschiedene Weine eines ähnlichen Typs. So ist die Festlegung auf einen bestimmten Wein weitgehend Geschmackssache. Um sich einen Überblick über die vielfältigen Kombinationsmöglichkeiten von Weinen und Speisen zu verschaffen, bietet es sich daher an, ähnliche Weine zu Gruppen zusammenzufassen.

Schaumweine

Trockene Schaumweine wie Sekt, Champagner, Crémant, Spumante Prosecco oder Cava sind ideale Aperitifs. Man kann sie jedoch auch zu vielen Vorspeisen, Fischgerichten und Meeresfrüchten beibehalten. Halbtrockene oder liebliche Schaumweine passen hingegen besser zu leichten Desserts. Ideal ist eine Kombination mit nicht zu säurereichen Früchten, damit auch die prickelnde Säure der Weine gut zur Geltung kommt. Desserts auf Schokoladenbasis sind nicht zu empfehlen, da sie mit ihrer Süße die Schaumweine geradezu „erschlagen".

Leichte, trockene Weißweine

Ebenso wie trockene Schaumweine eignen sich auch leichte, blumige und trockene Weißweine ideal als Aperitifs. Noch besser jedoch begleiten sie vegetarische Vorspeisen und delikate Fischgerichte. Feine Gemüse wie Spargel oder Broccoli passen genausogut zu diesen Tropfen wie milde Käsesorten. Hervorragende Vertreter dieser Gruppe von Weinen sind Rieslinge von der Mosel, Muscadet-Weine von der Loire, die meisten norditalienischen Weißweine sowie die Albariños aus Spanien und die Vinhos Verdes aus Portugal.

Körperreiche, gehaltvolle Weißweine

Zu dieser Gruppe von Weinen gehören Rieslinge aus dem Rheingau oder der Pfalz, Franken-Silvaner, Chardonnay-Weine aus Frankreich und Übersee, weiße Riojaweine sowie die meisten süditalienischen Weißweine. Sie passen genauso zu Fisch und Meeresfrüchten wie zu vegetarischen Gerichten, hellem Fleisch und Geflügelgerichten. Schließlich sind sie ein Genuß zu Camembert.

Roséweine

Die meisten Roséweine sind leicht, fruchtig und säurebetont. Vor allem leichte Rosés aus Deutschland, dem Elsaß und Norditalien können gut als Aperitifs und zu kräftigeren Vorspeisen genossen werden. Körperreichere Rosés aus Südfrankreich, Spanien oder Süditalien sind ideale Begleiter von gebratenem Geflügel, deftigen Eintöpfen und gut gewürzten Fleischgerichten.

Jugendliche, fruchtige Rotweine

Fruchtige, jung zu trinkende Rotweine passen zu Carpaccio, leichten Eintöpfen und aromatischen Käsesorten. Dazu gehören Bardolino und Valpolicella aus Venetien, deutsche Dornfelder-, Trollinger- und Portugieser-Rotweine, spanische Rotweine ohne Faßausbau sowie Beaujolais, junger Bordeaux und die zahlreichen roten Primeur-Weine.

Körperreiche, kräftige Rotweine

Zu dieser großen Gruppe zählen die meisten deutschen Spätburgunder und Lemberger, Mittelklasse-Weine aus dem Burgund, aus Bordeaux und von der Rhône, spanische Reservas, italienische Spitzen-Barberas und Chianti-Riservas sowie die besseren Rotweine aus Süditalien, Griechenland, Österreich, Portugal und Übersee. Sie passen zu Vorspeisen wie Terrinen, den meisten Fleischgerichten, Wildgeflügel sowie leichten Wildgerichten. Auch sehr reifer, würziger Käse harmoniert mit den meisten dieser Weine.

Edle, alte Rotweine

Die Verwendungsmöglichkeiten alter, reifer Rotweine bei Tisch sind geringer, als man zunächst annimmt. Allzu kräftig gewürzte Gerichte sowie pikante Käsesorten überlagern durch ihre Intensität den Geschmack der Weine. Reife Burgunder-, Bordeaux- und Rhône-Weine, Brunellos, Vino Nobiles, „neue" Tafelweine aus der Toskana, Barolos, Barbarescos, Gran Reservas aus Spanien und die Spitzenweine aus Übersee harmonieren am besten mit Gans, Ente, Rind und Wild. Es spricht aber nichts dagegen, diese edlen Tropfen ohne eine Speise zu genießen.

Edelsüße Ausleseweine

Die Verwendungsmöglichkeiten von edelsüßen Weißweinen bei Tisch sind begrenzt. Alkoholarme deutsche Ausleseweine können als Aperitif gereicht werden. Gehaltvollere Vertreter dieser Gruppe wie ungarische Tokaji oder Sauternes aus Bordeaux vermögen sehr süße Nachspeisen zu begleiten. Interessant ist die Kombination mit sehr würzigem Blauschimmelkäse wie Roquefort oder Gorgonzola.

Gespritete Likörweine

Die trockenen Likörweine aus Andalusien und Sizilien gehören zu den besten Aperitifs. Sherry, Manzanilla, Montilla-Moriles und Marsala passen auch zu Vorspeisen, Fischgerichten und Meeresfrüchten hervorragend. In ihren süßen Versionen begleiten sie gemeinsam mit Portwein, Madeira, den griechischen Dessertweinen und den spanischen Moscatels sehr süße Desserts, Früchte und Nüsse.

Das „Französische Paradox“: Wein und Gesundheit

Wein besteht zu 80 – 85 Prozent aus Wasser. Neben diesem Hauptbestandteil ist der Alkohol ein wesentlicher Inhaltsstoff. „Alkohol ist gefährlich“ – diese Aussage hat vor allem hinsichtlich der vielen Suchtkranken nach wie vor ihre Berechtigung. Doch nach neuesten Erkenntnissen von Ernährungswissenschaftlern und Medizinern ist der im Wein enthaltene Alkohol nicht grundsätzlich ungesund. Im Gegenteil: Der Alkohol des Weines kann der Gesundheit durchaus förderlich sein. Dabei spielt allerdings die Mischung mit den anderen Inhaltsstoffen des Weines eine große Rolle, die in dieser Komposition in keinem anderen Getränk der Welt vorkommt. So konnte sogar die amerikanische Bundesregierung 1996 in ihren Gesundheitsrichtlinien feststellen, daß der tägliche Konsum einer gewissen Menge Alkohol der Gesundheit förderlich ist.

Der Genuß von bis zu zwei Gläsern Wein täglich ist der Gesundheit sehr förderlich

Das „Französische Paradox“

Den gesundheitsförderlichen Auswirkungen des Weinkonsums kamen die Wissenschaftler bei der Untersuchung des berühmten „Französischen Paradoxes“ auf die Spur. Einerseits sind die Franzosen mit einem Konsum von nahezu 80 Litern Wein pro Kopf und Jahr die durstigsten Weintrinker der Welt. Die Gerichte ihrer berühmten Küche sind meistens äußerst fett- und cholesterinhaltig. Dennoch haben die Forscher bei den Franzosen vergleichsweise wesentlich weniger Herz-Kreislauf-Erkrankungen festgestellt als bei den in vieler Hinsicht gesundheitsbewußten US-Amerikanern. Heute ist einwandfrei bewiesen, daß der Weinkonsum für dieses Paradox verantwortlich ist. Eine bahnbrechende Untersuchung zum Zusammenhang von Weinkonsum und Herzerkrankungen war die „Kopenhagen-Studie“ von 1995. Danach verringert sich bei mäßigem Weinkonsum die Gefahr eines Herzinfarktes gegenüber entschiedenen Abstinenzlern um 60 Prozent, das allgemeine Sterblichkeitsrisiko immerhin noch um 50 Prozent. Und auch die Gefahren von Arteriosklerose und Angina pectoris bis hin zum Schlaganfall werden durch mäßigen Weinkonsum vermindert. Nach allgemeiner Überzeugung vieler Fachleute liegt die ideale Menge für Frauen bei 0,3 Liter, für Männer bei 0,4 Liter Wein täglich. Die genannten Empfehlungen gelten allerdings nicht für schwangere Frauen. Schließlich ist es ebenfalls einwandfrei erwiesen, daß bereits geringe Mengen Alkohol das Ungeborene schwer schädigen können.

Alkohol ist nur in Maßen gesund

Bei höherer Dosierung des Alkohols verkehrt sich seine schützende Wirkung jedoch ins Gegenteil. Ab einem Liter Wein pro Tag wird die förderliche Wirkung des Alkohols auf Herz und Kreislauf aufgehoben. Nun treten wiederum andere Gefahren in den Vordergrund. Abgesehen von den Gefahren einer möglichen Alkoholabhängigkeit wird zunehmend die Leber belastet und bei dauerhaftem Alkoholmißbrauch auch geschädigt. Die Kehrseite des „Französischen Paradoxes“ zeigt sich folglich auch darin, daß in Frankreich viel mehr Leberdefekte diagnostiziert werden als in den Vereinigten Staaten.

Die Rolle der Polyphenole

Insgesamt hat Wein über eintausend verschiedene Inhaltsstoffe. Neben Wasser und Äthylalkohol sind dies vor allem höhere Alkohole (z.B. Glycerin, Methanol), Säuren, Zucker, Mineralstoffe, Spurenelemente, Aromastoffe und Vitamine. Vor allem die Spurenelemente Eisen, Magnesium und Kalium sowie die Vitamine des Weines tragen zu einer gesunden Ernährung bei. Doch die gesündesten Stoffe im Wein sind ohne Zweifel die „Polyphenole“. Dabei handelt es sich um vielfältige chemische Verbindungen, die vor allem in den Traubenstielen, -schalen und -kernen vorkommen. Ihre Zusammensetzung ist je nach Rebsorte und Anbaugebiet sehr unterschiedlich. Die Polyphenole bilden das Immunsystem der Weinbeeren. Sie sorgen bei einer Verletzung der Beerenhaut für eine schnelle Wundheilung und können Parasiten und Pilze abwehren.

Mit Wein gegen „Freie Radikale“

Die Hauptbedeutung der Polyphenole liegt in ihrer Wirkung als „Antioxidantien“: Sie sind in der Lage, Reaktionen mit Sauerstoff (Oxidation) in den Körperzellen zu verhindern. Sauerstoff ist zwar lebensnotwendig, kann aber chemisch auch sehr aggressiv sein. Rostlöcher in einem alten Auto sind schließlich auch nichts anderes als die Folge einer Reaktion des Stahlblechs mit Sauerstoff. In den Körperzellen entstehen durch Oxidationsprozesse die gefürchteten „Freien Radikale“, denen von Medizinern eine große Rolle bei der Entstehung von Krebs und Herzerkrankungen zugeschrieben wird. Mit ihrer zerstörerischen Kraft können sie sogar das Erbgut einer Zelle schädigen. Bis heute sind die Fähigkeiten, Freie Radikale zu neutralisieren, vor allem für vier Polyphenole wissenschaftlich nachgewiesen. Das wirkungsvollste Polyphenol ist ein Stoff mit dem Namen Resveratrol. Neben seiner antioxidativen Wirkung ist er auch in der Lage, den Cholesterinspiegel günstig zu beeinflussen. Am höchsten ist seine Konzentration in Cabernet-Sauvignon- und Spätburgunder-Trauben aus den kühleren Anbaugebieten.

Das Geheimnis des Weins liegt nun darin, daß die Polyphenole durch den Alkohol im Wein bestens konserviert werden. In Fruchtsäften hingegen werden diese Verbindungen relativ schnell abgebaut. Zudem verbessert der Alkohol die Aufnahmefähigkeit des menschlichen Körpers für die Polyphenole entscheidend. So kamen kalifornische Wissenschaftler zu dem Ergebnis, daß der tägliche Genuß von zwei Gläsern Rotwein die Versorgung mit Antioxidantien um 40 Prozent verbessert.

Spaziergänge und Wanderungen durch Weinberge machen viel Spaß und halten fit

Das Schmackhafte mit dem Gesunden verbindet die Kombination eines erlesenen Gerichts mit einem guten Wein. Hier: Hasenfilet mit Spätburgunder Rotwein von der Ahr

Von „Abgang“ bis „Zukunft“: Kleines Abc des Weinkenners

Abgang Geschmackseindruck, den der Wein beim Schlucken hinterläßt. Ein besserer Wein muß „Länge“ besitzen, d.h. sein Geschmack muß im Mund nach dem Schlucken einige Zeit anhalten.

Alkohol Gärungsprodukt des im Most enthaltenen Zuckers ist Äthylalkohol. Der Alkoholgehalt jedes Weines muß auf dem Etikett im prozentualen Anteil am Volumen (% vol.) angegeben sein.

Über 80 Einzellagen in Deutschland heißen Schloßberg. Oben der Hönninger Schloßberg am Mittelrhein, rechts oben eine Flasche Spätburgunder Weißherbst vom Achkarrer Schloßberg am Kaiserstuhl, auf der gegenüberliegenden Seite der Rotenberger Schloßberg in Württemberg

Altern Mit zunehmendem Alter verändert jeder Wein seine Farbe, sein Bukett und den Geschmack. Die Geschwindigkeit dieses Prozesses hängt ab von der Rebsorte, dem Jahrgang, der Weinbereitung und den Lagerbedingungen.

Ausbau Gesamtheit der Vorgänge nach dem Vergären, an deren Ende der fertige Wein in Flaschen gefüllt wird. Danach findet bei besseren Weinen noch ein Flaschenausbau statt, in dessen Verlauf sich die Qualität weiter erhöht.

Barrique Ursprünglich aus Bordeaux stammendes Weinfaß aus Eichenholz mit einem Fassungsvermögen von 225 Litern. Nahezu alle bedeutenden weißen und roten Bordeaux-Weine sind monatelang im Barrique gereift. Auch in fast allen anderen bedeutenden Weinbauländern hat sich das Barrique als Ausbaubehälter für langlebige hochwertige Rot- und Weißweine durchgesetzt.

Blume Das Zusammenwirken aller Aromastoffe in einem guten Wein. Die Blume entfaltet sich durch leichtes Schwenken des Weines im Glas.

Bukett Die Vielfalt der angenehmen Düfte, die ein reifer Wein bei Berührung mit Sauerstoff ausströmt.

Charakter Die Fähigkeit eines Weines, auf eindeutige Weise seine Rebsorte, seine Herkunft, den Jahrgang und die Eigenheiten seiner Herstellung zum Ausdruck zu bringen. Jeder gute Wein muß Charakter besitzen.

Dekantieren Umfüllen des Weines von der Flasche in eine Karaffe. Dabei gibt man dem Wein Luft zum „Atmen“, wodurch er im Geschmack weicher wird und sein „schlummerndes“ Bukett entfalten kann. Zudem bietet das Dekantieren die Möglichkeit, den Wein von einem eventuell vorhandenen Depot zu trennen.

Depot Ablagerung in Weinen, hervorgerufen durch den Alterungsprozeß. Bei Weiß- und Roséweinen besteht das Depot aus Kristallen. Bei Rotweinen bildet sich eine staubähnliche feine Ablagerung aus Gerbstoffen. Diese Weine sollten dekantiert werden. Depotbildung ist ein Indiz für einen qualitätsfördernden Reifeprozeß.

Edelfäule Folge des herbstlichen Befalls der reifen Trauben mit dem Schimmelpilz Botrytis cinerea. Dieser verletzt die Beerenhaut, so daß Wasser austritt und sich dadurch die Zuckerkonzentration in der Beere erhöht. Aus diesem Lesegut mit sehr hohem Zuckergehalt werden die edelsüßen Weine erzeugt.

Eiche Alle besseren Weine, die eine längere Reifezeit benötigen, werden in Fässern aus Eichenholz ausgebaut, die ihnen die für die Alterung notwendigen zusätzlichen Tannine geben.

Einzellage Eine bestimmte Rebfläche, die durch einen amtlichen Eintrag rechtlich fixiert wird. Sie muß mindestens fünf Hektar umfassen, wobei es einige berühmte Ausnahmen gibt. Es existieren in der Bundesrepublik ca. 2.600 Einzellagen, von denen jede einen eigenen Namen trägt.

Elegant Hohes Lob für Weine gehobener Qualität, die sich durch eine große Harmonie zwischen Alkohol- und Säuregehalt sowie Körper auszeichnen. Einfache Weine sind so gut wie nie elegant.

Erzeugerabfüllung Die Garantie, daß der Wein von eigenen Rebflächen des Erzeugerbetriebes stammt, dort hergestellt und abgefüllt worden ist. Für Winzergenossenschaften gilt dies, wenn die Weine ausschließlich aus Lesegut von den Rebflächen der Genossenschaftsmitglieder stammen.

Etikett Das „Aushängeschild“ jedes Weines, das alle wesentlichen Produktinformationen enthält. In Deutschland gibt das Etikett Auskunft über das Anbaugebiet, den Jahrgang, die Gemeinde, die Lage, die Rebsorte, die Qualitätsstufe, die Geschmacksrichtung, den Erzeuger, den Alkoholgehalt, den Flascheninhalt sowie die Amtliche Prüfnummer des Weines.

Farbe Weißweine sind durchaus nicht „weiß“ bzw. farblos. Ihre Farbpalette reicht von zartem Blaßgrün bis hin zu tiefem Goldgelb. Rotweine können von Dunkelrosa über Purpur bis hin zu dunklem Rotschwarz gefärbt sein. Roséweine sind blaßrosa bis orange gefärbt. Die Zunahme von braunen Farbtönen zeigt das fortschreitende Alter eines Weines an.

Fein Ein leichterer Wein, bei dem Körper, Säure und Alkohol in einem harmonischen Verhältnis zueinander stehen. Feine Weine verfügen immer auch über Eleganz.

Flasche Glasbehälter mit normalerweise 0,75 Litern Inhalt, in dem der Wein den größten Teil seines „Lebens“, seines Reifeprozesses, verbringt. In verschiedenen Weinbaugebieten haben sich jeweils typische Flaschenformen und -farben durchgesetzt, wie die braune Schlegelflasche des Rheins, die grüne der Mosel, der bauchige fränkische Bocksbeutel, die Bordeaux- sowie die Burgunderflasche.

Flaschenreife Entwicklungsprozeß, den der Wein in der Flasche durchlebt. Viele Weine sind bei ihrer Abfüllung bereits fertig ausgebaut und verbessern ihre Qualität in der Flasche nicht mehr wesentlich. Andere hingegen benötigen Jahre oder Jahrzehnte der Flaschenreife, bis sie trinkreif sind.

Fruchtigkeit Attribut eines Weines, der nach Früchten schmeckt, jedoch nicht nach Weinbeeren, sondern nach Äpfeln, Pfirsichen, Waldbeeren etc. Junge Weine verfügen im allgemeinen über die meiste Fruchtigkeit. Ein gutes Maß davon ist für jeden guten Wein ein Muß.

Großlage Die nicht in spezielle Einzellagen aufgeteilte Rebfläche einer Gemeinde. Zur Vereinfachung der unübersichtlichen Lagenvielfalt wurden

Im Laufe der Zeit haben sich für die Abfüllung von Wein zahlreiche Flaschenformen etabliert

gelegentlich auch mehrere Einzellagen zu einer Großlage zusammengefaßt. Manche Großlagen wurden jedoch auch so ausgeweitet, daß der Wein irreführenderweise in der Regel gar nicht mehr aus dem genannten Ort, sondern aus dem weiteren Umkreis kommt (Niersteiner Gutes Domtal, Oppenheimer Krötenbrunnen u.a.)

Jahrgang Die Weinernte und der daraus bereitete Wein eines bestimmten Jahres. Durch die verschiedenartigen Wetterverhältnisse der einzelnen Jahre ergeben sich oftmals große Schwankungen in der Erntemenge und der -qualität.

Korken Verschluß der Weinflasche, hergestellt aus der Rinde der Korkeiche. Der Korken verschließt die Flasche wasser- und luftdicht, kann aber austrocknen und undicht werden, wenn der Wein stehend gelagert wird.

Korkenzieher Gerät zum Herausziehen des Korkens aus dem Flaschenhals. Bei den besten Korkenziehern hat das Gewinde nicht die Form eines Bohrers, sondern ist wie eine offene Spirale geformt. Dies wird als „Seele" bezeichnet. Damit kann man auch alte Korken sauber herauszuziehen, ohne daß diese zerschnitten werden und zerbröckeln.

Korkgeschmack Geschmack des Weines, der durch einen fehlerhaften Korken hervorgerufen wird. Die genauen Ursachen für diesen recht häufigen Fehler sind noch unbekannt. Der Wein wird dadurch praktisch ungenießbar.

Körper Summe aller Stoffe mit Ausnahme des Zuckers, die beim Verdampfen des Weines zurückbleiben. Dazu gehören u.a. Mineral-, Farb- und Gerbstoffe. Der Körper eines Weines muß in einem harmonischen Verhältnis zu den anderen Bestandteilen wie Alkohol und Säure stehen.

Lage Neben dem Gemeindenamen die engere geographische Herkunftsbezeichnung deutscher Weine. Die Lage bezeichnet die genaue Rebfläche, von der ein bestimmter Wein stammt. S. *Einzellage*, s. *Großlage*.

Reblaus Insekt, das ursprünglich aus dem Osten Nordamerikas stammt. Um 1860 nach Europa eingeschleppt, vernichtete diese Pflanzenlaus innerhalb weniger Jahrzehnte den gesamten europäischen Rebbestand. Nur durch die gärtnerische Kunst des Aufpfropfens von europäischen Edelreben auf resistente amerikanischen Wurzelstöcke wurde das Ende des europäischen Weinbaus verhindert.

Säure Wichtiger Bestandteil jedes Weines. Die Gesamtsäure eines Weines setzt sich zusammen aus Apfel-, Milch- und Weinsäure. Ein Wein mit einem hohen Säuregehalt wirkt herb. Bei zu niedrigem Säuregehalt erscheint der Wein hingegen langweilig.

Schwefel Chemisches Element, das im Weinberg als Waffe gegen verschiedenste Pilzerkrankungen der Reben dient. Im Winzerkeller werden die

Die Winzergenossenschaft Altenahr im Ahrtal verkauft einen Großteil ihrer Weine an die vielen Touristen

Weinfässer mit Schwefel desinfiziert. Schließlich verhindert die Schwefelung des Weines das Entstehen schädlicher Mikroorganismen.

Süße Durch im Wein enthaltenen Zucker hervorgerufener Geschmacksbestandteil. Bei natursüßen Weinen ist nach der Gärung noch sehr viel Traubenzucker im Wein enthalten („Restsüße“). Bei den meisten süßen Weinen wird die Gärung durch Druck oder Kälte abgebrochen. So verbleibt auch in diesen Weinen natürliche Restsüße. Schließlich wird eine ganze Reihe von einfachen Weinen zunächst durchgegoren und anschließend mit Traubenzucker nachgesüßt, bis die gewünschte Geschmacksrichtung getroffen ist.

Tannin Gerbsäure, Gerbstoff. Der Anteil dieser Substanzen liegt grundsätzlich in roten Rebsorten höher als in weißen, unterscheidet sich jedoch auch je nach Rebsorte stark. Edle Rotweine, die viele Jahre zur Entfaltung benötigen, enthalten so viele Tannine, daß sie in ihrer Jugend hart und abweisend wirken. Der Gehalt an Gerbsäuren wird bei diesen Weinen durch die Lagerung in Holzfässern noch verstärkt. Doch im Alterungsprozeß sinken die Tannine fast vollständig als Depot zum Flaschenboden.

Verschnitt Erzeugung bestimmter klassischer Weine (Bordeaux, Rioja, Chianti, Châteauneuf-du-Pape u.a.) durch die Mischung (frz. Assemblage) verschiedener Rebsorten. Diese Mischungen ergeben eine wesentlich bessere Weinqualität als jede einzelne Rebsorte für sich allein.

Weinstein Kristalline Ausscheidungen bei Weiß- und Roséweinen, die auf einen fortschreitenden Reifungsprozeß hinweisen. Weinstein darf nicht als Fehler, sondern muß als Indiz hoher Qualität angesehen werden.

Weißherbst Deutsche Bezeichnung für Rosé-Weine, die aus blauen Trauben nach der Art der Weißweinbereitung hergestellt werden und dadurch eine blaßrosa Färbung erhalten.

Zukunft Die Lebens- und Reifeerwartung eines Weines. Ein Wein hat Zukunft, wenn er den Höhepunkt seiner geschmacklichen Entwicklung erst in einigen Jahren erreichen wird.

Register

Bildnachweis

Abb. der Weinflaschen: SCRITO, Köln/Hendrik Lietmann
Archiv Cornelia Jung 147, 156, 157
Archiv Holger Vornholt 31, 65 u., 177, 186 l.
Australian Tourist Commission 171, 173 l.
Australian Wine Bureau 172, 173 r.
Botschaft von Chile, Wirtschaftsabteilung 158 u., 164, 165 r., 165 l.
Comité Interprofessionel du Vin de Champagne, Epernay/Photo John Hodder 70, 72, 74, 75 o., 75 r.
DWI 16 u., 17 o., 67 m., 67 u., 180, 181 o., 181 u., 188 u.
DWI/Dieth 18 l., 19 l., 19 r., 20 l., 20 r., 21 l., 21 u., 22, 27, 29 o., 29 r., 30 o., 36, 37 o., 37 u., 38, 39, 40 l., 40 r., 41 l., 41 r., 42, 43 o., 43 u., 44, 45, 46, 47 o., 47 r., 47 u., 64, 65 o., 184, 187 l., 189 o., 56, 57 o., 57 u.
DWI/Faber 9, 182, 183 u., 185 l.
DWI/Hartmann 10 l., 10 r., 11 o., 17 u., 28 l., 28 r., 30 u., 32, 33 r., 33 u., 34 o., 34 u., 35, 48, 49 o., 49 u., 50 l., 50 r., 51, 52, 53, 54 o., 54 u., 55 l., 55 r., 58, 59 l., 59 r., 60, 61, 62, 63 o., 63 m., 63 u., 66 m., 66 u., 176, 183 r., 185 r., 187 u., 188 r.
DWI/Kaemper 12 r., 12 u., 13 l., 14 l., 14 r., 15 l., 23
Goyhenex 71, 72, 92, 93 r., 93 u.
HP Siffert 150 o., 150 u.
ICE 102, 103, 104 o., 104 u., 105 l., 105 r., 106 o., 106 r., 107, 108, 109, 110 o., 112, 113 o., 113 l., 114 o., 114 l., 115 r., 115 u., 116, 117, 118, 119 o., 119 l., 120, 121 o., 121 u.
Maison de la France: 78, 80, 81 o., 81 u., 97, 99 l., 99 r.
New Zealand Tourism Board 174 r., 175 u.
Österreichische Weinmarketing-Servicegesellschaft 146, 151 l., 151 u., 152, 153
PAN COMMUNICATION 148, 149
SOPEXA 68, 69, 73, 76, 77, 82, 83, 84, 85 o., 85 u., 86, 87, 88, 89 o., 89 u., 90 l., 90 r., 91 u., 94, 95 o., 95 u., 96 l., 96 r., 100
Spanisches Generalkonsulat, Handelsabteilung 122, 123, 125, 126, 127 o., 127 u., 128, 129, 131 o., 131 u. 132 o., 132 u., 133, 134, 135, 136 l., 136 r., 137, 138, 139 o., 139 r., 140 l., 140 r., 141, 142 l., 142 r., 143 o., 144, 145 l., 145 u.
Südafrika Weininformation 168 o., 168 u., 169, 170
Tenimenti di Barolo e Fontanafredda 110 u., 111
Ungarisches Tourismusamt 154, 155
Vinosur/Lagarde 166, 167 o., 167 u.
Wine Institute of California 159, 160 o., 160 u., 161, 162 o., 162 u., 163
Wine Institute of New Zealand 158 l., 174 u., 175 o.